dtv

Sieben Monate sind vergangen, seit Joes bester Freund und Mentor, Thomas Derale, gestorben ist. Joe versucht sich nichts anmerken zu lassen, doch er kommt über den Verlust nicht hinweg. Besorgt verfolgt Thomas' Witwe diese Entwicklung. Schließlich hat sie eine Idee, um Joe aus seinem Kummer zu reißen: Sie schlägt ihm vor, nach Montreal zu fahren, um dort Jacques und seine Prinzipien des Personal- und Unternehmensmanagements kennenzulernen. Jacques setzt auf langfristige Mitarbeiterbindung, er fördert und motiviert seine Angestellten und bietet seinen Kunden Topqualität und stimmigen Service. Sein Grundanliegen ist, den Bedürfnissen der Mitarbeiter ebenso gerecht zu werden wie den Anforderungen und Wünschen der Kunden. Der Plan geht auf: Joe lernt, auf das Leben wieder einen frischen, einen hoffnungsvollen Blick zu werfen. Am Ende gelingt es ihm, wieder an das anzuknüpfen, was Thomas ihn einst gelehrt hat, und sich energievoll neuen Aufgaben zu stellen.

So schlüssige wie inspirierende Unternehmensprinzipien und Denkanstöße für alle, die nach einem erfüllten Leben streben.

John Strelecky lebt in Orlando, Florida. Mit seinen Büchern, Workshops und Vorträgen hilft er Menschen herauszufinden, was sie im Leben wirklich wollen.
In Deutschland hat er die Organisation ›John Strelecky & Friends‹ gegründet (www.jsandfriends.com). Er hat mehrere Bestseller geschrieben, darunter: ›Das Café am Rande der Welt‹, ›The Big Five for Life‹, ›Safari des Lebens‹.

www.johnstrelecky.de

John Strelecky

Das Leben gestalten
mit den Big Five for Life

Das Abenteuer geht weiter

Aus dem Englischen
von Bettina Lemke

dtv

Ausführliche Informationen über
unsere Autoren und Bücher
www.dtv.de

Dieses Buch ist auch als eBook erhältlich.

Von John Strelecky ist bei dtv außerdem erschienen:
›Das Café am Rande der Welt‹
›Wiedersehen im Café am Rande der Welt‹
›The Big Five for Life‹
›Safari des Lebens‹
›Wenn du Orangen willst, such nicht im Blaubeerfeld‹
›Was nützt der schönste Ausblick,
wenn du nicht aus dem Fenster schaust‹
›Reich und Glücklich!‹ (zus. mit Tim Brownson)

Ungekürzte Taschenbuchausgabe 2018
dtv Verlagsgesellschaft mbH & Co. KG, München
© 2015 John Strelecky
Aspen Light Publishing
Titel der amerikanischen Originalausgabe:
The Big Five for Life Continued. Exciting Times
© 2016 der deutschsprachigen Ausgabe:
dtv Verlagsgesellschaft mbH & Co. KG, München
Umschlaggestaltung: dtv unter Verwendung eines Bildes von Root Leeb
Satz: Greiner & Reichel, Köln
Gesetzt aus der Fairfield Light
Druck und Bindung: Druckerei C.H.Beck, Nördlingen
Gedruckt auf säurefreiem, chlorfrei gebleichtem Papier
Printed in Germany · ISBN 978-3-423-34926-0

Eine Botschaft des Autors

Manchmal geschehen wunderbare Dinge auf eine Weise, wie man es unmöglich planen könnte. Das war auch bei der Entstehung dieses Buches der Fall.

Nachdem eins meiner früheren Bücher – ›The Big Five for Life‹ – veröffentlicht worden war, erhielt ich zahlreiche E-Mails. Etwas in der Geschichte löste bei den Lesern eine Resonanz aus. Manche Nachrichten, die ich bekam, stammten von Leuten, die sich bei mir dafür bedanken wollten, dass ich ihnen geholfen hatte, auf eine neue Weise über ihr Leben nachzudenken.

Viele E-Mails kamen von Führungskräften. Sie wollten eine Unternehmenskultur entwickeln, wie sie im Buch beschrieben wird, und baten mich um weitere Details.

Alle Nachrichten waren sehr inspirierend.

Eines Tages erhielt ich eine E-Mail von einem Mann namens Jacques Guénette. Er schrieb mir, das Buch habe ihm so gut gefallen, dass er sich gleich nach der Lektüre zusammen mit seiner Frau darangemacht habe, ihre jeweiligen Big Five for Life herauszufinden. Wie er mir zudem mitteilte, leitete er seit 30 Jahren ein Unternehmen in dem gleichen Geist, den ich im Buch beschrieben hatte.

Das interessierte mich sehr. Ich recherchierte, wo sich sein Unternehmen befand. Der Firmensitz lag in Kanada, in der Nähe von Montreal, etwa 20 Fahrminuten von einem Ort entfernt, an dem ich zwei Wochen später ein Seminar leiten sollte.

War das ein Zufall? Daran glaubte ich nicht. Ich schrieb Jacques und fragte ihn, ob wir uns vielleicht für ein paar Minuten treffen könnten, wenn ich in Montreal sein würde. Aus diesen »paar Minuten« wurden am Ende zwei Stunden, und sie gaben den Anstoß zu dem vorliegenden Buch.

Auf den folgenden Seiten werden Sie Jacques kennenlernen und viel über sein Unternehmen, die DLGL, erfahren. Das wird im Rahmen der Big-Five-for-Life-Geschichte aus meinem früheren Buch geschehen, die hier fortgeführt wird. Mir ist bewusst, dass dies etwas verwirrend sein könnte. Welche Teile der Geschichte sind fiktiv und welche sind real? Ich möchte es Ihnen gerne erläutern:

Was Sie über die DLGL und Jacques lesen – über die Auszeichnungen und Geschäftspraktiken, die Firmengeschichte, Führungskonzepte und die Lebenseinstellung des Inhabers –, all das ist real. Die glücklichen Momente wie auch die traurigen. Ich habe sie in die Fortsetzung der Geschichte der Big Five for Life integriert, da sie – wie Sie sehen werden – wunderbar hineingepasst haben.

Es ist die perfekte Art und Weise, den vielen Führungskräften zu helfen, die um weitere Details gebeten haben, wie die Kultur der Big Five for Life in ihren Unternehmen gefördert werden kann. Und um unterschiedlichsten Lesern zu vermitteln, wie sie sich von Dingen loslösen können, die sie blockieren.

Da es außerdem zu Jacques' persönlichen Big Five gehört, die Geschichte der DLGL zu verbreiten und ein Buch darüber zu veröffentlichen, war es auch in dieser Hinsicht perfekt.

Manchmal geschehen, wie gesagt, wunderbare Dinge auf eine Weise, die man unmöglich planen kann. Und manchmal sind Zufälle … gar nicht so zufällig. Das alles werden Sie auf den folgenden Seiten erfahren.

Ich wünsche Ihnen viel Spaß dabei!

Ihr Reisegefährte

1

Joe ging zur linken Seite der Bühne und machte eine kleine Pause. Er hatte gerade eine eindrucksvolle Geschichte erzählt und ließ die Botschaft nun wirken. »Es ist an der Zeit, zum Ende zu kommen«, dachte er.

Er sah nach vorne zum Publikum. »Ich weiß zwar nicht, was auf jeder einzelnen Big-Five-Liste steht, aber eines weiß ich gewiss: Wenn Sie Schritt für Schritt vorgehen, *Moment für Moment* und sich stets auf die Richtung konzentrieren, in die Sie sich aus tiefstem Herzen bewegen möchten, werden wunderbare Dinge passieren. Das verspreche ich Ihnen.

Vielen Dank, meine Damen und Herren. Es war mir eine Ehre, heute hier bei Ihnen zu sein.«

Fast augenblicklich setzte der Applaus ein. Die Leute begannen sich von den Sitzen zu erheben. Joe nickte dem Publikum zu und legte die rechte Hand auf sein Herz. Mit dieser Geste zeigte er dem Publikum seine Wertschätzung und dankte ihm zugleich für die stehenden Ovationen, die er nun bekam.

Seitlich der Bühne stand eine Frau hinter einem Vorhang und beobachtete Joe intensiv. Sie hatte ihn und einen Teil des Publikums im Blick, war selbst aber nicht zu sehen. Sie hielt nach einem Zeichen, einem Hinweis Ausschau. Nach etwas, das ihr signalisierte, dass es ihm gut ging. Oder vielleicht auch *nicht*.

Der Vortrag war großartig gewesen. Joe hatte das Publikum auf eine wunderbare emotionale Achterbahnfahrt mitgenommen. Die Leute hatten gelacht, geweint und dann gespürt, wie ihre Herzen von der inspirierenden Geschichte am Ende beflügelt wurden. Dank der Geschichte und vor allem der Art und Weise, wie Joe sie erzählt hatte, kamen sie in Verbindung mit ihrem eigenen Potenzial für wahre Größe.

Dem Applaus nach zu urteilen schien alles in Ordnung zu sein. Sogar viel *besser* als in Ordnung. Allerdings ließ sie sich dadurch nicht täuschen. Joe war ein großartiger Redner. Und diesen Vortrag hatte er bereits so häufig gehalten, dass er jedes Wort auswendig kannte.

Als der Applaus abebbte, stellten Mitglieder des Organisationsteams Mikrofone in die Gänge, damit Leute aus dem Publikum Fragen stellen konnten. Die Frau sah, wie jemand an ein Mikrofon trat.

»Warum sind es die Big Five und nicht zehn oder fünfzig oder hundert?«

Joe erwiderte lächelnd: »Aus zwei Gründen. Erstens …«

Als er mit der Antwort fertig war, ging eine weitere Person an ein Mikrofon.

»Was tun Sie, wenn Sie einen Ihrer Big Five for Life verwirklicht haben? Fügen Sie einen weiteren hinzu oder warten Sie, bis Sie die anderen vier umgesetzt haben?«

Solche Fragen waren Joe bereits häufig gestellt worden. Dies war einer der großartigen Aspekte der Big Five for Life. Das Prinzip war so einfach zu verstehen und ließ sich im Leben so gut umsetzen, dass die Menschen offenbar nur ein paar zentrale Fragen dazu hatten.

»Es hängt von der Person ab«, antwortete Joe. »Bei manchen Menschen …«

Als Joe mit seiner Erläuterung fertig war, ergriff der Moderator der Veranstaltung das Wort. »Wir haben nun noch Zeit für eine weitere Frage.«

2

Bisher hatte die Frau, die Joe beobachtete, nichts Ungewöhnliches erkennen können. Sie sah, wie ein Mann aus dem Publikum auf eins der Mikrofone zusteuerte, um die letzte Frage an diesem Abend zu stellen.

»Wie seltsam das Leben doch ist«, dachte sie. Erst vor gut einem Jahr war ihr Leben völlig auf den Kopf gestellt worden. Damals hatten die Ärzte bei ihr angerufen und ihr unterbreitet, dass der Mensch, den sie über alles in der Welt liebte, bald sterben würde.

Die Erinnerung daran stimmte sie traurig. »Ich vermisse dich, Thomas«, sagte sie im Stillen.

Heute war sie zum Teil seinetwegen hier. Thomas war Joes Mentor gewesen. Und auch sein bester Freund. Zu dritt hatten sie viele gemeinsame Abenteuer erlebt. Sie und Joe waren ebenfalls befreundet, doch Thomas und Joe hatten eine besondere Verbindung gehabt. Sie waren beste Freunde und zugleich wie Vater und Sohn, Mentor und Schützling gewesen …

Auf einer freundschaftlichen Ebene hatte ihre Beziehung dem entsprochen, wie sie und Thomas ihre Partnerschaft lebten.

Als Thomas starb, war es für alle Menschen in seinem Umfeld schwer gewesen. Er war erst 55 Jahre alt, und die Krankheit hatte ihn schnell und brutal heimgesucht. Einige Monate nach der Diagnose hatte sein Leben bereits geendet.

Joe war in dieser schwierigen Zeit und auch am Schluss da gewesen. Mittlerweile waren sieben Monate vergangen. Und

Tag für Tag wurde es leichter für sie. Es war bei Weitem noch nicht leicht. Aber es wurde leichter.

Der Anruf einer langjährigen Freundin hatte sie an diesen Ort geführt. Kerry Dobsin war die Geschäftsführerin eines von Thomas' Unternehmen, das zu Derale Enterprises gehörte. Sie kannte Kerry schon seit langer Zeit, und zwischen ihnen hatte sich eine enge Freundschaft entwickelt.

Kerry mochte Joe. Ihre Freundschaft war nicht so tief wie die der beiden Frauen, aber sie empfand große Wertschätzung für Joe und was er für Derale Enterprises tat. Aufgrund dieser Achtung hatte Kerry angerufen.

»Es ist nichts Konkretes«, hatte Kerry während des Telefonats gesagt. »Er ist so inspirierend wie immer. Er ist lustig und charmant und hat eine Verbindung zu den Leuten, so wie sonst auch.«

»Aber?«

»Aber irgendetwas ist anders.«

Die Frau kehrte mit ihren Gedanken wieder in die Gegenwart zurück. Der Mann aus dem Publikum hatte das Mikrofon nun erreicht. »Hallo Joe. Vielen Dank für Ihren inspirierenden Vortrag.«

Joe bedankte sich bei dem Mann, indem er ihm freundlich zunickte.

»Meine Frage bezieht sich eigentlich nicht auf den Vortrag, sondern auf Thomas Derale. Ich frage mich einfach, wer ihn bei Derale Enterprises ersetzen wird?«

Sie nahm es sofort wahr. Ein leidvoller Ausdruck huschte über Joes Gesicht. Einen Moment später hatte er ihn schon mit einem Lächeln verdrängt. Aber sie hatte es gesehen. Der intensive Schmerz war immer noch da.

Joe hustete in seine Hand hinein. Eine unbewusste Verzögerungstaktik. »Vielleicht macht er es auch bewusst«, dachte die Frau.

»Danke für Ihre Frage«, sagte Joe. Er zögerte. Einen Moment lang wirkte sein Gesicht ausdruckslos. »Bei Derale Enterprises sind lauter talentierte, engagierte Leute«, antwortete er dann. »Das Unternehmen wird es noch lange Zeit geben.«

Joe warf einen Blick auf seine Uhr. »Nochmals vielen Dank, dass Sie sich alle dafür entschieden haben, heute hier zu sein. Es war eine wunderbare Veranstaltung.« Seine Stimme hatte wieder ihre normale Energie erreicht. »Ich wünsche jedem von Ihnen größtmöglichen Erfolg bei der Verwirklichung seiner eigenen Big Five for Life sowie bei der Unterstützung anderer, die ihre Big Five leben möchten.«

Die Leute applaudierten laut und erhoben sich abermals von ihren Plätzen. Die vorübergehend schwächer werdende Energie bei der letzten Frage hatte sich nicht auf den Zuschauerraum übertragen und die Wirkung von Joes Vortrag nicht geschmälert. Wahrscheinlich hatte niemand im Publikum es bemerkt. Aber ihr war es aufgefallen.

3

Joe winkte dem Publikum zu, dann drehte er sich um und ging auf die Seitenbühne hinter den Kulissen zu. Sobald er sich vom Publikum abwandte, verschwand das Lächeln aus seinem Gesicht.

Sie nickte sich selbst bestätigend zu. Kerry hatte recht gehabt.

Obwohl seine Augen geöffnet waren und er scheinbar nach vorne blickte, stieß Joe fast mit ihr zusammen, als er auf den Backstagebereich zuging.

»Das war eine tolle Präsentation, Joe«, sagte sie, als er sich direkt vor ihr befand.

Joe blieb abrupt stehen. Wo auch immer er mit seinen Gedanken gerade gewesen sein mochte, nun sammelte er sich rasch und richtete seinen Blick auf sie.

»Maggie«, sagte er warmherzig und lächelte. Er breitete die Arme aus und umarmte sie. »Was für eine schöne Überraschung.«

Sie erwiderte seine Umarmung.

»Ich habe dich länger nicht gesehen, Joe. Wie geht es dir?«, fragte sie, als sie sich voneinander lösten.

Nur für eine Sekunde verschwand sein Lächeln abermals. Sie bemerkte es, obwohl er es rasch wieder aufsetzte.

»Gut«, antwortete er und zuckte mit den Schultern. »Ich hatte wirklich viel zu tun.« Zögernd fügte er hinzu: »Es tut mir leid, aber ich war in den letzten Monaten viel unterwegs. Ich bin einfach …« Seine Stimme verlor sich.

»Ist schon in Ordnung«, erwiderte sie. Es war tatsächlich in Ordnung. Maggie war 15 Jahre älter als Joe. Diese zusätzlichen Jahre hatten ihr eine Lebenserfahrung vermittelt, die ihr verstehen half, dass die Menschen auf unterschiedliche Weise trauern.

Maggie hatte engen Kontakt mit ihren Freunden gehalten. Die Gemeinschaft mit ihnen hatte ihr etwas Trost geschenkt. Sie hatte sie daran erinnert, dass sie vieles besaß, wofür es sich zu leben lohnte, obwohl Thomas nicht mehr da war. Joe hatte sich dagegen ganz anders verhalten. Auf der Bühne war er brillant. Im Büro war er engagiert und eloquent. Aber davon abgesehen hatte er sich für die Isolation entschieden.

»Ich möchte dich um einen Gefallen bitten, Joe.« Maggie hatte sich ihre Worte gut überlegt. Joe würde seinen Schmerz nicht zugeben, das wusste sie. Und er würde nicht um Hilfe bitten. Aber er war stets bereit, anderen zu helfen. Wenn sie ihn um Unterstützung bat … dann würde sie ihm auf diesem Weg vielleicht helfen können.

»Natürlich Maggie. Gerne. Worum handelt sich's denn?«

»Also, es geht um diese Firmenprofile, die du erstellst. Du triffst dich doch manchmal mit herausragenden Führungspersönlichkeiten und schreibst dann einen Artikel über die Unternehmenskultur?«

Joe nickte. Er machte so etwas zwar nicht oft, aber wenn er von einem wirklich faszinierenden Unternehmen erfuhr, widmete er ihm seine Zeit. So erhielt er wertvolle Informationen, die er an die verschiedenen Unternehmen weiterleiten konnte, aus denen sich Derale Enterprises zusammensetzte. Zudem kam er so an interessante Geschichten für den großen Leadership-Kongress, den er jedes Jahr veranstaltete. Dabei lud Derale Enterprises seine Zulieferer, Kunden und Partner zu einem Austausch über neue Ideen ein.

»Ich würde dich bitten, darüber nachzudenken, ob du ein

Profil für einen Freund von mir erstellen könntest«, sagte Maggie. »Er lebt oben in der Nähe von Montreal, in Kanada. Sein Name ist Jacques Guénette. Er leitet ein Unternehmen namens DLGL.«

»O. k., ich sehe es mir an.« Joe hielt einen Moment inne. »Gibt es einen speziellen Grund, warum ich es gerade jetzt machen soll?«

Maggie nickte. »Nun, der erste Grund ist, dass Jacques beschlossen hat, in Teilruhestand zu gehen. Ich habe gestern am Telefon mit ihm über dies und das geplaudert, und da hat er es am Rande erwähnt. Deshalb wird er im Unternehmen seltener zur Verfügung stehen. Genauso wichtig für dich ist allerdings, dass wir mittlerweile Ende Juni haben. Das heißt, die Temperaturen in Montreal sind wahrscheinlich endlich warm genug, dass du in Erwägung ziehen könntest, dorthin zu fahren.«

Joe schmunzelte. Seine Freunde wussten, welche Abneigung er gegen kaltes Wetter hatte. »Und in ein paar Monaten wird es so kalt sein, dass ich nicht mehr hinfahren möchte«, fügte er hinzu.

Maggie schmunzelte ebenfalls. »*Genauso ist es*«, sagte sie mit Nachdruck.

»Gerne«, erwiderte Joe. »Wenn du mir seine Kontaktdaten schickst, setze ich mich mit ihm in Verbindung. Ich bin die nächste Zeit zwar ziemlich ausgebucht, aber wahrscheinlich kann ich Mitte Juli zu ihm fahren, wenn er sich das einrichten kann.«

»Großartig.« Maggie breitete ihre Arme aus, umarmte Joe und küsste ihn auf die Wange.

»Er ist ein toller Mensch«, sagte sie, als sie sich voneinander lösten. »Ihr werdet euch mögen.«

4

Joe war alleine in seinem Apartment. Der Fernseher lief, aber er achtete nicht darauf. Als sein Handy klingelte, warf er einen flüchtigen Blick darauf. Sonja. Er leitete den Anruf an die Mobilbox weiter. »Tut mir leid«, sagte er. »Ich habe einfach keine Lust zu reden.« Er hoffte, sie würde es verstehen.

Joe hatte Sonja vor fast einem Jahr auf einem Rückflug von Europa kennengelernt. Es war unmittelbar nachdem er erfahren hatte, dass Thomas im Sterben lag. Sonja und Joe hatten sich sofort auf vielen Ebenen verstanden. Sie hatte ihn und Thomas sogar zu einer Veranstaltung bei Derale Enterprises begleitet. Aber nach Thomas' Tod hatte Joe sich von ihr distanziert. Es fühlte sich einfach nicht mehr so an wie früher.

Zu einem anderen Zeitpunkt, unter anderen Umständen hätte vielleicht etwas aus ihrer Begegnung werden können. Aber nicht jetzt.

Joes Handy piepste. Er warf wieder einen kurzen Blick darauf. Es war eine SMS von Maggie. »Ich habe dir Jacques' Kontaktdaten und die Internetadresse des Unternehmens geschickt. Danke. Fahr bald hin, sonst musst du deine Winterjacke einpacken:)«

Joe hatte auch wegen dieser Freundschaft ein schlechtes Gewissen. Er wusste, dass Maggie litt. Dass der Tod von Thomas ihr schwer zu schaffen machte. Sie waren 31 Jahre verheiratet gewesen, und ihre Partnerschaft gehörte zu den wahrlich großen Liebesgeschichten. Thomas hatte sie aus ganzem Herzen geliebt, und Maggie hatte dasselbe für ihn empfunden.

Die drei hatten viel gemeinsam erlebt. Manchmal waren sie nur zu dritt gewesen, zu anderen Zeiten hatte Joe jeweils die Frau mitgebracht, mit der er gerade zusammen war. Er und Maggie waren gute Freunde. Warum war es also so schwer, sie jetzt zu sehen? Er wusste es nicht. Und er fühlte sich schlecht, weil er nicht in der Lage war, für sie da zu sein.

Etwas hatte sich für Joe mit Thomas' Tod verändert. Er hatte noch nie den Tod von jemandem miterlebt, der ihm so nahestand. Seine Eltern lebten noch, und als seine Großeltern gestorben waren, hatte es ihm nicht so viel ausgemacht, weil er sie nicht sehr gut gekannt hatte.

Jetzt aber war es anders. Es handelte sich um seinen besten Freund. Und es war sehr schmerzlich gewesen. Es war immer noch schmerzlich. Wenn er an Thomas dachte oder wenn jemand von ihm sprach, glitten Joes Gedanken an einen dunklen Ort ab. Es war ein deprimierender Ort. Und es gelang ihm nicht, den Schmerz oder die Dunkelheit zu vertreiben.

Er war derjenige, der anderen Leuten half. Darin war er gut. Aber bei diesem Problem konnte er sich selbst nicht helfen. Daher hatte er auch das Gefühl, dass er weder Maggie noch sonst jemandem zur Seite stehen konnte, um damit fertigzuwerden.

Joe nahm sein Handy zur Hand und drückte auf den Kontakt, den Maggie ihm geschickt hatte. Jacques Guénette. DLGL. Human Resource Software. »Nicht gerade die Art von Unternehmen, für die sich die Leute begeistern«, dachte er bei sich. Aber er wusste es besser. Im letzten Jahrzehnt, seit er für Thomas gearbeitet hatte, hatte er die Möglichkeit gehabt, beeindruckende Führungspersönlichkeiten kennenzulernen. Sie waren äußerst unterschiedlich und arbeiteten für verschiedenste Unternehmen. Wenn jemand gut ist, ist er gut – das hatte er gelernt.

Und wenn sich jemand für etwas interessierte, konnte er in jedem Bereich ein großartiges Unternehmen aufbauen.

Eins seiner Lieblingsinterviews hatte er mit einem Bäcker in den Niederlanden geführt – Klaes Hoekstra. Joe wusste zu jener Zeit nichts über das Backen und war sich nicht sicher, was ihn erwartete, als er sich mit Klaes traf. Er begegnete einem energievollen Mann mit lebendigen Augen und einem großen Abenteurergeist.

Klaes wohnte in einem Ort namens Bedum im nördlichen Teil der Niederlande. Knapp über 9000 Menschen lebten dort, und Woche für Woche kamen ein Drittel aller Männer, Frauen und Kinder des Ortes in seine Bäckerei. So etwas Besonderes hatte er geschaffen.

Joe wandte sich um und überflog mit den Augen das Bücherregal hinter sich. Er lächelte, als er entdeckte, wonach er suchte. ›Weltberühmt … in Bedum‹, so lautete der Titel des Buches, das Klaes geschrieben hatte. Joe musste immer schmunzeln, wenn er das las: ›Weltberühmt … in Bedum‹.

Joe griff nach dem Buch und zog es aus dem Regal heraus. Er schlug es auf. Selbst das Buch steckte voller Elan und Energie mit all den Fotos und Geschichten aus 30 Jahren, seit denen Klaes sein Geschäft führte.

Klaes trat in Kontakt mit den Menschen. Er verlieh ihnen das Gefühl, wichtig und besonders zu sein, wenn sie bei ihm waren. Joe hatte miterlebt, wie er eine solche Atmosphäre bei Kunden entstehen ließ sowie bei den Leuten, die in der Bäckerei arbeiteten. »Ein feiner Kerl«, dachte Joe. »Und eine großartige Führungspersönlichkeit.«

Joe wollte das Buch gerade zuklappen, doch dann hielt er bei der ersten Seite inne, bevor er es ganz zuschlug.

Klaes hatte eine Widmung in das Buch geschrieben. »Jeder ist besonders. Wir beide helfen anderen Menschen, sich daran zu erinnern. Du auf deine Weise und ich in meiner Bäckerei.« Darunter hatte er seinen Namen gesetzt: »Klaes«.

Nach der Begegnung mit Klaes hatte Joe bei Derale Enterprises vorgeschlagen, sein Buch zu übersetzen. Eins der Unternehmen innerhalb des Konzerns hatte einen Verlagsbereich. Es hatte Klaes viel bedeutet, seine Vorstellungen über Kundenservice, Kreativität und Spaß einem größeren Publikum vermitteln zu können. Und es hatte Joe viel bedeutet, ihm bei der Verwirklichung dieses Projekts zu helfen.

Joe schloss das Buch. Es war fast eineinhalb Jahre her, dass er zuletzt mit Klaes gesprochen hatte. Kurz davor war Klaes' Ehefrau im Alter von 42 Jahren gestorben. Klaes fiel es schwer, wieder zu sich selbst zu finden. Einen Sinn in den Dingen zu sehen, die ihm früher so sinnvoll erschienen waren.

Damals hatte Joe sich nicht sehr gut in Klaes' Situation hineinversetzen können. Nun konnte er es.

5

Wie ist es gelaufen?«, fragte Kerry.

Maggie nahm einen kleinen Schluck aus ihrer Teetasse. Nach der Veranstaltung und dem Gespräch mit Joe hatte sie sich mit Kerry zu dieser Unterhaltung verabredet. Kerry musste Bescheid wissen.

»Er ist eben ganz Joe«, antwortete Maggie.

Kerry stimmte ihr zu. »Ich kann sicher nicht gänzlich nach empfinden, wie schwer das für dich ist«, sagte sie. »Wir alle haben Thomas geliebt, das weißt du ja.« Kopfschüttelnd fügte sie hinzu: »Die meisten von uns haben eine so lange Zeit mit ihm zusammengearbeitet, wir haben so viel mit ihm gelacht und so großartige Erinnerungen mit ihm geteilt ... Und dann ist er plötzlich nicht mehr da. Man möchte ihn gerne festhalten. Doch er ist einfach nicht mehr da.«

Maggie nickte.

»Aber im Vergleich dazu, was es für dich bedeutet, ist das wahrscheinlich gar nichts. Das ist mir bewusst. Und auch für Joe ist es schwer, damit fertigzuwerden. Sie waren wirklich gute Freunde.

Allerdings wird irgendetwas passieren«, sagte Kerry. »Die Vorstandsmitglieder möchten allen Zeit geben. Es ist nicht so, dass wir das nicht verstehen würden.«

Maggie hob ihre Hand etwas. »Du musst dich nicht entschuldigen, Kerry. Ich habe selbst ein Unternehmen. Mir ist klar, dass irgendwann jemand Thomas' Position einnehmen muss.«

»Und alle möchten gerne, dass Joe derjenige ist«, fügte Kerry hinzu. »Nicht dass du denkst, es wäre anders. Wie du weißt, war es Thomas' Rolle, die Menschen aus seinen verschiedenen Firmen zusammenzubringen. Darüber hinaus war er ein Visionär für neue Unternehmen und Projekte und stellte sie uns vor …«

Sie zögerte. »Joe ist der Richtige dafür. Nicht nur, weil er und Thomas in ihrem Denken und Handeln eine so enge Verbindung hatten, oder weil Joe den Geist der Unternehmenskultur, die Thomas geschaffen hat, kennt und fördert … sondern auch aufgrund all der Dinge, die Joe auf einzigartige Weise zu dem machen, der er ist.«

Kerry senkte den Blick. »Es ist nur so, dass …«

»Die Leute sich Sorgen darüber machen, dass er nicht mehr ganz er selbst ist«, warf Maggie leise ein.

Kerry nickte.

»Möchte er den Job überhaupt?«, fragte Maggie.

»Ich weiß es nicht«, antwortete Kerry. »Jedes Mal, wenn ich ihn darauf anspreche, sagt er, es sei zu früh, überhaupt darüber zu reden. Er meint, es sei ihm bewusst, dass sich irgendwann etwas ändern muss, aber jetzt noch nicht.«

Kerry zuckte mit den Achseln. »Unsere Gespräche enden stets auf dieselbe Weise. Er bittet mich darum, ihm ein paar Wochen Zeit zu geben, damit er nachdenken oder ein Projekt abschließen kann, an dem er gerade arbeitet … Und dann höre ich nichts mehr von ihm.

Ich glaube, die Leute haben zum Teil auch deshalb Bedenken. Wir möchten ihm die Position nicht anbieten, wenn er mental nicht dazu bereit ist. Und wir möchten sie ihm nicht anbieten, wenn er sie nicht wirklich will oder sie aus einem Gefühl der Verpflichtung uns gegenüber annehmen würde oder …«, sie zögerte.

»Aus einem Gefühl der Verpflichtung Thomas gegenüber«, sagte Maggie.

»Wie lange ist der Vorstand noch bereit zu warten?«, wollte sie wissen.

»Innerhalb der nächsten 60 Tage muss jemand unserer Ansicht nach diese Lücke füllen, sonst werden die Dinge aus dem Ruder laufen. Es sind bereits sieben Monate vergangen.«

Kerry legte ihre Hand auf Maggies. »Es tut mir leid, Maggie. Ich wollte dich in deiner Trauer- und Loslösungsphase nicht damit belasten. Aber ich wusste nicht, an wen ich mich sonst hätte wenden sollen. Du kennst Joe. Das tun wir auch. Aber du kennst ihn auch außerhalb der Welt von Derale Enterprises. Ich dachte, das würde uns weiterhelfen.«

»Das ist schon in Ordnung«, antwortete Maggie. »Es ist keine Bürde für mich. Es geht darum, einem Freund zu helfen.« Sie wandte ihren Blick kurz ab. »Gib mir einen Monat Zeit«, sagte sie. »Nachdem ich Joe bei der Veranstaltung erlebt hatte, habe ich etwas unternommen. Geben wir dieser Chance den Raum, sich etwas zu entwickeln, und dann unterhalten wir uns noch einmal.«

Sie sah Kerry an. »Um ehrlich zu sein – wenn es nicht funktioniert, glaube ich nicht, dass Joe der Richtige für die Position ist.«

Kerry nickte. »Dann hoffe ich, es funktioniert.«

6

Jacques warf einen Blick auf die Uhr in seinem Büro. Die Sitzung würde in einer Stunde beginnen. Er hatte noch Zeit, ein paar E-Mails zu beantworten.

Er loggte sich in seinen Account ein. »Maggie Derale«, sagte er leise, während er mit den Augen die neuen Nachrichten in seinem Postfach scannte. »Mal sehen, worum es geht.«

Er klickte auf die Nachricht und las sie rasch durch. Dann nickte er bedächtig. Intuitiv sah er zu dem großen Bild an der Wand. Es war ein Foto von Claude Lalonde, dem Mann, mit dem er die DLGL vor über 30 Jahren gemeinsam gegründet hatte.

Jacques legte seine Hände auf die Tastatur und tippte. »Schick ihn her. Ich werde sehen, was ich tun kann. Diane und ich denken an dich.« Dann unterschrieb er mit »Jag«.

In seinem Unternehmen war er als Jag bekannt. Es war ein Akronym für Jacques Guénette. Im Laufe der Jahre war daraus mehr als ein Akronym geworden. Mittlerweile sprachen die meisten Leute ihn mit diesem Namen an.

Es gefiel ihm. Kurz, einfach, direkt. Das entsprach seiner Haltung angesichts der meisten Dinge im Leben, und in diesem Fall war es ebenfalls stimmig.

Jacques stieß sich vom Tisch ab. Es gab noch weitere E-Mails, die er beantworten wollte, aber seine Gedanken drehten sich im Moment um Maggies Nachricht. Diese löste eine Flut von Erinnerungen bei ihm aus. »Das Leben ist schon seltsam«, dachte er. »Manchmal sind wir mitten in etwas drin, völlig absorbiert davon. Und dann kann ein einziger Gedanke oder ein Wort uns von einem Augenblick zum anderen zu einem Teil unserer Vergangenheit katapultieren.«

Er blickte erneut zu dem Foto von Claude. »Vielleicht können wir diesem Kerl ja weiterhelfen, oder, Claude?«, dachte er bei sich. »Und Maggie damit auch.«

7

Joe bog auf den Parkplatz der DLGL ein. Zwei Wochen waren vergangen, seit er zum ersten Mal mit Maggie darüber gesprochen hatte, dieses Interview zu machen. Nun war er hier. »So ein Navi ist einfach klasse«, dachte er. Er war noch nie in diesem Teil Montreals gewesen. Überhaupt war er nicht allzu oft in Kanada gewesen. Und da in Quebec vorwiegend Französisch gesprochen wurde, war es noch eine Stufe komplizierter für ihn.

Die Fahrt war aber dank des Navigationsgeräts unkompliziert gewesen. Und nun würde er gleich Jacques Guénette treffen, den Unternehmer, von dem Maggie ihm erzählt hatte.

Jacques hatte sehr freundlich reagiert, als Joe per E-Mail Kontakt mit ihm aufgenommen und ihn um ein Treffen gebeten hatte. Joe wusste, dass er dies zum Teil Maggie zu verdanken hatte. Dennoch spürte er, dass dies grundsätzlich Jacques' Wesen entsprach.

Joe hatte über die DLGL recherchiert. Das Unternehmen hatte eine beeindruckende Erfolgsgeschichte. Es hatte alle möglichen Landesauszeichnungen gewonnen, zum Beispiel als »Bester Arbeitsplatz« und »Bester Arbeitgeber«. Die letzten 13 Jahre war das Unternehmen zum »Besten Arbeitgeber der Provinz« gekürt worden. Es hatte zudem mehrfach den ersten Platz in der Kategorie »Bester Arbeitsplatz in ganz Kanada« belegt, so auch im aktuellen Jahr. Und die letzten 15 Jahre gehörte es zur Gruppe der »50 bestgeführten Unternehmen«.

Diese Ergebnisse kamen nicht von ungefähr. Joe wusste aus

Erfahrung, dass die Grundlage dafür ein großartiger Führungsstil an der Spitze sowie tolle Mitarbeiter im gesamten Unternehmen waren.

Bei seiner Recherche war Joe aufgefallen, dass die Mission
und Philosophie des Unternehmens gleich auf der ersten Seite
der Firmenwebsite präsentiert wurden.

Auf diese Weise wurde deutlich, dass die Firma klare Ziele
verfolgte. Dies war bei allen herausragenden Unternehmen der
Fall gewesen, mit denen Joe bisher zu tun gehabt hatte. Denn
wenn man nicht wusste, wer man war, wohin man ging und wie
man sich auf dem Weg zum Ziel verhalten wollte, welche Chance hatte man dann schon, tatsächlich dort anzukommen?

Joe fuhr auf einen Parkplatz und schnappte sich seine Unterlagen sowie die Laptop-Tasche. Auf einem Blatt hatte er die
erste Seite der DLGL-Internetseite ausgedruckt. Er warf einen
Blick darauf.

Unsere Mission
Spezialisiert auf die Konzeption, Umsetzung und den Support
hochentwickelter integrierter Systeme in den Bereichen Human Resources, Gehaltsabrechnung, Workforce Management,
betriebliche Altersvorsorge, Talent Management und Self-Ser-
vice-Portale unter Verwendung der besten, erprobten branchenüblichen Standard-Tools bei einer gleichzeitigen kompromiss-
losen Verpflichtung zu Qualität vor Quantität.

Unsere Firmenphilosophie
* Lebensqualität
  - für Angestellte
  - für Kunden
  - für Aktionäre
  - für Zulieferer
* Produktqualität vor Geschäftsvolumen

* Rentabilität als Schlüssel zu Stabilität und Qualität
* Eine solide Finanzstruktur als Voraussetzung für nachhaltige Entscheidungen
* Ausschließlich Software
* Hohe Spezialisierung ausschließlich auf HRIS-Systeme*
* Management auf der Basis von Kompetenz und Ehrlichkeit
* Verwendung der besten branchenüblichen Standard-Tools
* Zusammenarbeit mit großen Arbeitgebern
* Lieferung der Produkte zu 100 Prozent

Unser Credo
»Wenn die DLGL den Interessen der Kunden bestmöglich dient, ist den Interessen der DLGL langfristig ebenfalls gedient.«

Joe hatte im Laufe der Jahre gelernt, dass man viel über Menschen erfahren konnte, wenn man auf die Worte achtete, die sie verwendeten. Er war mittlerweile in der Lage, rasch Muster und Tendenzen zu erkennen, wenn jemand sprach oder etwas schrieb. Diese Muster und Tendenzen spiegelten die Einstellung der Person unmittelbar wider. In Bezug auf sich selbst, auf die Welt … Auf dieser Einstellung basierte letztlich das Verhalten der Menschen.

Als Joe die Informationen über die DLGL zum ersten Mal gelesen hatte, waren ihm drei Dinge besonders aufgefallen. Er hatte auf dem Ausdruck mit einem Stift einen Kreis darum gezogen. Die Begriffe »Qualität« und »Beste/r« wurden häufig verwendet. Offenbar waren sie im Fokus von Jacques und der DLGL. Sie bezogen sich allerdings nicht nur auf die angebotenen Produkte. Es ging auch um Lebensqualität.

* = Human-Resource-Information-System, Personalinformationssystem (Anm. d. Übers.)

Ein wichtiger Punkt war darüber hinaus die Kundenorientierung. Man hatte sich für ein kundenzentriertes Geschäftsmodell entschieden. Das ging klar aus dem Credo hervor.

»Wenn die DLGL den Interessen der Kunden bestmöglich dient, ist den Interessen der DLGL langfristig ebenfalls gedient.«

Schließlich waren Joe die Aspekte »Klarheit« und »Fokussierung« aufgefallen, die mit großem Selbstbewusstsein vertreten wurden. Das Team der DLGL wusste, wofür es stand, und – ebenso wichtig – wofür es nicht stand. Und es hatte keine Angst davor, das zu sagen. Es wusste also, dass es seine Versprechen einhalten konnte.

Joe schob seine Unterlagen in die Tasche und öffnete die Autotür. Er lächelte. »Das wird sicher interessant.«

8

Als Joe durch die Tür der DLGL trat, fiel ihm auf, wie sehr die Worte, die er auf der Internetseite wahrgenommen hatte, durch die Büros des Unternehmens widergespiegelt wurden. Er hatte bereits Geschäftsführer an allen möglichen Orten interviewt. Angefangen bei zwei Männern in einer Garage bis hin zu Unternehmern in exklusiven Büros in schimmernden Wolkenkratzern.

Jeder Ort hatte eine Atmosphäre, strahlte eine bestimmte Energie aus. So auch dieser. Er wirkte professionell und gleichzeitig behaglich. Stilvoll, aber nicht auf eine protzige Weise. Überall war Holz. Und alles wirkte geräumig. Man hatte das Gefühl, in ein elegantes, gut etabliertes Hotel oder einen Country Club zu kommen.

Als Joe einen Blick zurück durch die Tür nach draußen warf, fiel ihm auf, wie gepflegt der Rasen war. Der Fußweg bestand aus Pflastersteinen anstatt einfach aus Beton. Joe hatte eine bestimmte Energie gespürt, als er auf das Gebäude zugegangen war. Nun konnte er besser einordnen, wodurch dieses Gefühl entstanden war. Es lag an der Gepflegtheit, die mit einem Sinn für Schönheit gepaart war. Das war sogar anhand von Details wie dem Fußweg und dem Rasen erkennbar.

Joe richtete den Blick wieder ins Innere des Gebäudes und wurde sofort von den Fotos an der Wand angezogen. Sie zeigten jährliche Veranstaltungen, bei denen sich die Mitarbeiter jeweils zu einem besonderen Event versammelt hatten.

Auf einem Foto waren die Leute auf einem großen Boot zu

sehen. Auf einem anderen waren sie elegant gekleidet und befanden sich in einem herrlichen Ballsaal. Jedes Foto war unten mit einer Jahreszahl versehen.

Joe fiel sofort auf, dass die Leute auf den Bildern ein echtes Lächeln zeigten. Es war interessant, dass man merkte, ob etwas ehrlich gemeint war oder nicht. Wahre Freude lässt sich nicht vortäuschen. Und diese war auf den Fotos zu sehen.

Joe passierte eine zweite Tür und steuerte auf den Empfang zu. Ihm fiel sofort ein Schild auf dem Tresen auf: Direktorin des ersten Eindrucks. »Was für ein Zufall«, dachte Joe bei sich. Dieser Titel wurde auch bei Derale Enterprises verwendet.

Die Frau dahinter lächelte ihn an. »Guten Morgen. Willkommen bei der DLGL. Was kann ich für Sie tun?«

»Ein guter erster Eindruck«, dachte Joe und erwiderte das Lächeln der Frau. »Guten Morgen. Ich bin mit Jacques Guénette verabredet.«

»Mr. Pogrete, nicht wahr?«

Joe nickte. »Ja.«

Sie deutete mit der Hand auf ein paar Stühle. »Nehmen Sie doch bitte Platz. Ich gebe Jacques Bescheid, dass Sie da sind. Kann ich Ihnen etwas zu trinken anbieten?«

Joe schüttelte den Kopf. »Nein danke, alles bestens.«

Die Frau griff nach dem Telefonhörer und Joe sah sich einstweilen um. Der Raum war von hellem Tageslicht erfüllt. Die großen Fenster waren Joe sofort aufgefallen, als er das Gebäude von außen betrachtet hatte. Nun, da er drinnen war, erkannte er, dass sie nicht nur eine ästhetische Funktion hatten. Sie ließen vor allem unglaublich viel natürliches Licht ins Gebäude dringen.

»Willkommen bei der DLGL, Joe.«

Joe drehte sich in die Richtung, aus der die Stimme gekommen war. Ein etwa 1,85 Meter großer Mann trat auf ihn zu. Er trug ein dunkles Poloshirt mit einem Logo. Joe erkannte, dass es das Logo des Hauptprodukts der DLGL war. Der Mann schien Mitte 50 zu sein. Er hatte graue Haare und hellblaue Augen, die durchdringend und gleichzeitig freundlich wirkten.

Joe lächelte. »Jacques?«

Der Mann lächelte zurück. »Ja, das bin ich.« Er schüttelte Joe die Hand.

»Es freut mich, dass Sie herkommen konnten, Joe. Wie war die Reise?«

»Gut, danke. Unkompliziert.«

Jacques deutete nach links. »Kommen Sie, wir gehen in mein Büro.«

Joe folgte ihm in ein großes Büro mit zahlreichen Fenstern.

»Darf ich Ihnen etwas zu trinken anbieten, Joe?«

»Nein danke, nicht nötig.«

»Dann nehmen Sie doch bitte Platz.«

Die beiden Männer setzten sich einander gegenüber.

»Danke nochmals, dass Sie sich Zeit hierfür nehmen«, sagte Joe. »Wie ich in meiner E-Mail bereits erwähnt habe, habe ich über Maggie Derale von Ihnen und Ihrem Unternehmen erfahren.«

»Ich habe gestern Abend noch einmal mit ihr gesprochen«, sagte Jacques. »Sie meinte, Sie seien ein toller Mensch und unglaublich gern auf Reisen.«

Joe schmunzelte. Jacques hatte eine tiefe, dröhnende Stimme, die für sich genommen furchteinflößend hätte sein können. Aber irgendwie wirkte sie aus dem Munde dieses Mannes beruhigend.

»Außerdem hat sie gesagt, dass Sie mit großer Begeisterung anderen helfen«, fügte Jacques hinzu.

»Ich bemühe mich darum«, antwortete Joe.

»Woher kennen Sie Maggie?«, fragte Jacques.

Joe zögerte einen Moment, dann sagte er: »Ihr Mann, Thomas, war mein Mentor und mein bester Freund. Ich habe Maggie über ihn kennengelernt. Ich mache gerne Abenteuerreisen. Und im Laufe der Jahre habe ich die beiden in einige meiner Lieblingsländer mitgenommen. Afrika, Australien, Thailand ...«

Jacques wusste all das bereits. Maggie hatte es ihm erzählt, als sie ihn das erste Mal dazu angerufen hatte. Aber Jacques wollte es von Joe hören. Er suchte ein paar Anhaltspunkte.

»Und Sie?«, fragte Joe. »Woher kennen Sie Maggie?«

»Über meine Frau, Diane«, antwortete Jacques. »Sie haben in der Schule dieselbe Klasse besucht und sind immer in Kontakt geblieben. Alle paar Jahre machen sie gerne eine Frauenreise. Maggie war hier öfter zu Besuch.«

Joe nickte.

»Und«, fragte Jacques, »was haben Sie für Ihre Zeit hier geplant? Wie kann ich Ihnen helfen?«

»Nun, ohne mich Ihnen aufdrängen zu wollen, würde ich Sie und die DLGL gerne kennenlernen. Ich arbeite seit einigen Jahren an einem Projekt, einer Serie mit Interviews und Profilen von herausragenden Leitern verschiedener Unternehmen. Immer wenn eins davon fertig ist, stelle ich es den Leuten in unseren Unternehmen sowie unseren Partnern zur Verfügung.

Mir ist aufgefallen, dass großartige Führungskräfte in der Regel ihr ganzes Leben lang bereit sind, etwas dazuzulernen. Mein Ziel ist daher, mit jedem Interview mindestens fünf bis zehn Denkanstöße zu vermitteln. Ich möchte den Lesern Ideen oder Praktiken vorstellen, die sie sich durch den Kopf gehen lassen und – wo es passt – in ihrem eigenen Unternehmen nutzen können.

Wir verlangen dafür kein Geld. Es ist unsere Art, unseren eigenen Führungskräften sowie unseren Partnern dabei zu helfen, sich weiterzuentwickeln.«

»Und wie kann ich Sie dabei unterstützen?«, erkundigte sich Jacques. »Wie sind Sie bei anderen Unternehmen vorgegangen?«

Joe schmunzelte. »Jedes Interview läuft ein bisschen anders. Manchmal sitze ich lediglich rund eine Stunde mit einem Unternehmensleiter zusammen und unterhalte mich mit ihm. Das ist alles. Dann fasse ich die Informationen schriftlich zusammen.«

»Ihr Schmunzeln verrät mir, dass es andere Interviews gibt, die *weit* darüber hinausgehen«, sagte Jacques.

»Nun ja, sich zusammenzusetzen und sich zu unterhalten ist ein Ende des Spektrums ...«

»Und das andere Ende?«

Joe lächelte erneut verschmitzt. »Vor zwei Jahren habe ich drei Wochen lang in einer Bäckerei mitgearbeitet. Ich habe den Besitzer auf Schritt und Tritt begleitet, damit ich seine Geschichte authentisch erzählen konnte.«

Jacques nickte anerkennend. »Tatsächlich?«

»Ja, wirklich.«

»Hat es sich gelohnt?«

»Es waren drei tolle Wochen. Selbst die Tatsache, dass ich jeden Morgen um 4.30 Uhr aufstehen musste, konnte mir die gute Laune nicht verderben.«

Joe beugte sich in seinem Stuhl nach vorne. »Ihre Internetseite gefällt mir gut, Jacques. Sie haben hier offensichtlich einen besonderen Ort erschaffen. Es scheint so, als hätten Sie als Unternehmen mit den besten Arbeitsplätzen so ziemlich jeden Preis bekommen. Darüber hinaus hat Maggie sehr davon geschwärmt, was Sie hier geschaffen haben. Wenn ein einstündiges Gespräch Ihnen am meisten zusagt, dann machen wir es so. Aber mein Gefühl sagt mir, dass dies hier eher ein ›Bäckerei-Szenario‹ ist.

Ich möchte nochmals betonen, dass ich Ihnen keine Umstände bereiten möchte. Aber wenn ich Sie eine Weile quasi wie ein Schatten begleiten dürfte, mich intensiv mit der Unternehmenskultur der DLGL vertraut machen könnte ... Ich glaube, das könnte letztlich ein lebensveränderndes Interview für viele Führungskräfte werden.«

Jacques lehnte sich in seinem Stuhl zurück. Und nach einer kurzen Pause sagte er: »Dann machen wir es so.«

9

Jacques erhob sich. »Wissen Sie was, Joe, wir haben heute noch ein paar Stunden übrig. Lassen Sie uns einen Spaziergang durch das Unternehmen machen, damit Sie einen Einblick gewinnen, was wir tun. Danach können Sie gern wiederkommen und so viele Tage hier verbringen, wie Sie möchten.

Ich habe in den nächsten beiden Wochen einen ziemlich vollen Terminkalender. Zusätzlich zu meiner normalen Arbeit gebe ich ›Excellence‹, einer Wirtschaftszeitschrift hier in Montreal, ein Interview. Wir wurden gerade als »bester Arbeitsplatz« in ganz Kanada ausgezeichnet, und das Magazin würde gerne mehr über uns erfahren.

Heute in einer Woche halte ich dann auf einer Konferenz einen Vortrag darüber, wie man die größten Talente für ein Unternehmen gewinnt. Sie können mich bei alldem gern so viel oder so wenig begleiten, wie Sie möchten.«

Joe stand auf. »Gern bei allem.«

Jacques nickte lächelnd. »Dann bei allem.«

»Wie lange sind Sie schon in diesem Gebäude?«, fragte Joe, als er das Büro mit Jacques verließ.

»Wir haben es vor fast 20 Jahren gebaut. Anfangs bestand es nur aus diesem Bereich. Dann, als das Unternehmen wuchs, bauten wir hinten an.«

»Haben Sie das Gebäude selbst entworfen? Es hat eine wunderbare Atmosphäre.«

Jacques strahlte. »Ja, die Architekten haben mich *geliebt*. Von Anfang an habe ich ihnen gesagt, dass ich so viel Fensterfläche pro Person haben wollte, wie sie einplanen konnten. Und bei unserem nächsten Treffen kamen sie mit einem Entwurf an, der kaum Fenster vorsah.

Sie erklärten mir, dass es eine Menge kosten würde, meine Wünsche umzusetzen. Also erläuterte ich ihnen noch einmal, dass ich so viel Fensterfläche pro Person haben wollte, wie sie in ihren Entwürfen unterbringen konnten.«

Er wandte sich Joe zu. »Als sie das dritte Mal mit Entwürfen aufwarteten, die mir nicht gefielen, und diese damit rechtfertigten, wie viele Kosten sie mir damit ersparten, musste ich ihnen schließlich damit drohen, sie zu feuern, wenn sie nicht taten, worum ich sie bat.«

Joe lachte. »Und haben sie es schließlich begriffen?«

»Ja, nach dieser Besprechung hatten sie es endlich verstanden, zumindest was die Fenster anbelangte.«

»Das Gebäude hat definitiv eine tolle Atmosphäre. Als ich hereingekommen bin, ist mir sofort aufgefallen, wie viel natürliches Licht es gibt.«

Jacques stimmte ihm zu und meinte: »Hier verbringen die Menschen jeden Tag den Großteil ihrer wachen Zeit. Sie sollen nicht unter Leuchtstoffröhren sitzen, die eine Million Mal pro Minute flimmern und Kopfschmerzen verursachen. Und sie sollen nicht den ganzen Tag nur auf Wände starren.

Das ist unmenschlich. Abgesehen davon ist es eine lausige Art und Weise, das, was man den ganzen Tag tut, zu optimieren. Können Sie sich das vorstellen? Die Leute sitzen irgendwo, haben ständig Kopfschmerzen und wenig Energie … Wie soll man unter diesen Bedingungen von ihnen erwarten, dass sie ihre Kunden effektiv betreuen?«

»Haben Sie auch bei der Innengestaltung mitgewirkt?«, fragte Joe.

Jacques nickte. »Wir verfolgten dabei den gleichen Ansatz. Wir wollten einen besonderen Ort schaffen. Mit einer professionellen und behaglichen Atmosphäre … Über die Böden hatte ich eine ähnliche Diskussion mit den Architekten wie bei den Fenstern. Ich sagte ihnen, dass sie aus Holz sein sollten. Sie antworteten mir, es sei zu teuer. Ich sagte ihnen, ich wolle Holz. Sie erwiderten, es würde sich zu schnell abnutzen. Also sagte ich ihnen bei der dritten Besprechung, dass ich Holz haben wollte und dass ich sie feuern würde, wenn sie anstelle von dem, was ich mir wünschte, mit irgendeinem anderen Vorschlag zurückkämen.«

Joe bekam allmählich ein Gefühl für Jacques' Persönlichkeit. Er war zweifellos direkt. Doch seine Direktheit war beabsichtigt und rührte von dem Wunsch her, etwas Besonderes für die Menschen in seinem Umfeld zu erschaffen. Überdies war er ein reflektierter Mensch. Wenn er zu einer Entscheidung kam, handelte es sich nicht um einen zufälligen Beschluss. Er hatte ausführlich und aus einem Dutzend verschiedener Blickwinkel darüber nachgedacht.

Darüber hinaus hatte er Humor. Schon in dieser kurzen Zeit war Joe aufgefallen, dass Jacques' Erläuterungen und Geschichten auf eine natürliche Art und Weise witzig waren. Er brachte Menschen zum Lachen.

10

Wie viel wissen Sie über die Branche, in der wir tätig sind?«, fragte Jacques, während er mit Joe durch das Gebäude ging.

»Nun ja, ich bin kein Experte auf diesem Gebiet, also verstehe ich nicht sehr viel davon. Durch Ihre Internetseite und einige Berichte, die ich online gefunden habe, weiß ich, dass Sie Software für große Unternehmen anbieten sowie den Support dafür. Und zwar in Bereichen wie Gehaltsabrechnung, Arbeitsplanung, betriebliche Altersvorsorge, Talent-Management …«

»Das ist richtig«, sagte Jacques. »Wir sind auf HR-Software, also Software für Personalprozesse, spezialisiert und Dienstleister für große Kunden. Das fasst die Dinge auf einer groben übergeordneten Ebene zusammen. Es ist allerdings viel interessanter, etwas tiefer zu gehen und sich bewusst zu machen, was das tatsächlich bedeutet und warum es wichtig ist.«

Jacques bog um eine Ecke. Die beiden Männer standen nun vor einer Reihe von Uhren, und Jacques deutete auf eine von ihnen. »Das ist die Uhr für die östliche Zeitzone. Jeden Tag sind in Toronto 8000 Krankenschwestern und -pfleger im Einsatz, um Patienten in allen Universitätskliniken zu betreuen. In den letzten 17 Jahren haben unsere Systeme ihre Dienstpläne erstellt. Sie sorgen dafür, dass jede Krankenschwester und jeder Krankenpfleger weiß, in welcher Schicht und auf welcher Station sie arbeiten.

In denselben Krankenhäusern möchte jeder gern bezahlt werden. Das heißt, irgendein System muss in der Lage sein zu

37

erfassen, wie viele Stunden jede Person gearbeitet hat, wie viel sie pro Woche verdient, ob sie im Urlaub war, ob sie Überstunden gemacht hat und wie viel sie für Überstunden bekommt ... Auch dafür sind wir zuständig.

All diese Funktionen und etwa 30 weitere stehen dem Kunden an jedem Tag des Jahres zur Verfügung. Und sie funktionieren reibungslos.«

Jacques machte eine Pause. »Denn wenn das nicht der Fall wäre, könnte das Leben von Patienten in Gefahr sein. Es darf nicht vorkommen, dass Krankenschwestern oder -pfleger in Krankenhäusern am falschen Ort oder zur falschen Zeit auftauchen. Daher ist es so wichtig.«

»Und all das leisten Sie mit Ihrem System?«, fragte Joe.

Jacques bejahte: »So ist es. Es heißt VIP.«

Er ging zu einer anderen Uhr. »Dies ist eine andere Zeitzone. Hier geht es um ein Bergbauunternehmen in Manitoba. Wir stellen Menschen, die 1200 Meter untertage sind, Echtzeitinformationen zur Verfügung und ermöglichen den Datenaustausch. Auf diese Weise sind sie in der Lage, während des Betriebs die besten Entscheidungen zu treffen, wer was, wann und wo tun sollte.

Und hier«, sagte er und deutete auf eine dritte Zeitzone, »bieten wir unsere Dienste einer Stadt mit über einer halben Million Menschen an. Es geht um Dinge wie etwa Einsatzpläne für Feuerwehrleute, Renten für Angestellte, die Verwaltung von allgemeinen Sozialleistungen.«

Jacques wandte sich Joe zu. »Wir geben unseren Kunden alle Instrumente an die Hand, die erforderlich sind, um die Beziehung zwischen einer Organisation und ihren Angestellten komplett zu verwalten.

Dazu gehören die Suche und das Einstellen von Personal, Onboarding-Prozesse, die Personalkostenabrechnung, die Verwaltung von Leistungen, die Personaleinsatzplanung, das

Weiterbildungsmanagement und Kompetenztracking, die Nachfolgeplanung, Ruhestandspläne sowie die Zahlung von Sozialleistungen an Familien von Angestellten, die verstorben sind. Diese gesamte Abfolge kann bei einer einzelnen Person einen Zeitraum von 70 Lebensjahren umfassen.«

Joe nickte.

»Unser Zweck der Existenz besteht darin, unsere Kunden dabei zu unterstützen, *ihren* Zweck der Existenz zu erfüllen. Wir sind sehr stolz darauf, dazu beizutragen.«

11

Die beiden Männer schlenderten durch einen Teil des Gebäudes, in dem sich Büros und Gemeinschaftsräume befanden. Das von außen einfallende Licht erleuchtete den gesamten Bereich hell.

»Eine tolle Atmosphäre«, sagte Joe zum wiederholten Mal.

Jacques lächelte. »Man gestaltet einen Ort, an dem die Menschen gerne sind und wo sie voller Stolz dazugehören. Und das wirkt sich auf die Art und Weise aus, wie sie ihre tägliche Arbeit angehen. Es zeigt sich auch darin, wie lange sie in einem Unternehmen bleiben. Unsere Branche hat eine jährliche Fluktuationsrate von 20 Prozent. Bei uns beträgt sie weniger als ein Prozent.«

Joe nickte. Trotz der hohen Kosten, die mit dem Verlust guter Mitarbeiter einhergingen, musste die Mehrzahl der Unternehmen jedes Jahr einen erheblichen Teil ihrer Belegschaft ersetzen. Eine Fluktuationsrate von weniger als einem Prozent kam so gut wie nie vor – selbst in großartigen Unternehmen nicht.

Als sie weitergingen, fiel Joe auf, dass Jacques von allen Menschen begrüßt wurde, denen sie begegneten. Und er grüßte sie zurück. Überdies war es kein gezwungenes »Hallo«. Die kurzen Begegnungen wirkten freundschaftlich.

Joe hatte in seinem früheren Berufsleben für einige Unternehmen gearbeitet, in denen die Leitung eine Kultur der Vorschriften und Kontrolle geschaffen hatte, die vornehmlich auf Angst basierte. Folglich fürchteten sich alle davor, mit ihren Vorgesetzten zu sprechen. Sogar die Körperhaltung der Menschen veränderte sich dann. Die Leute machten sich vor ihren Vorgesetzten kleiner.

In diesem Unternehmen war offenbar das Gegenteil der Fall. Die Menschen lachten mit Jacques. Sie scherzten mit ihm.

Joe sprach Jacques darauf an.

»Dabei ist es ziemlich einfach, Menschen wie Menschen zu behandeln, anstatt ständig zu versuchen, ihnen zu zeigen, wie wichtig man ist«, antwortete dieser. »Überdies: Wenn man gut mit anderen Menschen umgeht, verhalten sie sich ebenso.«

Die beiden Männer kamen an einer Reihe von Konferenzräumen vorbei. Schilder davor zeigten den Namen des jeweiligen Raums an.

»Sind das die Namen Ihrer Kunden?«, fragte Joe.

Lachend erwiderte Jacques: »Ja, das gefällt ihnen. Sie sagen gerne scherzhaft, dass sie ihren Raum bezahlt haben.«

Die Männer erreichten einen breiten Durchgangsbereich zwischen zwei Gebäudeteilen. Er war wunderschön. Riesige Fenster reichten bis zur Decke hinauf, und das von draußen einfallende Licht wurde von den Holzfußböden reflektiert. Man blickte auf eine Grünfläche, die von einem Wald gesäumt wurde.

Jacques blieb stehen und deutete nach draußen. »Falls Sie Lust auf einen kleinen Waldspaziergang haben, während Sie hier sind, nur zu. Es gibt mehrere Wege. Einige Leute gehen regelmäßig nach dem Mittagessen spazieren oder machen dort einfach eine Pause. Im Untergeschoss stehen übrigens ein Dutzend Mountainbikes. Sie dürfen sie gern nutzen, wenn Ihnen das lieber ist, als zu laufen.«

Joe nickte.

»Und für schlechtes Wetter gibt es eine Drivingrange im Untergeschoss«, fügte Jacques hinzu. »Schläger, Bälle und alles, was Sie sonst noch brauchen, sind ebenfalls vorhanden.«

Er setzte sich wieder in Bewegung.

»Was ist das?«, fragte Joe, als sie in der Mitte des Durchgangsbereichs ankamen.

Dort stand ein Baum in einem riesigen Kübel. Er war etwa zweieinhalb Meter hoch, und an seinen Ästen hingen Dutzende von Zetteln.

»Das ist ein sehr wertvoller Baum. Ein *Aus-Wuchs* der Beziehung, die wir zu unseren Kunden haben möchten.«

Jacques lachte angesichts seines Wortspiels.

»Unser Geschäftsmodell basiert auf persönlichen Beziehungen zu unseren Kunden«, fuhr Jacques fort. »Wir wollen deren Bedürfnisse genau verstehen. Ein Teil des Prozesses besteht darin, dass das Projektteam des Kunden zu uns ins Haus kommt, um die Software kurz vor unserer Lieferung abschließend zu testen.«

Er zuckte mit den Achseln. »Je nachdem, wie komplex unser Produkt ist, kann es Tage oder sogar Monate dauern, es zu testen und alle Veränderungen einzuarbeiten.

Dieser Baum stammt von dem Team von Loto Quebec. Das war ein *sehr* komplexes Projekt. Loto Quebec ist in vielen Geschäftsbereichen aktiv – Lotterien, Casinos, Hotels, Restaurants … Außerdem waren bei diesem Unternehmen viele Aspekte zu berücksichtigen – Multi-Sites*, zahlreiche Kooperationen, hohe Sicherheitsanforderungen …

Das Team verbrachte ein paar Monate bei uns, die Leute lebten mit uns zusammen, sie testeten, waren mit dem Fahrrad unterwegs … Als sie uns verließen, schenkten sie uns diesen Baum mit all den handgeschriebenen Botschaften an den Ästen. Danksagungen, Abschiedsgrüße, Erinnerungen.«

Jacques blickte zu Joe. »Jedes Mal, wenn ich an diesem Baum vorbeikomme, lächle ich. Es war fantastisch, welche Ver-

---

* »Multi-Sites« bieten die Möglichkeit, mehrere Webseiten von einer Plattform aus zu betreiben (Anm. d. Übers.).

bindung diese Leute mit unseren Mitarbeitern hatten. Sie verschmolzen zu einer Gruppe, die sich einem gemeinsamen Ziel widmete und am Ende ein herausragendes Produkt entwickelt hatte. Und genau darum geht es.

Im Durchschnitt sind unsere Kunden seit 13 Jahren bei uns. Bei manchen werden es schon 20 Jahre. Die Geschichte rund um diesen Baum ist ein gutes Beispiel dafür, warum das so ist. Darüber hinaus erinnert der Baum uns alle täglich daran, uns diese Einstellung bei allem zu bewahren, was wir tun.«

12

Jacques bog um eine Ecke und betrat mit Joe ein kleines Foyer neben einer Treppe. Sogar die Treppe war durchgestylt und hatte ein stimmiges Design.

»Das ist unser Stumpf«, sagte Jacques und deutete auf einen großen Baumstumpf auf Rädern. »Es gibt bei uns eine Veranstaltung, bei der jeder, der sein zehnjähriges Firmenjubiläum feiert, die Chance bekommt, eine zehnminütige Rede zu halten. Und dabei 500 Dollar pro Minute zu verdienen.«

»Was heißt das genau?«, fragte Joe.

»Es begann damit, dass wir Mitarbeiter belohnen wollten. Wenn sie die Zehnjahresmarke erreichen, haben sie Anspruch auf einen Bonus in der Höhe von 5000 Dollar. Diesen verdienen sie sich, indem sie ihre zehnminütige Baumstumpf-Rede halten.

Früher fand das draußen statt, und wer an der Reihe war, stellte sich auf diesen riesigen abgestorbenen Baumstumpf auf der Wiese. Als wir wuchsen und das Gebäude vergrößern wollten, benötigten wir die Fläche, auf der sich der Baumstumpf befand. Also ließen wir ihn ausgraben und konservierten ihn mit Epoxidharz, um ihn für immer zu bewahren. Und wir befestigten Räder daran, damit wir ihn bewegen können.

Wenn jemand nun seine zehn Jahre erreicht hat, veranstalten wir einen großen Event hier im Unternehmen, rollen den Baumstumpf herein und der Betreffende bekommt seine Chance.

Diese Baumstumpf-Reden sind sehr emotional. Lustig. Sie kommen von Herzen und sind voller Erinnerungen und Humor.

Nach jeder Rede sagen wir, sie können unmöglich noch besser werden, doch jedes Mal übertreffen sie einander noch.«

An der Wand hinter dem Baumstumpf hingen große Transparente, etwa zweieinhalb Meter hoch und einen Meter breit. Es gab einen Zehnjahresbanner, einen Fünfzehnjahres- und einen Zwanzigjahresbanner. Darauf fanden sich die Namen und Fotos der Mitarbeiter, die entsprechend lange bei der DLGL waren.

Joe betrachtete die Transparente. Es war offensichtlich, dass es sich um ein Unternehmen handelte, das langfristige Beschäftigungsverhältnisse mit seinen Mitarbeitern pflegte. Außerdem legte man Wert auf Traditionen.

Jacques deutete auf die Treppe. »Lassen Sie uns nach oben gehen.«

Sie gingen in den dritten Stock des Gebäudes. Jacques öffnete eine Tür, durch die sie in einen riesigen Fitnessraum gelangten. Er war mindestens 500 Quadratmeter groß. Es gab Gewichte, Fitnessgeräte, Laufbänder, Raum für Yoga und Pilates … Die gesamte Ausstattung war hochmodern.

Anstelle von Ziegeln oder Beton bestanden die Außenwände komplett aus Fensterfronten, und so drang wie in den unteren Etagen viel natürliches Licht herein.

»Gehört das alles zur DLGL?«, fragte Joe überrascht.

Jacques nickte. »Willkommen im *Vipnasium*. Zusätzlich zu all den Geräten, die Sie hier sehen, ist eine Personal Trainerin ganztags hier beschäftigt. Jeder Angestellte hat einen persönlichen Trainingsplan, den sie gemeinsam mit ihm ausarbeitet.«

Jacques deutete mit dem Kopf auf eine junge Frau auf der anderen Seite des Raums. »Das ist sie. Ich mache Sie miteinander bekannt.«

»Raquel, ich möchte dir gerne jemanden vorstellen. Das ist Joe«, sagte Jacques, als sie auf die Frau zugingen. Sie lächelte und streckte Joe ihre Hand entgegen. »Hi, Joe.«

Joe schüttelte ihr die Hand.

»Joe wird eine Weile bei uns sein. Er arbeitet an einem Artikel über ein paar Dinge, die wir hier bei der DLGL tun.«

»Wie viel Prozent der Mitarbeiter nutzen diesen Raum und nehmen Ihre Hilfe in Anspruch?«, fragte Joe.

»Im Laufe eines Jahres arbeite ich mit 100 Prozent der Leute zusammen. 44 Prozent von ihnen kommen täglich hierher. Ich gebe jeden Tag um die Mittagszeit Yogakurse; davor und danach finden weitere Kurse statt. Darüber hinaus biete ich individuelle Trainingsstunden an.«

Joe sah sich um. Obwohl es mitten am Nachmittag war, trainierten drei oder vier Leute mit Gewichten. »Können die Mitarbeiter zu jeder Tageszeit trainieren?«

»Auch nachts«, antwortete Jacques. »Alle haben einen Zugangscode für das Gebäude. Sie können 24 Stunden am Tag kommen und gehen und können so die Räume und Geräte nutzen, wann sie möchten. Das gilt im Übrigen für das ganze Gebäude.«

»Wird es manchmal zu voll hier, um mit den Leuten zu trainieren?«, fragte Joe Raquel.

Sie schüttelte den Kopf. »Nein. Da die Leute kommen und gehen können, wann immer sie wollen, ist es einfach, die persönlichen Trainingsstunden so zu planen, dass jeder die Unterstützung erhält, die er möchte. Wenn wir die Leute in enge Zeitfenster hineinzwängen wollten, zum Beispiel auf die Zeit nach 17 Uhr, wäre es ein Problem. Und um ehrlich zu sein – in dem Fall hätten wir keine Teilnahmequote von 100 Prozent.

Bei unserem Modell sind die Menschen nicht gezwungen, sich zwischen der Zeit für die Familie, den Arbeitsaufgaben und dem Sport zu entscheiden. Da sie sich alles frei einteilen können, finden sie den besten Weg, um alles unterzubringen.«

Raquel blickte zum anderen Ende des Raums, wo gerade eine Frau durch die Tür hereinkam. »Das ist meine 15.30-Uhr-

Klientin«, erklärte sie. »Ich helfe ihr dabei, sich auf einen Halbmarathon vorzubereiten. Haben Sie noch weitere Fragen?«

»Dutzende«, antwortete Joe, »aber ich möchte Sie nicht aufhalten. Kann ich ein anderes Mal vorbeischauen?«

»Natürlich. Sie können auch gern die Geräte benutzen oder an einem der Kurse teilnehmen.«

Raquel klopfte Jacques auf die Schulter und wandte sich dann ihrer Klientin zu. »Bis bald, Jacques.«

»Danke, Raquel.«

Jacques steuerte auf das andere Ende des Fitnessraums zu.

»Sie macht einen tollen Eindruck«, sagte Joe.

Jacques stimmte ihm zu: »Sie ist großartig. Sie passt wunderbar zu uns.«

»Inwiefern?«

»Sie war einige Jahre lang Personal Trainerin in einem Fitnessclub, war dort aber zunehmend frustriert. Die Teilnehmer meldeten sich im Urlaub an oder wenn es eine Marketingaktion gab, aber viele stiegen danach wieder aus. Daher war es schwierig, Menschen tatsächlich dabei zu helfen, fitter zu werden.

Schließlich war Raquel so frustriert, dass sie kündigte und in der Personalabteilung eines großen Unternehmens arbeitete. Zu ihrem und unserem Glück entdeckte sie eine Stellenanzeige von uns, als wir jemanden für diese Position suchten. Nun macht sie wieder das, was sie liebt, und arbeitet mit Menschen zusammen, die ernsthaft bei der Sache sind und Zeit haben.«

»Wie oft ist sie hier?«

»Montag bis Freitag, von acht bis vier. Die Mitarbeiter können ihren Terminplan über unser Intranet aufrufen und sich dort für ihre persönlichen Trainingseinheiten anmelden. Und wenn jemand einen steifen Nacken, Rückenprobleme oder ein anderes Wehwehchen hat, kann er ihre Dienste auch dafür in Anspruch nehmen. Sie ist nämlich nicht nur Fitnesstrainerin, sondern auch Heilmasseurin.«

»Warum haben Sie sie unter den anderen Bewerbern ausgewählt?«, fragte Joe.

»Nun ja, sie brachte all die wichtigen Voraussetzungen mit, die wir uns bei einem Trainer wünschen. Außerdem war sie uns sehr sympathisch. Und als sie uns ihre Geschichte erzählte und sagte, dass sie nach einer Chance suche, ihre Arbeit *gut* zu machen … war das etwas Besonderes. Etwas gut zu machen ist ein wichtiger Teil unserer Arbeitshaltung.« Jacques zuckte mit den Achseln. »Es hat gut funktioniert. Sie ist glücklich, wir sind glücklich … Wir passen wunderbar zusammen.«

13

Als sie den Fitnessbereich verließen, deutete Jacques auf eine Außenzone auf dem Dach. »Lassen Sie uns für einen Moment dorthin gehen.«

Sie traten durch die Tür hinaus und gelangten zu einer sehr hübschen Sitzgelegenheit mit Holzbänken und Rankgittern, die Schutz und Schatten boten.

Von hier aus hatte man einen schönen Blick auf die Grünanlagen vor dem Gebäude und den angrenzenden Wald.

»Herrlich«, sagte Joe, als er stehenblieb und sich umsah.

»Danke«, antwortete Jacques. »Dieser Platz hier sowie die Grünanlagen dort unten sind während der Mittagszeit sehr beliebt oder wenn die Leute sich draußen zu einer Besprechung treffen möchten.«

»Wer auch immer die Anlagen gestaltet hat, es ist ihm sehr gut gelungen«, sagte Joe. »Die Atmosphäre ist wunderbar.«

»Tatsächlich haben die Leute von der DLGL das alles angelegt«, erklärte Jacques. »Nach ihrer regulären Arbeitszeit, an den Wochenenden …«

»Wirklich? Was hat sie dazu inspiriert, dafür Zeit von ihrer Familie und ihren Hobbys abzuzweigen?«

»Menschen möchten gerne ein Teil von etwas sein, Joe. Dieser Ort hier ist ihr zweites Zuhause. Die Leute, mit denen sie zusammenarbeiten, sind für sie wie eine zweite Familie. Bei genauer Betrachtung und wenn man die Stunden abzieht, in denen die Mitarbeiter schlafen, verbringen sie wahrscheinlich mehr Zeit hier als zu Hause.

Wenn man guten Leuten die Möglichkeit bietet, etwas Gutes zu machen, und sie mit den Ressourcen ausstattet, um es umzusetzen – dann verwirklichen sie wunderbare Dinge.

Bei solchen Projekten bezahlt das Unternehmen das gesamte Material. Dann gestalten die Mitarbeiter damit, was sie möchten. Die meisten Leute beteiligen sich daran. Nicht etwa weil sie es *müssten*. Sie machen es *gern*. Und letztlich schweißt es alle ungeheuer zusammen.«

Jacques ließ seinen Blick einen Augenblick lang schweifen. »Kommen Sie«, sagte er, »ich möchte Ihnen gerne den Rest zeigen.«

14

Als sie weitergingen, wandte Joe sich Jacques zu. »Neigen die Leute hier dazu, Überstunden zu machen, weil Sie ihnen so viel Flexibilität einräumen?«

Jacques schüttelte den Kopf. »Ich möchte nicht, dass die Mitarbeiter mehr als 35 bis 37 Stunden pro Woche arbeiten. Sie füllen Timesheets online aus und tragen ihre Arbeitsstunden sowie die -bereiche ein, auf die sie Zeit verwendet haben. Auf diese Weise empfindet niemand einen Druck, Überstunden zu machen, um eine Arbeit fertig zu bekommen.«

Joe nickte. »Das klingt interessant.«

»Wir nutzen diese Tabellen darüber hinaus für andere Zwecke«, fügte Jacques hinzu. »Sie helfen uns zu erkennen, worauf wir als Unternehmen unsere Zeit verwenden. Wenn wir zum Beispiel bei einem Kunden plötzlich mehr Support leisten als im Normalfall, sehen wir das sofort. Und wenn die Entwicklung eines Produkts länger dauert als geplant, erkennen wir das ebenfalls. Wir sind in der Lage, die Entstehung potenzieller Probleme wahrzunehmen und uns darum zu kümmern, bevor sie sich tatsächlich zu Problemen entwickeln.«

Joe machte sich ein paar kurze Notizen.

»Was die individuellen Zeitpläne der Mitarbeiter betrifft, so bestimmt jeder selbst, wie viele Stunden er jeweils arbeiten möchte. Wenn jemand also an einem Tag mehr und an einem anderen weniger tun möchte, ist das seine Entscheidung.«

»Was machen Sie, wenn ein Kunde versucht, Druck auf jemanden auszuüben, damit etwas sofort erledigt wird?«

Jacques schüttelte den Kopf. »Wenn so etwas passiert, schaltet sich das Management ein. Wir dulden es nicht. Nichts, was die Lebensqualität unserer Leute gefährdet, wird toleriert.« Jacques hielt einen Moment inne und fügte dann mit Nachdruck hinzu: »*Nichts.*

Wenn der Kunde dringend etwas braucht, organisieren wir unsere Ressourcen neu, um es zu schaffen. Aber wir verlangen den Mitarbeitern weder Überstunden ab noch eine Einbuße an Lebensqualität.«

Joe überlegte, offenbar gab es hier einen Prozess, durch den die Neuordnung von Ressourcen eine Option war. In den meisten Unternehmen war dies unmöglich, da jeder ohnehin bereits am Limit stand. Die Ressourcen neu zu strukturieren war dann, als würde man versuchen, Löcher in einem Damm zu stopfen. Man löste ein Problem und schuf damit ein neues. Joe machte sich im Geiste eine Notiz, Jacques später um mehr Details zu bitten, was sie stattdessen genau taten.

Jacques ging wieder weiter und Joe folgte ihm. »Ich mache das nun seit über 35 Jahren, Joe. Eine der wichtigsten Lektionen, die ich früh gelernt habe, lautet: Am besten überlässt man die Entscheidung, wann jemand in der Arbeit sein sollte, demjenigen, der es am besten weiß.«

»Jedem Einzelnen?«

»Genau«, erwiderte Jacques. »Wie um alles in der Welt sollte ich besser als ein Elternteil wissen, welcher Zeitplan am besten funktioniert, wenn es darum geht, die Kinder zur Schule zu bringen und wieder abzuholen? Oder welche Wochen sich am besten für einen Urlaub anbieten. Warum sollte ich mich jemals damit befassen wollen?«

»Apropos Urlaub – wie viele Tage haben die Menschen, die hier arbeiten, frei?«, fragte Joe.

»Wir haben eine einfache Urlaubsregelung«, antwortete Jacques. »Nimm dir so viel, wie du brauchst.« Er machte eine

Pause. »Wir empfehlen den Leuten, die ›übliche Menge‹ zu nehmen, und lassen sie dann entscheiden, wie viel das ist.«

So etwas hörte Joe zum ersten Mal.

»Das Gleiche gilt für krankheitsbedingte Fehlzeiten«, fuhr Jacques fort. »Ein Kollege nahm sich vor Kurzem drei Monate frei. Während dieser ganzen Zeit bezog er weiterhin sein Gehalt. Bei seiner Frau war Krebs diagnostiziert worden, daher rieten wir ihm zu tun, was er tun musste, und zurückzukommen, wenn er wieder in der Lage dazu war.«

Jacques machte eine Pause. »Man muss solche Dinge aus einer langfristigen Perspektive betrachten, Joe. Hätte ich rigoros von diesem Menschen verlangen sollen, jeden Tag von acht bis vier da zu sein, weil er sonst seinen Job verlieren würde? Na klar! Dann wäre er tagsüber hier gewesen. Danach wäre er ins Krankenhaus gefahren und von fünf bis halb zwölf Uhr nachts dort geblieben. Allerdings wäre er bei diesem Zeitplan im Krankenhaus keine Hilfe gewesen, und in der Arbeit hätten wir ihn zu nichts gebrauchen können.«

Er zuckte mit den Achseln. »Daher ermuntern wir die Menschen dazu, das zu tun, was sie tun müssen.«

»Und das funktioniert?«, fragte Joe.

Jacques nickte. »In vielerlei Hinsicht. Erstens ist dieser Mensch ein Mitglied unserer Familie. Und das seit 18 Jahren. Seit fast zwei Jahrzehnten ist er für die DLGL da. Warum sollte ich ihn ausgerechnet in einer Zeit im Stich lassen, in der er die DLGL am meisten braucht? Das wäre unmenschlich.

Zweitens bekommt jeder im Unternehmen so etwas mit, da die Leute sich hier untereinander gut kennen. Alle wissen also, dass die DLGL sich für ihre Mitarbeiter einsetzt, wenn es nötig ist. Dass wir uns um sie kümmern werden, falls sie je in einer solchen Situation sein sollten.

Drittens bringen Menschen, die sich in einer ähnlichen Situation befinden und dann zurückkommen, ein hundertprozentiges Engagement mit. Wenn sie einen größeren Einsatz leisten müssen – werden sie das tun.

Wenn man gut mit Menschen umgeht, verhalten diese sich ebenso zuvorkommend, Joe. Das ist für alle vorteilhaft, auch für das Unternehmen. Wie ich vorher erwähnt habe, beträgt die jährliche Fluktuationsrate in unserer Branche im Durchschnitt 20 Prozent. Bei uns liegt sie bei weniger als einem Prozent.

Zum großen Teil ist das auf einige Dinge zurückzuführen, über die wir gesprochen haben. Aufgrund dieser Fluktuationsrate sind wir weitaus produktiver und effizienter.« Er machte eine kurze Pause. »Und das bedeutet, wir arbeiten weitaus profitabler.«

Joe nickte. Die Unternehmenskultur, die Jacques geschaffen hatte, ähnelte dem Geist, den Joe in allen herausragenden Unternehmen wahrgenommen hatte. Er war geprägt von der Bereitschaft, die Menschen gut zu behandeln. Man vertraute darauf, dass die Mitarbeiter das Richtige taten, und belohnte sie dann für ihren Einsatz.

Eine solche Unternehmenskultur entsprach dem gesunden Menschenverstand und war wirtschaftlich betrachtet sinnvoll. Dennoch war sie in sehr vielen Unternehmen die Ausnahme.

Joe wandte sich Jacques zu. »Ihre Geschichte über den Mann, der die Chance bekam, für seine Frau da zu sein, ist großartig. Vor etwa einem Monat hat eine Freundin von mir von einem ziemlich gegenteiligen Fall berichtet.«

»Was ist passiert?«

»Sie arbeitet in einem großen Unternehmen der Unterhaltungsbranche und eine ihrer Kolleginnen hat vor Kurzem eine ähnlich schwierige Situation durchgemacht. Bei ihrem Mann war Krebs diagnostiziert worden. Daher versuchte sie sich um ihn zu kümmern und gleichzeitig weiter ihre Arbeit zu tun.

Nachdem sie sich neun Monate lang zwischen Job und Krankenhaus aufgerieben hatte, wurde sie kurzerhand beruflich zurückgestuft, da sie nicht genug geleistet hatte.«

»Wie lange ist sie schon bei dem Unternehmen?«, erkundigte sich Jacques.

»16 Jahre.«

Jacques schüttelte den Kopf. »Sicherlich hat das ihre Motivation sowie ihr Wohlbefinden, die Genesung ihres Ehemanns und die Motivation der anderen Mitarbeiter des Unternehmens *ungemein* gefördert …«

Er schüttelte erneut den Kopf. »Das ist unmenschlich. So etwas kommt bei uns definitiv nicht vor.«

15

Die beiden Männer verließen die Dachterrasse, gingen eine Treppe hinunter und erreichten einen Flur, von dem aus sie eine Turnhalle überblicken konnten.

»Sie haben eine richtige Turnhalle hier?«, fragte Joe.

Jacques nickte. »So ist es. Das gehörte zum ursprünglichen Plan. Basketball, Volleyball, Badminton, Floorball ...«

Joe blickte zur Turnhalle hinunter. Vier Leute lieferten sich gerade ein spannendes Badmintonmatch. Es war etwa vier Uhr nachmittags.

»Spielen Sie Badminton?«, fragte Jacques.

Joe schüttelte den Kopf.

»Ich glaube, bei uns in Kanada ist diese Sportart beliebter«, sagte Jacques. »Wir veranstalten Turniere innerhalb des Unternehmens. Die Teilnehmer melden sich in verschiedenen Leistungsklassen an.«

Joe sah zu den Spielern hinunter. »Sie müssen zu den ziemlich guten Spielern gehören«, sagte er.

Jacques stimmte ihm zu. »Ja, das sind ein paar der besseren.«

»Wie kamen Sie darauf, so etwas zu bauen?«, fragte Joe und deutete auf die Turnhalle.

»Nun, es war, wie gesagt, schon immer ein Teil des Plans. Damals, als wir das Unternehmen gegründet haben, machten wir alle zusammen regelmäßig Sport. Aber es war total umständlich. Man musste die Turnhalle Wochen im Voraus buchen, sich dann ins Auto setzen, um dorthin zu kommen, und danach mit dem Auto wieder zurückfahren ...

Dabei fiel mir aber auf, welch enge Bindungen entstanden, wenn wir miteinander spielten. Daher plante ich eine Turnhalle mit ein, als wir das Gebäude entwarfen.

Sie hatte viel mehr positive Wirkungen, als ich es je hätte vorhersehen können. Das liegt zum einen sicher daran, dass die Turnhalle die Beziehungen der Mitarbeiter untereinander auf eine besondere Weise fördert. Zum anderen hat sie uns in unserer Branche berühmt gemacht. Während einer Messe in Vancouver fragten viele Leute uns: ›Hey, seid ihr diejenigen mit der Turnhalle in der Firma?‹

Das war wohlgemerkt vor gut 20 Jahren. Damals hat niemand so etwas gemacht. Heutzutage gibt es Google und andere Unternehmen, die grundsätzlich nach Möglichkeiten suchen, um ihre Angestellten zusammenzubringen. Aber zu der Zeit war das anders.«

»Wenn man interessant sein will, sollte man etwas Interessantes tun«, sagte Joe.

»Genau. Es hat uns geholfen, einen gewissen Bekanntheitsgrad auf dem Markt zu erreichen, was großartig war. Aber das war lediglich ein kleiner positiver Nebeneffekt. Am meisten brachte die Turnhalle all den Menschen im Unternehmen. Es entstehen tatsächlich andere Beziehungen, wenn Leute zusammen Sport treiben, als wenn sie nur zusammen arbeiten. Egal wie viel Spaß ihnen ihre Arbeit macht.

Das habe ich erkannt, also organisierten wir Turniere, bei denen die Spieler nach einem Rotationssystem alle paar Monate neue Partner bekamen. Auf diese Weise lernten sich die Leute wirklich gut kennen. Wenn man zwei Monate lang mit jemandem in einem Team spielt, lernt man ihn nicht nur als Kollegen, sondern auch als Mensch kennen.

Sie haben oben das Vipnasium gesehen, wo wir Raquel begegnet sind. Fünf Mitarbeiter von uns haben dort ein Jahr lang gemeinsam trainiert. Dann haben sie an einem Iron-Man-Wettkampf teilgenommen. Stellen Sie sich nur einmal vor, welche Verbindung bei diesen fünf Leuten durch diese Erfahrung entstanden ist. Wenn sie sich in der Arbeit gegenseitig um Hilfe bitten, ist ihre Beziehung so viel tiefer als bei den meisten Kollegen in einem Unternehmen. Sie gehen viel besser miteinander um. Sie wissen, dass sie sich in einem ganz anderen Maß aufeinander verlassen können …«

Jacques zuckte mit den Achseln. »Ich wurde einmal von einem Journalisten interviewt. Nachdem er die Turnhalle und das Vipnasium gesehen und von den Wanderpfaden, den Fahrrädern und der Drivingrange gehört hatte, fragte er mich, ob die Leute überhaupt noch arbeiteten.

Er hatte es nicht verstanden. Es hängt alles miteinander zusammen. Jemand kann zum Beispiel eine fantastische Idee für unser Produkt haben, während er gerade auf dem Laufband trainiert. Oder zwei Teammitglieder finden bei einem Spaziergang im Wald die Lösung für ein Problem, das ihnen Kopfzerbrechen bereitet hat. Wir erzwingen solche Dinge nicht. Sie geschehen von ganz alleine. Wenn man es richtig anlegt, verschmelzen die Dinge, die man in der Freizeit tut, auf wunderbare Weise mit den ›Arbeitsaktivitäten‹. Und das ist in jeder Hinsicht positiv.«

»Sie haben also mit dieser Turnhalle angefangen und bei der Erweiterung des Gebäudes auch noch das Vipnasium hinzugefügt?«, fragte Joe.

»Genau. Es basiert auf demselben Prinzip. Viele Menschen stiegen ins Fitnesstraining ein, begannen mit Aerobic und anderen Dingen. Sie wurden von sich aus aktiv. Wir haben es lediglich leichter für sie gemacht. Die Turnhalle ist nach wie vor der Ort für Spielsportarten. Und das Vipnasium nutzen die Leute, um in Form zu kommen, ihr persönliches Fitnessprogramm zu absolvieren und um Krafttraining zu machen.

Ich treibe schon seit meiner Kindheit Sport. Und ich war stets davon überzeugt, dass ich bessere Entscheidungen treffe, wenn es mir gut geht und ich mich körperlich fit fühle. Ich handle klüger. Warum sollte ich nicht allen diese Möglichkeit bieten, wenn ich das für mich bereits erkannt habe?

Ich habe es nie nachgerechnet, aber es hat sich ausgezahlt, das weiß ich. Die Leute sind unglaublich fit und gesund. Und weil das so ist, haben sie kaum krankheitsbedingte Fehlzeiten. Das heißt, sie sind hier, um unsere Kunden zu betreuen.

Sie machen Sport, wenn es in *ihren* Zeitplan passt und *ihrem* eigenen Biorhythmus entspricht. Und das bedeutet, sie haben den ganzen Tag mehr Energie. Daher sind sie produktiver. Sie können Probleme schneller lösen, erledigen Dinge effizienter, haben mehr Elan, wenn sie mit Kunden zu tun haben oder mit Kollegen zusammenarbeiten.«

Er deutete auf die Turnhalle. »Dieser Ort und das Vipnasium sind nur ein Teil der Maßnahmen, um jedem die Möglichkeit zu bieten, etwas für die eigene Fitness und Gesundheit zu tun. Zwei Mal täglich verteilt jemand frisches Obst, Nüsse und andere gesunde Nahrungsmittel im Haus. Das ist für die Mitarbeiter kostenlos. Wenn jemand Junkfood haben möchte, muss er es sich am Automaten im Keller kaufen. Die gesunden Sachen gibt es gratis.«

»Das leuchtet ein, weil es sinnvoll ist«, sagte Joe schmunzelnd.

»So ist es«, antwortete Jacques.

In diesem Moment betrat ein Mann, etwa Ende dreißig, den Flur. Er hatte eine Sporttasche und einen Badmintonschläger dabei. Offenbar kam er gerade vom Duschen und war nun auf dem Weg zurück zur Arbeit.

»Hallo Jacques. Es wird Zeit, dass du mal wieder mitspielst«, sagte er. »Ich kann dir ein paar Tricks zeigen, die Denyse Julien uns beigebracht hat, als sie hier war.«

Jacques grinste, als sie sich die Hand gaben. Er stellte Joe den Mann vor.

»Spielen Sie Badminton?«, fragte dieser Joe.

»Volleyball«, antwortete Joe. »Badminton spiele ich nicht. Aber offenbar ist es eine tolle Sportart.«

»Kommen Sie doch einfach mal vorbei und probieren Sie es aus, wenn es Sie interessiert«, sagte der Mann. »Wir bringen es Ihnen bei. Oder machen Sie beim Volleyball mit. Ich bin ziemlich sicher, dass diese Woche ein Match stattfindet.«

Der Mann warf einen Blick auf seine Uhr. »Entschuldigt mich bitte, ich habe in ein paar Minuten einen Telefontermin mit einem unserer Kunden. Hat mich gefreut, Sie kennenzulernen, Joe. Hast du später Zeit, über das neue CRM-Projekt zu sprechen, Jacques?«

Jacques nickte. »Ja, komm einfach in mein Büro. Ich werde da sein.«

»Er sieht wie ein sehr guter Spieler aus«, bemerkte Joe, als der Mann fort war.

»Besonders jetzt«, antwortete Jacques. »Er hat Denyse Julien erwähnt. Wir haben sie über einen Zeitraum von zwei Monaten dafür gebucht, einmal wöchentlich Kurse bei uns zu geben. Da sind die Leute *richtig* gut geworden.«

Joe schüttelte den Kopf. »Ich weiß nicht, wer sie ist.«

»Sie ist eine dreifache Olympionikin und hat 31 Mal die kanadische Badmintonmeisterschaft gewonnen«, erklärte Jacques. Und mit den Worten: »Lassen Sie uns in diese Richtung weitergehen«, setzte er sich wieder in Bewegung.

16

Nachdem er Joe einen weiteren Teil des Gebäudes gezeigt und ihm erklärt hatte, was dort passierte, warf Jacques einen Blick auf seine Uhr. Es war fast fünf.

»Es gibt zwei Möglichkeiten, Joe. Wir können das Programm heute noch weiter durchziehen und ein paar zusätzliche Bereiche abdecken. Oder wir lassen es für heute gut sein und machen morgen weiter. Nun, da Sie schon einige Teile von unserem Unternehmen gesehen und etwas darüber erfahren haben, wer wir sind – was meinen Sie? Wie möchten Sie gerne fortfahren, um Informationen für Ihren Artikel zu sammeln?«

Joe blickte Jacques an. »Ich würde gerne ein paar Tage hierbleiben. Vielleicht sogar ein paar Wochen, falls Sie damit einverstanden sind. Sie haben mir ein paar sehr interessante Dinge erzählt, die sich wunderbar für mein Projekt eignen würden.«

»Das ist gut, denn wir fangen gerade erst an«, antwortete Jacques.

»Den Eindruck habe ich auch«, stimmte ihm Joe zu.

»Ich mache Ihnen einen Vorschlag«, sagte Jacques. »Wenn Sie heute Abend Lust auf etwas leichte Lektüre haben, würde ich Sie mit einem Geschenk entlassen.«

»Einverstanden.«

Jacques ging zu seiner Assistentin Louise hinüber, die an ihrem Arbeitsplatz saß. »Hast du einen Moment Zeit, Louise?«

Sie wandte sich ihm zu und antwortete: »Aber sicher, Jacques. Was gibt es denn?«

»Das ist Joe. Ich habe dir gestern von ihm erzählt. Er wird

in den nächsten Wochen einige Zeit bei uns verbringen. Ich möchte ihm gerne die Gelegenheit geben, heute Abend das ›Große kleine E-Mail-Buch‹ durchzusehen. Hast du es gerade griffbereit?«

Joe blickte zu Louise. »Freut mich, Sie kennenzulernen, Louise.«

Sie lächelte. »Ich freue mich auch, Joe. Einen Augenblick bitte, ich suche Ihnen das Buch heraus.«

Sie zog einen dicken grünen Aktenordner aus einem Regal und reichte ihn Jacques, der ihn an Joe weitergab.

»Wenn jemand bei der DLGL anfängt, verfolgen wir ein bestimmtes Ziel für ihn«, erklärte Jacques. »Nämlich ihm auf angenehme Weise und ohne jeglichen Stress zu ermöglichen, ein Teil des DLGL-Teams zu werden. An seinem ersten Tag stellen wir ihm einen Mentor zur Seite. Der Neue begleitet seinen Mentor jeden Tag auf Schritt und Tritt. So kann er zuschauen, lernen und sich damit vertraut machen, was wir hier tun.

Wir erwarten nicht von neuen Leuten, sofort ›durchzustarten‹ oder ›profitabel‹ zu arbeiten. Unser Unternehmen ist eine gut geölte Maschine, kein Haus in Flammen. Wir stellen jemanden ein, weil wir als Organisation das Gefühl haben, langfristig zusätzliche Unterstützung zu benötigen.

Wir stellen also jemanden ein, um uns darauf vorzubereiten. Zu Beginn besteht seine Aufgabe darin, Zeit mit seinem Mentor zu verbringen und im Prinzip einfach da zu sein. Das ist alles. Es ist der Beginn eines langen Abenteuers. Und dabei ist es wichtig, die Firmenphilosophie der DLGL kennenzulernen.«

Jacques deutete auf den Ordner, den er Joe gegeben hatte. »Hier kommt nun das ›Große kleine E-Mail-Buch‹ ins Spiel. Wenn jemand bei uns anfängt, geben wir es ihm zum Lesen.«

Joe strich mit der Hand über den Ordner. »Ich freue mich darauf, es durchzusehen. Vielleicht können wir uns in den nächsten paar Tagen ausführlicher über die Dinge unterhalten, die

Sie mir gerade erklärt haben. Ich habe bereits einige Fragen dazu und bin neugierig auf die Antworten.«

Jacques nickte. »Herzlich gern.« Er gab Joe die Hand. »Ich freue mich, dass Sie hier sind, Joe. Wir sehen uns morgen. Ich werde um neun da sein, aber kommen Sie bitte, wann Sie möchten.«

17

Joe saß in seinem Hotelzimmer. Er hatte im ›Großen kleinen E-Mail-Buch‹ gelesen. Es enthielt eine interessante Sammlung aller möglichen Themen. Es war ein bisschen so, als würde man eine Reihe kleiner Geschichten lesen.

»Viel besser als ein trockener Leitfaden über Firmenpolitik und Arbeitsabläufe in einem Unternehmen«, dachte er bei sich.

Joe war gut gelaunt. Der Besuch war bereits sehr interessant gewesen, dabei hatte er gerade erst begonnen.

Als sein Telefon klingelte, warf er einen kurzen Blick darauf – Sonja. Er zögerte einen Moment, dann nahm er den Anruf entgegen.

»Grüße aus Kanada«, sagte er fröhlich.

»Wow, ein echter Mensch am anderen Ende. Das ist ja toll«, sagte Sonja scherzend.

»Ja, tut mir leid. Es war alles etwas …«, er stockte.

Sie verstand, warum er ihre Anrufe nicht entgegengenommen hatte. Nun, da sie ihn am Telefon hatte, wollte sie das Gespräch auf eine unbeschwerte Weise fortsetzen.

»Was machst du denn in Kanada?«, fragte sie rasch.

»Ich arbeite an meiner Interviewserie. Es gibt hier ein echt interessantes Unternehmen, das von einem echt interessanten Menschen geleitet wird. Ich habe ihn heute getroffen und werde eine kleine Weile bleiben, um zu erfahren, was sie machen.«

Sonja wusste das alles bereits. Sie hatte zwei Tage zuvor mit Maggie gesprochen. Da sie nichts mehr von Joe gehört hatte,

hatte sie sich telefonisch bei Maggie über den aktuellen Stand der Dinge erkundigt. Es war ihr unangenehm, Joe das zu verschweigen, aber in letzter Zeit war er vom Leben ziemlich gebeutelt worden.

»Magst du mir etwas darüber erzählen?«, fragte sie ihn.

Joe berichtete ihr, was er an diesem Tag erlebt hatte. Sonja spürte, dass sich etwas Großartiges zugetragen hatte. Joes Stimme war so energievoll wie schon seit Monaten nicht mehr.

Sie sagte nicht viel und ließ ihn stattdessen einfach erzählen.

»Und was steht im ›Großen kleinen E-Mail-Buch‹?«, hakte sie nach, als er zu diesem Teil der Geschichte kam.

»Das ist sehr interessant. Zunächst scheint alles irgendwie zufällig zusammengestellt zu sein, denn in den E-Mails geht es um alle möglichen Themen. Doch während man eine nach der anderen liest, erkennt man, dass es Geschichten sind, die die Firmenphilosophie veranschaulichen. Darüber hinaus zeigen sie, um was für ein Unternehmen es sich handelt und auf welche Art und Weise es agiert.«

Joe machte eine Pause. »Es ist so ähnlich wie beim Prinzip mündlich überlieferter Geschichten.«

»Inwiefern?«, fragte Sonja.

»In alten Kulturen, als die Menschen noch keine Schrift hatten, gaben sie Traditionen und Informationen mündlich weiter. Und in der Regel – wahrscheinlich, um sie interessanter zu machen oder leichter verständlich oder damit man sie sich besser merken konnte – wurde die Information mithilfe von Geschichten übermittelt.

Und so ähnlich verhält es sich auch mit diesem Ordner. Die meisten Unternehmen verwenden ein Handbuch mit Unternehmensrichtlinien und -abläufen, um einem neuen Mitarbeiter die Dos and Don'ts zu vermitteln. Meistens handelt es sich dabei um dicke, langweilige Bücher oder sehr trockene Seiten im Intranet des Unternehmens. Doch bei diesem Ordner weiß man nie, was auf der nächsten Seite kommt. Außerdem sind die Geschichten interessant. Daher liest man weiter.

Bei diesem Prozess verinnerlicht man die Dos and Don'ts genauso und beginnt zudem, die Firmenphilosophie zu verstehen.« Joe griff nach dem Ordner. »Ich lese dir ein Beispiel vor. In der Betreffzeile der E-Mail steht ›Affen, Alligatoren und Drachen‹.«

Sonja lachte. »Wie bitte?«

»Du hast richtig gehört. Allein das sagt schon viel über die Firmenphilosophie aus. Der Titel hat etwas Lustiges und Authentisches an sich. Und er inspiriert einen, die E-Mail zu lesen.«

»Und worum dreht sich der Inhalt?«

»In dieser E-Mail geht es um die Nachbereitung einer Preisverleihung. Jacques, der Gründer des Unternehmens, hat sie geschrieben, nachdem die DLGL als eines der 50 bestgeführten Unternehmen in Kanada ausgezeichnet wurde. Die DLGL steht übrigens ohne Unterbrechung seit 15 Jahren auf dieser Liste.

Er erläutert ein paar Dinge, die er sich von den verschiedenen Rednern bei dieser Veranstaltung gemerkt hat.«

»Und was hat das mit Affen und Alligatoren zu tun?«, fragte Sonja.

»Das steht in den Geschichten der E-Mail. Es ist zu viel, um es zu erklären, aber hier sind ein paar Beispiele, die Jacques mit nach Hause genommen und als wichtig erachtet hat.«

Joe las ein paar Sätze vor.

»– Coaching schafft Vertrauen, und das führt zu Kompetenz.
 – Erkenne, wann du dich entschuldigen solltest, sonst wirst du auf Zynismus stoßen.
 – Sporne andere Menschen dazu an, selbst nachzudenken. Erteile keine Genehmigungen und fordere keine Zustimmung ein.

– In der Geschäftswelt ist Humor gefragt. Nach dem Motto von Pu dem Bären: ›Das ist viel zu wichtig, um es ernst zu nehmen.‹

– Führe dich selbst, damit andere es nicht tun müssen.

– Gute Leistungen entstehen im richtigen Umfeld.

Im Rest der E-Mail spricht er über seine Erfahrungen bei der Veranstaltung und inwiefern sie auch für die DLGL relevant sind«, fuhr Joe fort. »Wie gesagt, man versteht beim Lesen automatisch, was diesem Menschen in diesem Unternehmen wichtig ist, anstatt es mit der Holzhammermethode eingebläut zu bekommen.

Manche der E-Mails sind interessanterweise erst vor Kurzem verfasst worden, andere dagegen bereits vor über einem Jahrzehnt. Manche drehen sich um Dinge, die sich zehn Jahre zuvor zugetragen haben. Daher entsteht das Gefühl einer Tradition, die auch in den Inhalten der E-Mails spürbar wird.«

»Geht es generell um ähnliche Themen?«, fragte Sonja.

»Nicht einmal annähernd. Alle möglichen Dinge werden behandelt. Etwa, aus welchen Gründen das Unternehmen Projekte abgelehnt hat, die nicht sinnvoll waren, Vorschläge zur Kleiderordnung, Lebensphilosophien, es geht um Überlegungen zu verschiedenen Formen des Führungsstils, Danksagungen nach Weihnachtsfeiern … Außerdem stammen die E-Mails nicht alle von Jacques. Immer wenn jemand etwas verfasst, das gut in das Buch hineinpasst, wird es offenbar darin aufgenommen.

Soll ich dir eine E-Mail vorlesen?«, fragte Joe. »Sie ist zwar etwas lang, aber dann verstehst du, worüber ich rede. Warum die Information so mühelos weitervermittelt wird.«

»Dann lass mal hören«, antwortete Sonja.

18

J oe schaute auf die E-Mail und las sie Sonja dann vor.

Von: Jacques Guénette
An: DLGL
Cc:
Betreff: Perfektion, Mängel und zwischen suboptimalen Dingen wählen

Wir haben oft Folgendes festgestellt: Wenn sich jemand der Tatsache bewusst wird, dass nichts jemals perfekt sein wird, kann er sich der Möglichkeit öffnen, sich für etwas Unvollkommenes zu entscheiden.

Solange jemand davon überzeugt ist, dass Perfektion erreicht werden kann und stets angestrebt werden sollte, wird dieser Mensch mit Überraschungen leben müssen. Denn es werden nach wie vor Mängel vorhanden sein, aber niemand wird sich bewusst dafür entscheiden. Sie werden dem Menschen, der sich immer noch auf Perfektion um jeden Preis konzentriert, vielmehr unverhofft aufgezwungen.

Bei der DLGL haben wir gewisse Vorteile, da wir suboptimale Gegebenheiten akzeptieren. Nehmen wir zum Beispiel an, Sie sind um 9.45 Uhr im Fitnessbereich, um Ihren Traumkörper zu trainieren.

Das ist für andere Leute nicht ideal. Was ist, wenn jemand mit Ihnen sprechen muss?

Nun, wenn Ihr Haus in Flammen steht, wird Ihr Ehepartner sicherlich jemanden davon überzeugen, Sie im Vipnasium zu suchen. Falls aber jemand wissen möchte, ob Sie um 17 Uhr Zeit für ein Badminton-spiel haben, kann das warten.

Wenn jemand Unterstützung braucht und nur Sie allein ihm weiter-helfen können – wird dieser Mensch warten müssen. In einem per-fekten Unternehmen würde das nicht passieren. Aber da wir alle wissen, dass nichts perfekt ist – würde dort wahrscheinlich etwas an-deres nicht optimal funktionieren. Möglicherweise gäbe es einen be-stimmten Ablauf, um Support anzufordern. Vielleicht müsste man ein Formular online ausfüllen, aber möglicherweise hätte man manchmal keinen Zugang zum System. Oder die Mitarbeiter im Callcenter wä-ren überarbeitet, der Kunde bekäme eine Nummer und würde darauf vertröstet, dass jemand ihn bald zurückrufen werde … wahrschein-lich noch am selben Tag …

Damit es bei uns nicht zu solchen suboptimalen Abläufen kommt, haben wir uns für die nicht ideale Situation entschieden, dass je-mand, der zu Recht um Unterstützung bittet und diese eigentlich sofort bekommen sollte, vielleicht so lange warten muss, bis sein An-sprechpartner vom Duschen zurück ist.

Nein, jemanden davon abzuhalten, um 9.45 Uhr ins Vipnasium zu gehen, ist definitiv keine Lösung. Es würde zu anderen suboptima-len Situationen führen, gegen die wir uns zugunsten des Vipnasiums entschieden haben.

Das gilt auch für das Hockeyspielen. Es könnte sein, dass drei Leute, die Sie brauchen, am Donnerstagmorgen zusammen Hockey spielen. Falls Sie sie dringend brauchen, ist das nicht ideal. Aber die Tatsache, dass die Leute aus dem Supportteam gemeinsam Hockey spielen, sorgt bei ihnen möglicherweise den ganzen Tag über für gute Laune. Wir haben uns bewusst gegen den suboptimalen Zustand ent-schieden, dass sie schlechte Laune haben (sowie andere Leute – einschließlich Kollegen – anfahren, im Job frustriert sind und kün-digen).

Generell haben wir einen absolut brillanten Support. Da können Sie jeden fragen, der einmal woanders war.

Wenn jemand das Bedürfnis nach einer zeitlich genau geregelten Unterstützung durch den Support hat, ist es nicht die Aufgabe des Supportteams, sich ins Bewusstsein zu rufen, dass dieser Kunde nicht mit Unvollkommenheit leben kann. Paul wird zum Beispiel am nächsten Donnerstag um 7.30 Uhr morgens bei einem unserer Kunden ein System installieren.

Machen Sie es daher wie Paul und vereinbaren Sie mit einem oder mehreren Mitarbeitern des Supportteams, dass sie exakt um 7.30 Uhr morgens zur Verfügung stehen, um Sie gegebenenfalls zu unterstützen. Wenn Sie nicht wissen, wann Sie womöglich dringend Unterstützung brauchen, wie um alles in der Welt soll das Supportteam das dann wissen?

Nein, den perfekten Zustand mit einem vollumfänglichen Support zu jeder Zeit wird es nie geben. Das streben wir gar nicht an. Wir wissen, dass dies zu anderen nicht idealen Situationen führen würde, die schlimmer wären als die jetzige, und wir haben beschlossen, dass wir das nicht möchten.

Falls es Ihnen schwerfällt, das zu verstehen, betrachten Sie es einmal auf die folgende Weise: Stellen Sie sich vor, ich selbst würde mir einen idealen Support wünschen. Ich arbeite oft zu ungewöhnlichen Zeiten. Es würde bedeuten, dass ich jeden von Ihnen sonntagabends um 22 Uhr anrufen können möchte. Weil ich eine Information benötige, eine Erklärung brauche oder mein Computer streikt ... was auch immer. Das wäre für das Leben aller Menschen bei der DLGL keineswegs ideal.

Der bessere Kompromiss ist in diesem Fall, bis Montagmorgen zu warten, stimmt's? Wir möchten schließlich keine Firmenphilosophie schaffen, bei der jeder sieben Tage die Woche rund um die Uhr per Handy erreichbar sein muss.

Mit etwas Fantasie können Sie sich sicherlich Situationen vorstellen, in denen Ihre Privilegien oder Freiheiten bei der DLGL zu nicht idealen Situationen für andere führen könnten.

Übrigens ... unsere Systeme registrieren Pausenzeiten/Zeiten der

Nichtverfügbarkeit, nur für den Fall, dass jemand den Bogen zu sehr überspannen sollte.

Ich wünsche Ihnen ein schönes Wochenende.

Jacques (Jag) Guénette

Joe war fertig mit dem Vorlesen und legte den Ordner aus der Hand. »Einiges davon klingt für dich vielleicht nicht plausibel, weil du das Unternehmen nicht genauer kennst, das ist mir klar«, sagte er. »Aber verstehst du, was ich meine? Jemand, der ganz neu im Unternehmen ist und das liest, bekommt sofort einen Eindruck, warum manche Dinge rund um den Support so sind wie sie sind.«

»Allein die Art, wie die E-Mail geschrieben ist, sagt schon viel aus«, antwortete Sonja. »Wenn ich sonst nichts über die Firma wüsste, würde mir das bereits einige klare Hinweise geben. Sie sagen, wie es ist. Sie betrachten die Dinge aus einer größeren Perspektive, sie wissen ihre Leute zu schätzen ...«

Sie lachte. »Ich habe sogar den Eindruck, dass es Spaß macht, dort zu arbeiten.«

»Genau das meine ich«, pflichtete Joe ihr bei. »Man liest sich die E-Mails durch und hat gleich das Gefühl, die Unternehmenskultur und das, was wichtig ist, zu verstehen.«

19

Hier ist noch eine Mail«, sagte Joe. »Sie ist kurz, sagt dabei aber sehr viel aus. Aus Diskretionsgründen gegenüber der DLGL lasse ich die Namen der darin genannten Kunden weg.

Von: Jacques Guénette
An: DLGL
Cc:
Betreff: Den Worten Taten folgen lassen

Diese Woche haben wir den Geschäftsleitern (den Vorstandsmitgliedern und Geschäftsführern), bei _____ und _____ – zwei unserer größten Auftraggeber – klar die rote Flagge gezeigt. Warum haben wir das getan? Weil einige ihrer Mitarbeiter nicht höflich sind und sich gegenüber den Angestellten der DLGL nicht angemessen und respektvoll verhalten haben.
Wir werden jedem aus einem solchen Grund die Stirn bieten, egal zu welchen Konsequenzen das führen wird. Genau das meinen wir, wenn wir sagen, dass ein Angestellter für uns wichtiger ist als ein Kunde. Wir werden keine Beschimpfungen zulassen, nur weil der Kunde die Rechnung bezahlt.
Ein Fall ist so gut wie geklärt und den anderen werden wir ebenfalls klären, bevor das Projekt beendet ist. Das garantiere ich Ihnen.

Jacques (Jag) Guénette«

»Wow!«, sagte Sonja. »Das ist beeindruckend.«

»Ja, das ist es«, antwortete Joe. »Stell dir vor, du bist eine neue Mitarbeiterin und liest das. Wenn ein Kunde anfängt, dich herumzukommandieren, weißt du, dass es in Ordnung ist, es den Kollegen zu erzählen. Du lässt dich davon nicht einschüchtern und bist nicht verunsichert, was du tun sollst. Es ist vollkommen klar. Ein solches Verhalten wird nicht toleriert.

Ob man es sich beim Lesen vergegenwärtigt oder nicht, auf einer unbewussten Ebene weiß man, dass es funktioniert, da diese E-Mail vor über einem Jahrzehnt geschrieben wurde und die DLGL nach wie vor erfolgreich ist.«

Joe blätterte ein paar Seiten weiter. »Ich lese dir nicht alle Einträge vor«, sagte er voller Begeisterung, »aber hier ist ein weiterer, der mir besonders aufgefallen ist. Dabei solltest du im Hinterkopf behalten, dass ein großer Teil der Arbeit dieses Unternehmens darin besteht, mit Daten zu arbeiten und dafür zu sorgen, dass sie korrekt und nutzbar sind, damit die Kunden sie für ihre Entscheidungen verwenden können.

In dieser Nachricht führt Jacques diese Aspekte auf eine andere Ebene, indem er darauf hinweist, dass die Daten auch die Art und Weise umfassen, wie die Menschen bei der DLGL untereinander und mit den Kunden kommunizieren.

Von: Jacques Guénette
An: DLGL
Cc:
Betreff: Informationsqualität und Vertrauen

Alles, was wir hier tun, hat mit der Verarbeitung von Informationen zu tun. Aller möglichen Informationen. Sie müssen daher gut sein. Gut, wenn wir sie von den Kunden bekommen. Wir sind die Experten und müssen entscheiden, wann wir aufhören, Fragen zu stellen. Wenn wir das tun, sollten wir die Fakten beisammenhaben, denn auf den gesammelten Informationen basiert letztlich unser Produkt, das aus weiteren Daten und Informationen besteht.

Gut, wenn wir sie untereinander austauschen. Wenn wir effizient arbeiten wollen (was unbedingt erforderlich ist, um die Tatsache auszugleichen, dass wir ein kleines Unternehmen sind), können wir unseren Modus operandi nicht extrem strukturieren, dokumentieren oder kontrollieren.

All das wird durch Vertrauen ersetzt. Das Vertrauen muss tatsächlich vorhanden und es muss gerechtfertigt sein.

Bei der DLGL müssen wir daher darauf vertrauen können, was andere Leute uns sagen, und sie müssen darauf vertrauen können, was wir ihnen sagen. Nicht manchmal oder meistens. Es muss immer so sein.

Vertrauen ist das Wertvollste, was wir als Unternehmen von unseren Kunden bekommen können. Und es ist das Wertvollste, was wir uns als Individuen gegenseitig schenken können.

Machen Sie das nicht durch kleine Lügen und Halbwahrheiten zunichte oder indem Sie jemandem etwas verschweigen. Damit tun Sie sich selbst keinen Gefallen. Früher oder später geht der Schuss nach hinten los, wie clever jemand auch sein mag. Wir hatten solche Fälle, in denen jemand besonders schlau sein wollte … doch irgendwann kam alles heraus.

Informationsqualität – und zwar in jeder Hinsicht.

Jacques (Jag) Guénette«

»Das ist wirklich großartig«, sagte Sonja.

»Ja, nicht wahr?«, antwortete Joe. »So eine einfache und trotzdem effektive Methode, um die Kultur, Philosophie und Arbeitsweise eines Unternehmens zu vermitteln …«

Sonja spürte, wie begeistert Joe war, und das machte sie glücklich. Eine solche Energie hatte sie bei ihm schon lange nicht mehr wahrgenommen. Diese Ausstrahlung hatte er gehabt, als sie sich zum ersten Mal begegnet waren.

»Könnte es sein, dass einige dieser Ideen in Zukunft bei Thomas Derale Enterprises einfließen werden, mit freundlicher Genehmigung von Joe Pogrete?«, fragte sie lachend.

Kaum hatte sie diese Worte ausgesprochen, da bereute sie es bereits. Vor dem Anruf hatte sie es sich x-mal eingeschärft. Sprich über alles und jedes aber erwähne Thomas nicht. Doch die Begeisterung im Gespräch war so authentisch gewesen. Es war ihr einfach so hinausgerutscht.

Am anderen Ende der Leitung war es still. »Ja … vielleicht«, antwortete Joe nach einer Weile.

Erneut herrschte Schweigen.

»Hör mal, Joe, das war nur so dahingesagt. Es tut mir leid, dass ich es angesprochen habe …«

»Das ist schon in Ordnung«, sagte Joe schnell. »Es ist o.k. Ehrlich. Wir unterhalten uns ja nur.«

Aber es war nicht in Ordnung. Das spürte sie. Er driftete wieder in den dunklen Raum ab, der ihn in letzter Zeit umfangen hatte.

»So ein Mist«, sagte sie innerlich zu sich selbst.

»Hör zu, ich muss Schluss machen«, sagte Joe abrupt. »Ich möchte die Einträge noch fertig lesen und dann zu Bett gehen. Morgen muss ich früh raus.«

Er versuchte, wieder fröhlich zu klingen, aber sie bemerkte die Veränderung in seiner Stimme. Sie wollte sich noch einmal entschuldigen. Ihn aus diesem dunklen Raum herausholen. Aber sie wusste, dass es nichts bringen würde.

»O.k.«, sagte sie so energievoll wie möglich. »Ruf mich in ein paar Tagen an und erzähl mir, ob du gelernt hast, Hockey zu spielen.«

Unwillkürlich musste er schmunzeln und antwortete: »Das werde ich.«

Joe legte auf. Er blickte zum Ordner, aber er hatte keine Energie mehr dafür. Irgendwie schien er nun nicht mehr so wichtig zu sein. Er klappte ihn zu und beförderte ihn mit einem Schwung auf den Tisch.

20

Am nächsten Morgen fühlte Joe sich nicht viel besser. Nach dem Telefonat mit Sonja hatte ihn eine trübe, freudlose Stimmung beschlichen, die ihn bereits seit Monaten regelmäßig überkam.

Das beunruhigte ihn. Es erinnerte ihn daran, wie er sich gefühlt hatte, bevor Thomas ihn gelehrt hatte, dass das Leben ein ständiges Abenteuer sein konnte. Und nicht etwa eine stumpfsinnige Plackerei, durch die man sich fünf Tage lang hindurchkämpfen musste, bis das Wochenende da war.

Es quälte ihn vor allem, weil es Thomas nicht gerecht wurde. Wenn der beste Freund einen dazu inspirierte, ein fantastisches Leben zu führen, und dann starb, wendete man sich nicht von ihm ab und missachtete seine Vorstellungen, indem man deprimiert und apathisch herumsaß. Aber genauso fühlte Joe sich.

Es war nur ein kurzer Eindruck gewesen, aber dennoch hatte sein halber Tag bei der DLGL ihn mit einer Energie in Kontakt gebracht, die ihn an Thomas erinnerte. Wie zu den Zeiten, als sie beide stundenlang lachend zusammengesessen und über die Dinge gesprochen hatten, die sie aufbauen und gestalten wollten. Neue Unternehmen, verrückte Produkte, großartige Erlebnisse für die Mitarbeiter bei Derale Enterprises …

Oder wie zu den Zeiten, als sie Mach-mich-besser-Sitzungen einberufen hatten. Bei diesen Sitzungen hatten sie muntere, intelligente, begeisterungsfähige Leute in einem Raum versammelt, um gemeinsam mit ihnen die Grenzen des Machbaren auszuloten und zu erweitern.

Aus irgendeinem Grund wehrte Joe sich gegen diese positive Energie. Er hätte sie willkommen heißen sollen, das war ihm bewusst. Aber er grenzte sich dagegen ab.

»Du solltest dich lieber zusammenreißen«, ermahnte er sich selbst, als er in den Spiegel blickte. »Sonst wird das ein *sehr* kurzer Artikel.«

21

Als Joe in Jacques' Büro kam, erkannte dieser gleich, dass sich seit dem Vortag etwas bei ihm verändert hatte. Nach über 30 Jahren als Unternehmensleiter, in denen er Menschen geführt hatte, verfügte Jacques über ein gutes Gespür für solche Feinheiten.

»Ich will versuchen, ihn auf sicheres Terrain zu steuern und seinen Geist in Bewegung zu bringen«, dachte Jacques.

»Guten Morgen, Joe. Schön, dass Sie wieder da sind«, sagte Jacques lächelnd. »Ich war etwas besorgt, dass Sie angesichts der Möglichkeit, mit ein paar olympiareifen Badmintonspielern zu trainieren, unsere Gespräche vielleicht lieber am Telefon fortsetzen möchten.«

Joe konzentrierte sich darauf, das Lächeln zu erwidern, die Dunkelheit, die noch immer über ihm hing, wegzuschieben. »Keine Chance«, erwiderte er. »Hier bin ich.«

Jacques erhob sich von seinem Tisch. »Prima. Lassen Sie uns einen Spaziergang machen. Ich möchte Ihnen einen weiteren Teil des Gebäudes zeigen. Er ist einer der Schlüssel zu unserem Erfolg.«

Ein paar Minuten später befanden sie sich in einem Bereich, der aus vielen Konferenzräumen bestand. Wie die anderen Räume in dem Gebäude waren auch sie großzügig gestaltet, und es herrschte eine angenehme Atmosphäre darin.

»Was geschieht hier?«, fragte Joe.

»In unserer Branche ist es üblich, die Experten zu den Kunden zu schicken«, antwortete Jacques. »Das heißt, die Leute sind monatelang, manchmal bis zu einem Jahr von ihren Familien getrennt und wohnen in Hotelzimmern ... Und bei den Kunden bekommen sie in der Regel irgendeinen Arbeitsplatz zugewiesen, der gerade zur Verfügung steht«, Jacques machte eine Pause. »Meistens den Platz, den sonst niemand möchte.«

»Das ist so wahr«, stimmte Joe ihm zu. »Zu Beginn meiner beruflichen Laufbahn habe ich als Strategieberater gearbeitet. Ich war überrascht, welche Kammern und Kellerbereiche uns manchmal als Arbeitsplatz zugewiesen wurden.«

Jacques nickte. »Nicht gerade Orte, die Inspiration für großartige Ergebnisse liefern. Daher gehen wir das Ganze anders an. Anstatt für einen solch langen Zeitraum zu den Kunden zu fahren, laden wir die Kunden zu uns ein.« Er breitete seine Arme aus und deutete auf die umliegenden Räume. »Wir bieten ihnen eine angenehme Umgebung. Ihnen stehen die Turnhalle zur Verfügung sowie der Fitnessbereich und die Mountainbikes ...«

»Und kostenloses Obst«, warf Joe ein.

Jacques lachte. »All diese Dinge. Solange das Projekt läuft, kommen sie hierher, um zu arbeiten und sich in ihrer freien Zeit zu erholen. Und da wir sie *hierher* holen, muss sich unser Projekt nicht gegen andere Dinge auf ihrer To-do-Liste, die Unternehmensbürokratie und all die anderen Ablenkungen behaupten, die es gäbe, wenn sie in ihrem eigenen Büro wären.

Auf diese Weise sind die Kunden absolut fokussiert. Darüber hinaus bietet es der DLGL die Möglichkeit, vom Dienstleister zum Freund der Kunden zu werden. Die Teilnehmer entwickeln enge Kontakte, tiefe Beziehungen zueinander. Die Arbeit soll keine Plackerei sein, bei der man sich bemüht und sie nur deshalb durchzieht, um sein Gehalt zu bekommen. Das leben wir hier vor und lassen die Kunden daran teilhaben, was es für uns bedeutet.

Letztlich führen diese neuen Freundschaften zu unvergleichlich besseren Beziehungen, als wenn wir uns gegenseitig lediglich als Kunde und Dienstleister sehen würden.«

»Kommt es auch mal vor, dass es nicht funktioniert?«, fragte Joe. »Wenn ich mich an meine Tage als Unternehmensberater erinnere – es gab da ein paar Menschen mit einem extrem großen Ego. Sie bestanden darauf, dass die Dinge auf *ihre* Weise erledigt wurden, nur um ihre Macht zu demonstrieren.«

Jacques nickte. »Die DLGL geht auf Distanz zu den fünf Prozent der verrückten Kunden. Wenn der Kunde es nicht begreift, kündigen wir die Beziehung auf. Manchmal nach der ersten oder zweiten Besprechung.«

Joe schmunzelte. »Ich wette, das kann jemanden mit einem großen Ego etwas aus der Fassung bringen.«

»Oh ja. Aber das ist sein Problem, nicht unseres.«

Jacques deutete erneut auf die umliegenden Räume. »Es gibt einen weiteren wichtigen Grund, warum wir die Kunden zu uns holen. Nicht jeder arbeitet mit derselben Philosophie wie wir. Nicht jeder respektiert die eigenen Leute so, wie wir das tun. Auf diese Weise behalten wir die Kontrolle. Wir als DLGL können dafür sorgen, dass kein zusätzlicher Druck vom Kunden ausgeht und er zum Beispiel nicht etwa Überstunden oder andere Extras verlangt.«

Er machte eine kurze Pause. »Verstehen Sie mich nicht falsch, Joe. Wir sind unseren Kunden ebenso verpflichtet wie unseren eigenen Leuten. Dieses Arrangement funktioniert aus all den Gründen, über die wir gesprochen haben. Es funktioniert außerdem aus einem weiteren wichtigen Grund, der ausschließlich mit dem *Kunden* zu tun hat. Unser Ansatz ermöglicht es uns, stets die allerbesten Kräfte für ein Projekt zur Verfügung zu haben.«

»Ich weiß nicht, ob ich Ihnen folgen kann«, rätselte Joe.

»Normalerweise läuft es in unserer Branche folgendermaßen:

Wenn das Vertriebsteam einen neuen Auftrag an Land gezogen hat, wird das Projekt einem Consultant zugeteilt, der gerade Zeit hat. Vielleicht ist er der Beste für den Job, vielleicht aber auch nicht. Aber da er zur Verfügung steht, bekommt er das Projekt zugewiesen.

Möglicherweise weiß er überhaupt nichts über die Branche des Kunden. Trotzdem erhält er den Auftrag. Vielleicht ist er noch ganz neu im Job und hat keinerlei Erfahrung, da seine Firma eine jährliche Fluktuationsrate von 20 Prozent hat und daher eine Menge neue Leute einstellen muss. Aber *trotzdem* überträgt man ihm das Projekt.

Das ist nicht effektiv. Es ist ein wesentlicher Grund, warum über 60 Prozent dieser Projekte scheitern. Nach jahrelanger Arbeit und einer Investition im zweistelligen Millionenbereich scheitern sie.«

Er schüttelte den Kopf. »Bei unseren Projekten ist das nicht der Fall. Wir haben kein Interesse daran, dass jemand Millionen von Dollar investiert und am Ende nicht besser dasteht als zu Beginn. Daher machen wir es anders.

Wenn alles hier stattfindet, können wir jederzeit irgendjemanden aus dem DLGL-Team hinzuziehen. Gibt es eine Frage aus dem Bankenbereich, haben wir Leute, die sich damit bereits befasst haben. Geht es um die Bahn, die Bergbauindustrie, ein Lotterieunternehmen … unsere Mitarbeiter hatten bereits damit zu tun. Wir lösen Dinge an einem Tag, in einer einzigen Sitzung, die unter anderen Umständen Monate dauern würden.«

»Und Sie kommen immer noch dazu, etwas Badminton zu spielen«, sagte Joe schmunzelnd.

»Oder Eishockey, falls gerade Donnerstag ist.«

22

S ie spielen jeden Donnerstag Eishockey?«
»Wir sind in Kanada, Joe. Soweit ich mich zurückerinnern kann, hatte ich jede Woche einen Hockeyschläger in der Hand, wenn nicht sogar jeden Tag.«

»Sie wollen mir aber nicht erzählen, dass Sie hier eine Eissporthalle haben, oder?«

Jacques lachte.»Nein, wir mieten eine. Einmal haben wir die Halle gemietet, in der die Montreal Canadians spielen. *Das war vielleicht ein Erlebnis.* Wir haben eine ganze Menge Karten für das Spiel der Canadians am Abend gekauft und konnten davor auf ihrem Eis spielen. Sie haben sogar während des Spiels der Canadians eine Sequenz aus unserem Spiel auf den großen Bildschirmen gezeigt. Meistens mieten wir allerdings eine Eissporthalle in der Nähe. Jeden Donnerstagmorgen von 7.30 Uhr bis 9 Uhr.« Er blickte zu Joe.»Spielen Sie Eishockey?«

Joe schüttelte den Kopf.»Es kam mir immer etwas zu kalt vor«, antwortete er.»Und etwas rau, wenn man es nicht beherrscht.«

»Nun, vielleicht inspirieren wir Sie ja dazu, es einmal zu probieren«, antwortete Jacques.»Die Schutzpolster halten Sie warm.« Er gluckste.»Und sie dämpfen auch einen Sturz.«

»Das werde ich mir merken.«

»Wir haben sogar das Restaurant in der Eissporthalle dazu gebracht zu öffnen, wenn wir fertig sind«, sagte Jacques.»So können wir Hockey spielen, etwas frühstücken und dann ins Büro fahren. Bis um 10 oder 10.15 Uhr sind wir alle hier.«

»Kommt es deshalb manchmal zu Problemen?«

»Das könnte es. Aber letztlich geht es um die Frage, welchen nicht idealen Zustand man bevorzugt.«

»Ich habe etwas darüber in dem ›Großen kleinen Buch der E-Mails‹ gelesen.«

Jacques nickte. »Ich werde Ihnen eine ausführlichere Erklärung geben. Wir haben mehrere Wahlmöglichkeiten. Die erste Option lautet: Wir spielen nicht Eishockey. Das bedeutet, die Büros sind donnerstags um 9 Uhr morgens besetzt, aber jeder verpasst die Chance, etwas zu tun, was ihn begeistert. Außerdem entsteht weder ein Gemeinschaftsgeist noch eine positive Energie … Das ist keine gute Option.

Die zweite Option lautet: Wir buchen die Eissporthalle, wenn sie abends frei ist. Ich kann Ihnen aus Erfahrung sagen, dass wir in dem Fall erst nach der Hockeyregionalliga und all den anderen Aktivitäten, die dort stattfinden, um 22.30 Uhr drankommen. Für viele Leute geht das nicht, weil sie familiäre Verpflichtungen haben. Diejenigen, die teilnehmen, haben eineinhalb Stunden auf dem Eis, duschen rasch, und dann ist es bereits nach Mitternacht. Jeder ist voller Energie, also gehen wir alle noch etwas trinken.

Bis alle im Bett sind, ist es 2 Uhr morgens. Dann tauchen wir alle am nächsten Tag um 9 Uhr im Büro auf, haben null Energie und einen leichten Kater. Bei dieser Option sind die Leute zwar um Punkt 9 Uhr im Büro, und es herrscht ein guter Gemeinschaftsgeist, aber der Rest ist lausig.

Im Vergleich dazu wirkt die dritte Option, für die wir uns entschieden haben, richtig gut. Niemand verpasst aufgrund familiärer Verpflichtungen etwas. Es ist ein großartiger Start in den Morgen. Die positive Energie, die dabei entsteht, hält sich den ganzen Tag über. Wir haben etwas mehr Zeit auf dem Eis, da niemand sonst Interesse daran hat, morgens Eishockey zu spielen. Jeder bekommt ein Frühstück. Der Gemeinschaftsgeist wird gestärkt. Und das einzige Problem ist, dass die Person, deren Wissen möglicherweise gebraucht wird, in dieser ersten Stunde am Donnerstagmorgen nicht greifbar ist.

Was auch vorgekommen ist. *Ein* Mal. In 30 Jahren à 52 Wochen hatten wir an einem Tag einen Fall, bei dem die drei Leute, die das Problem hätten lösen können, alle beim Hockeyspielen waren. Aber diesen nicht perfekten Zustand ziehen wir den suboptimalen Situationen vor, die sich durch die erste und zweite Option ergeben würden.«

Jacques zuckte mit den Achseln. »Ich liebe Details, Joe. Gestalte etwas richtig, gestalte es schön, lasse jede Linie, jedes Element auf die richtige Art und Weise entstehen … Allerdings ist mir auch einer der größten Fehler bewusst, den Menschen machen, wenn sie etwas gestalten. Sie entwickeln Systeme mit dem Ziel der Perfektion, statt sich das Ziel zu setzen, exzellent zu sein.

Das gesamte Leben ist voller Unvollkommenheiten. Das lässt sich nicht ändern. Daher ist es besser, sich bewusst für bestimmte nicht ideale Dinge zu entscheiden, die man bevorzugt – damit man sie auf seine *eigene* Weise steuern kann –, als von unerwarteten suboptimalen Situationen überrascht zu werden.«

23

Joe saß in Jacques' Büro. Seine Zeit bei der DLGL verging schnell. Es war bereits sein vierter Tag dort.

Jacques war gerade dabei, ein Telefonat zum Abschluss zu bringen, und Joe dachte währenddessen über eins ihrer Gespräche nach. Jacques hatte ihm erläutert, was es für ihn bedeutete, auf Details Wert zu legen. Es ging seiner Meinung nach nicht darum, darauf zu warten, bis alles perfekt war, bevor man etwas in Angriff nahm. Sondern vielmehr darum, sich weiterzuentwickeln und ein Projekt stetig zu perfektionieren, es auf diese Weise immer besser zu machen.

Das erinnerte Joe an die »aufsteigende Lebenskurve«. Dabei handelte es sich um ein Prinzip, das Thomas ihm nahegebracht und das Joe seinerseits dann vielen Menschen erklärt hatte. Als er so darüber nachdachte, kamen ihm viele Erinnerungen in den Sinn. Ihm fiel vor allem eins der letzten Fernsehinterviews ein, das Thomas vor seinem Tod gegeben hatte.

Joe versuchte angestrengt, diese Gedanken aus dem Kopf zu bekommen. Er wusste, welche Gefühle sie begleiten würden. Aber je mehr er versuchte, sie zu verdrängen, desto stärker wurden sie. Und damit gingen die unerklärliche Flut von Emotionen, die Dunkelheit und das Gefühl der Depression einher.

»Joe?«

»Joe?«

Joe schüttelte den Kopf und tauchte aus dem Nebel auf, der ihn umgeben hatte. Einen Augenblick lang wusste er nicht, wo er war. Dann fasste er sich wieder. »Ach, hallo, Jacques. Entschuldigen Sie bitte.«

»Geht es Ihnen gut? Sie waren offenbar tief in Gedanken versunken.«

»Oh, ich … ich habe mich gerade nur an etwas erinnert. Etwas, woran ich länger nicht gedacht habe.«

Jacques zögerte. In den vergangenen Tagen war ihm öfters aufgefallen, dass Joe manchmal für ein paar Minuten geistig abwesend war. Wenn er aus seinen Gedanken wieder auftauchte, wirkte er stets betrübt und er brauchte eine Weile, um sich wieder zu sammeln. Jacques befand, dass es an der Zeit war, etwas nachzuhaken.

»Wir haben in den letzten Tagen sehr viel über die DLGL gesprochen, Joe. Lassen Sie es uns für den Moment einmal andersherum machen. Erzählen Sie mir etwas über Ihre Firma – Derale Enterprises. Wie läuft es dort?«

Joe saß einen Augenblick schweigend da und konzentrierte sich. »Wo soll ich anfangen?«, fragte er sich.

»Bei uns dreht sich alles um eine Idee – die sogenannten Big Five for Life«, begann er. »Es ist ein einfaches Prinzip, aber die Kraft, die dadurch entsteht, ist erstaunlich.«

»Worum geht es dabei?«, fragte Jacques.

»Jeden Tag haben wir verschiedene Wahlmöglichkeiten: wie wir unsere Zeit verbringen, wofür wir unser Geld ausgeben, worauf wir unsere Energie verwenden, über welche Dinge wir nachdenken … Die meisten Menschen treffen ihre Entscheidungen, indem sie auf etwas reagieren. Jemand in ihrem Leben schreibt ihnen etwas vor, verleitet sie zu etwas oder übt Druck auf sie aus, und die Leute reagieren darauf.

Aber wenn man so lebt und arbeitet, resultieren daraus nicht sehr viele großartige Momente. Man landet dort, wo andere es für einen vorgesehen haben. Aufgrund ihrer Persönlichkeit finden manche Menschen einen Weg, der sie aus dieser Bahn hinausführt. Sie treffen eine bewusste Entscheidung, ihrem Leben die Richtung zu geben, die *sie* sich wünschen.

Im Grunde genommen geht es bei den Big Five for Life genau darum. Man fragt sich selbst, welches die fünf Dinge sind, die man in seinem Leben am liebsten tun, sehen oder erleben möchte. Dann richtet man all seine Zeit, Energie, Gedanken, seine finanziellen Mittel und andere Ressourcen darauf aus, diese Dinge zu verwirklichen.«

Jacques nickte. »Klingt interessant.«

»Das ist es. Und gleichzeitig so logisch. Allerdings wird den meisten Menschen erstmalig bewusst, dass *sie* ihr Lebensziel bestimmen, wenn sie von dem Prinzip der Big Five for Life erfahren. *Sie selbst* haben die Kontrolle über ihre eigene Existenz.

Das Leben ist nicht nur eine Reaktion auf all das, was E-Mails, Medienberichte, Texte, elterliche Ratschläge oder irgendeine der tausend anderen Quellen an Input einem vorschreibt. Im Leben geht es darum, zu entscheiden, was man *selbst* tun möchte.

Die Big Five for Life sind ein fester Bestandteil der Firmenkultur von Derale Enterprises. Ob jemand nun nach einer neuen Position sucht, seine Teammitglieder belohnen oder neue Aufgaben verteilen möchte ... letztlich dreht sich alles um die Frage – was steht auf der Big-Five-for-Life-Liste der Menschen?

Wir haben ein Mentoringprogramm für neue Leute. Es ähnelt dem Ihrigen. In einem ihrer ersten Gespräche unterhalten sich Mentor und Mentee über ihre jeweiligen Big Five for Life.

Aber schon im Bewerbungsgespräch sind die Big Five for Life ein wichtiger Bestandteil. Falls der Kandidat nicht versteht, worum es dabei geht, oder das Prinzip ihm nicht entspricht, passt er nicht gut in unser Unternehmen. Wenn seine Big Five for Life nicht auf einer Linie mit dem künftigen Job liegen, ist er ebenfalls nicht gut dafür geeignet.«

Joe schmunzelte. »Erinnern Sie sich daran, dass Sie über das

Sportangebot in Ihrem Unternehmen gesprochen haben? Darüber, dass die Chemie und die Beziehungen zwischen Menschen sich verändern, wenn sie gemeinsam Sport treiben?«

Jacques bejahte.

»Genauso ist es auch bei den Big Five for Life«, sagte Joe. »Ich reise sehr gern. Das ist einer *meiner* Big Five for Life. Und eine meiner Lieblingsregionen auf der Welt ist Südostasien. Dort gibt es den wunderbaren Begriff ›Namaste‹. In seinem Kern bedeutet das: ›Ich sehe dich.‹ Allerdings nicht im Sinne von: ›Ich sehe dich auf eine physische Weise.‹ Es heißt vielmehr: ›Ich sehe dich *tatsächlich*. Ich sehe dein Wesen, deine Energie und deine Seele.‹

Ich denke, wenn Ihre Leute zusammen Sport treiben, geschieht genau das. Die Menschen *sehen* einander. Jemand wird nicht länger nur als ›Tony aus dem Supportteam‹ wahrgenommen. Die Leute werden real, lebendig, sie bekommen ein Gesicht … Sie lachen zusammen, teilen Erfahrungen miteinander, spielen gemeinsam, entwickeln tiefe Beziehungen zueinander, feiern gemeinsam, probieren Dinge aus …

Dasselbe passiert in unseren Unternehmen. Da wir uns gegenseitig jeweils durch die Brille der Big Five for Life des anderen betrachten, *sehen* wir einander ständig. Alles, was wir tun, worüber wir sprechen, die Entscheidungen, die wir treffen – all das hat damit zu tun, was uns im Leben am meisten bedeutet.«

Joe zuckte mit den Achseln. »Die meisten Menschen wünschen sich einen Sinn in ihrem Leben. Das ist mir klar geworden. Sinnvolle Gespräche, sinnvolle Augenblicke … Nicht etwa die Sehnsucht fehlt. Was fehlt, ist der Weg, um ihrem Leben Tag für Tag Sinnhaftigkeit zu verleihen.

Die eigenen Big Five for Life zu erkennen, seine Ressourcen darauf auszurichten und die Big Five dann zu verwirklichen – das hat sich bei unseren Leuten als sehr effektiver Weg erwiesen, um diesen Sinn zu finden.«

Jacques hörte Joe zu und beobachtete ihn überdies aufmerksam. So energievoll hatte er ihn in all den gemeinsamen Tagen noch nicht erlebt. Was er sagte, kam tief aus seinem Herzen. Jacques spürte, dass es an der Zeit war, noch etwas weiter nachzuhaken.

»Wie sind Sie auf Derale Enterprises gestoßen, Joe?«

24

Joe schwieg und dachte angestrengt nach. Er kannte die Antwort auf Jacques' Frage, aber jedes Mal, wenn er seinen Geist auf diese Erinnerung richtete, versuchte dieser, vor ihr zu fliehen. Er konnte sie nicht länger als ein paar Sekunden festhalten, dann ergriff eine dumpfe Stille von ihm Besitz.

Joe sah zu Jacques. Dann wandte er den Blick ab. Seine Gedanken jagten immer noch der Erinnerung hinterher und versuchten dann, ihr zu entkommen. »Ich bin dem Gründer, Thomas Derale, eines Morgens begegnet, als ich auf einen Zug wartete«, sagte er schließlich.

Er senkte den Blick. Seine Augen wurden feucht. Er blinzelte rasch und sah fort, um seine Gefühle zu verbergen.

Jacques nahm all das wahr. Seit über 30 Jahren führte er Menschen und hatte in dieser Zeit viel erlebt. Er hatte zahlreiche Gespräche unter vier Augen geführt, bei denen nur er und eine weitere Person auf denselben Stühlen gesessen hatten wie er und Joe im Moment. Es war um Hochzeiten gegangen, um die Geburt von Kindern, darüber, dass Kinder mit dem Studium begannen ... Auch Gespräche über traurige Themen hatte es gegeben. Wenn bei einem Partner eine Krankheit diagnostiziert worden war oder wenn zum Beispiel ein Elternteil gestorben war.

»Auf einem Bahnsteig?«, fragte Jacques nach, um Joe zu helfen, die aufwallenden Gefühle in den Griff zu bekommen. »Das klingt nach einer guten Geschichte.«

Joe hob den Blick und sah Jacques an. Und zum ersten Mal

seit langer Zeit versuchte sein Geist nicht, die Erinnerung an die Begegnung mit Thomas zu verdrängen.

»Äh, ja. Es war an einem kalten Wintermorgen, als ich auf den Zug wartete. Wir kannten uns überhaupt nicht. Er fragte mich, ob es ein ›guter Museumstag‹ sei. Damals hatte ich keine Ahnung, was das bedeutete. Ich hatte keinen blassen Schimmer, dass ich etwas über die Big Five for Life erfahren und letztlich mit Thomas zusammenarbeiten würde …« Joe schüttelte den Kopf. »Kein Drandenken.«

»Was hat es mit dem ›Museumstag‹ auf sich?«, fragte Jacques.

Joes Blick wanderte zu einer Ecke des Raums. Seine Gedanken rasten zu einer anderen Erinnerung. Er dachte an den Moment, als er Thomas kurz vor dessen Tod im Rollstuhl durch sein Museum geschoben hatte. Zu seiner eigenen Verwunderung versuchte er nicht sofort, diese Erinnerung zu verdrängen.

Joe richtete seinen Blick wieder auf Jacques, schüttelte leicht den Kopf und holte seine Gedanken in die Gegenwart zurück. »Der Museumstag gehört zu dem, was Thomas in seinen Unternehmen geschaffen hat. Es ist ein weiterer Weg, uns allen dabei zu helfen, das, was wir jeden Tag tun, aus einer anderen Perspektive zu betrachten.

Er erklärte es mir, als ich ihm zum zweiten Mal begegnete. Es war im Zug, eine Woche, nachdem er mich angesprochen hatte. Die Idee ist einfach, so wie es auch die Big Five for Life sind. Und ebenso tiefgründig.«

Joes Gedanken wanderten erneut zu dem Abend zurück, an dem er mit Thomas durch das Museum seines Lebens gegangen war. Er konnte die Bilder sehen, die Ausstellungsstücke, die Tafel mit der letzten Botschaft von Thomas an alle, die mit ihm zusammengearbeitet hatten …

»Stellen Sie sich vor, jeder Tag unseres Lebens würde katalogisiert werden«, begann Joe. »Unsere Gefühle, die Menschen, mit denen wir zu tun haben, die Dinge, mit denen wir unsere

Zeit verbringen. Und am Ende unseres Lebens würde ein Museum errichtet werden. Es würde gebaut werden, um detailliert aufzuzeigen, wie wir unser Leben gestaltet haben. Wenn wir 80 Prozent unserer Zeit für einen Job aufwenden, der uns nicht gefällt, dann wäre das auch in unserem Museum zu sehen, 80 Prozent wären damit gefüllt.

Sind wir zu 90 Prozent der Menschen, mit denen wir zu tun haben, freundlich, so würde das Museum dies widerspiegeln. Aber wenn wir wütend und ungehalten sind oder 90 Prozent der Menschen in unserem Umfeld anschreien, dann wäre auch das im Museum zu sehen.

Wenn wir eigentlich gerne in der Natur unterwegs wären, am liebsten viel Zeit mit unseren Kindern verbringen oder das Leben mit unserem Partner genießen würden, aber all dem nur zwei Prozent unseres Lebens widmen würden, dann wird das entsprechend auch nur zu zwei Prozent in unserem Museum abgebildet, so sehr wir uns auch etwas anderes wünschen.

Stellen Sie sich vor, wie es wäre, am Ende unseres Lebens durch dieses Museum zu gehen. Wie würden wir uns dabei fühlen? Wie würden wir uns fühlen, wenn wir wüssten, dass man sich für immer und ewig so an uns erinnern würde, wie das Museum es zeigt? Alle Besucher würden uns genau so kennenlernen, wie wir tatsächlich waren. Die Erinnerung an uns würde nicht auf dem Leben basieren, das wir uns eigentlich erträumt hatten, sondern darauf, wie wir wirklich gelebt haben.

Stellen Sie sich nun vor, im Himmel oder im Jenseits oder wie auch immer Sie sich das Leben nach dem Tod ausmalen, wären Sie auf ewig als Führer in Ihrem eigenen Museum unterwegs.«

Joe hatte das Prinzip des Museumstags unzählige Male auf der Bühne erklärt, mit denselben Worten, die er gerade verwendet hatte. Während er es Jacques erläuterte, rasten seine Gedanken zu vielen verschiedenen Erinnerungen. Zu verschiedenen Situationen, in denen er mit Thomas an Veranstaltungen teilgenommen und sie gemeinsam auf der Bühne gestanden hatten. Oder als sie miteinander bei Mach-mich-besser-Sitzungen gelacht hatten …

»Das ist wahrlich eine beeindruckende Vorstellung«, sagte Jacques leise.

Joe nickte.

»Sie vermissen Thomas, nicht wahr?«, fragte Jacques.

Joes Augen wurden erneut feucht. Er blinzelte rasch und senkte den Blick.

Die beiden Männer saßen eine Weile schweigend da.

»Er war mein bester Freund«, sagte Joe schließlich. »Was er mich gelehrt hat, hat mein Leben für immer verändert. Wenn er nicht gewesen wäre, würde ich nicht so leben und würde das Leben nicht so betrachten, wie ich es tue.«

Joe schüttelte den Kopf. »Vor etwas über einem Jahr traten wir gemeinsam bei einer unserer Firmenveranstaltungen auf. Als alles vorbei war, gaben wir uns die Hand, sagten einander, dass wir uns bald wiedersehen wollten, und dann ging ich auf Reisen. Ein paar Wochen darauf schrieb Maggie mir eine E-Mail und teilte mir mit, dass Thomas krank war. Und dann, ein paar Monate später … war er nicht mehr da. Er war plötzlich nicht mehr da.«

Joes Augen füllten sich mit Tränen. Er blinzelte und wandte erneut den Blick ab.

»Er war erst 55 Jahre alt«, sagte er schließlich und fuhr kopfschüttelnd fort: »Ich weiß nicht, warum, aber …«, er schüttelte wieder den Kopf, »irgendwie komme ich nicht darüber hinweg. Ich versuche es. Das tue ich wirklich. Ich gehe zu Veranstaltungen und halte Vorträge, gebe Interviews. Mache all die Dinge, die früher so toll waren …«

Jacques saß schweigend da. Er hörte aufmerksam zu und beobachtete Joe.

Joe blickte wieder zu der Zimmerecke. »Als ich erfahren habe, dass Thomas im Sterben lag, habe ich es nicht geglaubt. Er war ›das Leben selbst‹. Er war sehr kontaktfreudig, hatte eine enge Verbindung mit Menschen und gab ihnen das Gefühl, besonders zu sein. Bei Besprechungen war er stets derjenige, der die Atmosphäre mit Licht und Energie erfüllte. Wie schwierig etwas auch sein mochte, er fand stets eine humorvolle Perspektive oder einen wahrlich inspirierenden Weg, es zu betrachten.

Er, Maggie und ich waren gemeinsam auf Reisen. Die beiden hatten eine unglaubliche Beziehung. So wie im Film – fast zu schön, um wahr zu sein. So war es bei ihnen.«

Joe machte eine Pause. »Nachdem ich erfahren hatte, dass Thomas im Sterben lag, wohnte ich bei ihm und Maggie. Ich versuchte zu helfen, wo ich konnte. Jeden Morgen kam ich die Treppe hinunter und hoffte, dass es ihm besser ging. Dass alles nur ein schrecklicher Traum gewesen war. Aber es war kein Traum.«

Joe blickte zu Jacques. »Es gab einen riesigen Event für ihn. Reisegefährten aus seinem Leben – Freunde, Menschen, mit denen er zusammengearbeitet hatte, Klienten, Kunden – sie alle hatten unermüdlich gearbeitet, sobald klar war, dass er sterben würde, und ein unglaubliches Museum seines Lebens gestaltet …«

Joe senkte erneut den Blick, da eine Woge der Emotionen ihn überkam. Trotz seiner Bemühungen, sie wegzublinzeln, begannen die Tränen an seinen Wangen hinunterzulaufen. »Als die Eröffnungsfeier vorbei war, ging ich gemeinsam mit ihm durch das Museum. Seine Krankheit war zu diesem Zeitpunkt bereits so weit fortgeschritten, dass er nicht mehr laufen konnte und in einem Rollstuhl saß. Ich schob ihn durch jeden Raum seines Museums. Ich sah, wie er sich verabschiedete.«

Joe wischte die Tränen fort. »In diesem Moment wurde es

mir plötzlich bewusst. Ich erkannte, dass mein bester Freund tatsächlich sterben würde.«

Er schüttelte den Kopf. »Ein paar Tage später war er nicht mehr da.«

Joe saß einen Moment schweigend da.

»Wie sehr ich auch versuche, so zu tun, als wäre alles in Ordnung, als ginge es mir gut … wie sehr ich auch versuche, wieder ins normale Leben zurückzufinden …«, er schüttelte den Kopf, »es ist einfach nicht mehr dasselbe. Die Dinge scheinen einfach keinen Sinn mehr zu haben.«

25

In dieser Nacht fand Joe nicht viel Schlaf. Nach ihrem Gespräch über Thomas riet Jacques ihm, es für diesen Tag gut
sein zu lassen, sich etwas freizunehmen und am nächsten Tag
erst am Nachmittag wiederzukommen.

Joe war zu seinem Hotel zurückgekehrt und hatte danach
einen langen Spaziergang gemacht. Als er Stunden später wieder in seinem Hotel war, fühlte er sich genauso leer wie in dem
Moment, als er Jacques' Büro verlassen hatte.

Es war, als würde eine physische Last schwer auf seiner Brust
liegen. Was er auch tat, er wurde sie nicht los.

Am nächsten Morgen war dieser Druck immer noch da, und
bis zum Mittag hatte sich nichts daran geändert. Joe überlegte,
ob er Jacques anrufen sollte, um ihm zu sagen, dass er das Interview leider nicht beenden könne. Aber das fühlte sich ebenfalls
nicht stimmig an.

Als er am frühen Nachmittag bei der DLGL eintraf, wurde
Joe von der Direktorin des ersten Eindrucks lächelnd mit einem
»Hallo« begrüßt. Joe erwiderte das Lächeln, aber er fühlte sich
leer. Sein Lächeln wirkte aufgesetzt.

Jacques hatte Joe auf seinem Weg über den Parkplatz beobachtet. »Soll ich noch etwas weiter nachbohren oder lieber
nicht?«, fragte er sich. Offenbar hatte Joe nicht gut geschlafen.
Unter seinen Augen waren Ringe zu sehen.

Als Joe an der Tür seines Büros klopfte, musterte Jacques ihn
erneut und traf seine Entscheidung. »Guten Tag, Joe«, sagte er
freundlich. »Kommen Sie nur herein.«

Joe betrat das Büro und nahm Platz.

Die beiden Männer saßen einen Moment lang schweigend da. Dann beugte Jacques sich auf seinem Stuhl nach vorne. »Gestern haben Sie mir einen Teil Ihrer Geschichte erzählt, Joe. Das weiß ich sehr zu schätzen. Es erfordert großen Mut, sich einem anderen Menschen gegenüber zu öffnen. Besonders, wenn man ihn noch nicht lange kennt.«

Jacques machte eine Pause, damit das Gesagte sich setzen konnte. »Heute möchte *ich* Ihnen gerne eine Geschichte erzählen. Sie handelt von der DLGL. Ich denke, sie ist nützlich für Ihren Artikel. Außerdem geht es darin um Freundschaft. Und das könnte für Ihr Leben im Moment ganz förderlich sein.«

Joe schwieg. Er wusste nicht genau, was er sagen sollte.

»Lassen Sie uns einen Spaziergang machen«, schlug Jacques vor.

Er erhob sich und führte Joe durch die Büros der DLGL. Nach ein paar Minuten betraten sie einen langen, schönen Flur. Auf einer Seite hatte man durch große Fenster eine wunderschöne Aussicht auf den angrenzenden Wald. Auf der anderen Seite des Flurs hing die Wand voller Fotos.

Jacques blieb bei einem der ersten stehen. Das Foto zeigte ein Haus an einem Fluss, vor dem zwei Männer standen.

»Sind Sie das?«, fragte Joe.

»Damals war ich ein ganzes Stück jünger«, antwortete Jacques. Das ist ein Foto des ersten DLGL-Büros.«

»Es befand sich in einem Wohnhaus?«

Jacques bejahte. »Dort haben wir angefangen. Als es uns zu klein wurde, kauften wir das Nachbarhaus dazu und nutzten beide für die Arbeit. Als es dort zu eng wurde, kauften wir das nächste Nachbarhaus und arbeiteten in allen drei Häusern. Alle ließen ihre Schlüssel im Auto stecken, damit man jeweils die Autos wegfahren konnte, die im Weg standen, falls man irgendwohin musste.«

Joe betrachtete die verschiedenen Fotos der Häuser und der Menschen davor. »Sie sind von dort hierher gezogen?«

»Irgendwann, ja. Dann haben wir fast alles verloren und mussten von vorne anfangen.« Jacques zuckte mit den Achseln. »Wir wären um Haaresbreite untergegangen. Aber das ist nicht passiert. Und hier sind wir nun, 20 Jahre später und bestens aufgestellt.«

Joe betrachtete die Fotos erneut. »Wer ist das bei Ihnen vor dem Haus?«

»Das ist Claude Lalonde. Er und ich waren die zwei verrückten Gründer der DLGL.«

»Sein Bild hängt in Ihrem Büro, nicht wahr? Das Porträt an der Wand?«

Jacques nickte. Dann deutete er auf das Foto, das Joe betrachtet hatte. »Claude und ich begegneten uns etwa zehn Jahre, bevor dieses Foto gemacht wurde. Wir lernten uns kennen, als ich in ein Unternehmen investierte, wo er für die Systemadministration zuständig war. Nach einer Weile wurde ich Finanzvorstand bei diesem Unternehmen und er beschloss, ebenfalls etwas Geld zu investieren und Mitinhaber zu werden. Anfangs hatten wir also aus diesem Grund miteinander zu tun.

Wir hatten einen guten Draht zueinander. Geschäftliche Dinge sahen wir meistens auf dieselbe Weise. Wir trafen Entscheidungen gleich schnell, was sehr wichtig ist. Darüber hinaus mochten wir uns und respektierten einander. Wir haben uns zwar über die Arbeit kennengelernt, aber wir wurden Freunde, weil wir uns extrem gut verstanden.

Als das Unternehmen dichtmachte, blieb unsere Freundschaft bestehen. Claude holte mich jeden Morgen bei mir zu Hause zum Joggen ab.« Jacques lachte. »Dann hatte ich eine verrückte Idee für ein neues Unternehmen, in die wir 1500 Dollar investierten. Das war die Summe, die wir gemeinsam aufbrachten. Leider kamen wir mit dieser Idee nicht sehr weit.

Dann tauchte eines Tages die vierte Generation der Programmiersprachen auf. Claude war absolut begeistert davon. Er hatte sich jahrelang intensiv mit Gehaltsabrechnungssystemen für große Arbeitgeber befasst. Mit der vierten Generation der Programmiersprachen verfügten wir seiner Meinung nach endlich über die Instrumente, um dafür passende Systeme zu entwickeln. Er hatte die Systeme im Geiste bereits geplant und sah nun einen Weg, um sie zu verwirklichen.

Es war eine große Aufgabe, das war ihm bewusst. Also kam er zu mir und sagte, lass es uns angehen. So entstand die DLGL. Er arbeitete an der Technologie, und ich begann das Unternehmen zu entwickeln. Zu der Zeit hatte ich bereits eine Unternehmensberatung gegründet und arbeitete als Interimsmanager. Außerdem hatte ich eine Frau und drei Kinder, die ich versorgen musste. Also führte ich die Unternehmensberatung zur Sicherheit weiter – falls sich herausstellen sollte, dass wir vollkommen verrückt waren. Ich musste meine Arbeit für die DLGL daher an den Abenden und den Wochenenden erledigen.«

»Offenbar waren Sie nicht verrückt«, sagte Joe.

Jacques schüttelte leicht seinen Kopf. »Nein. Claude hat es richtig erkannt.« Er schmunzelte in sich hinein. »Obwohl es alles andere als ein Spaziergang für uns war, seit diesen Anfängen das zu erreichen, was Sie heute sehen.«

Joe ging ein kleines Stück an der Wand entlang und blieb vor einem eingerahmten Vertrag stehen. »Ihr erster Kunde?«

Jacques nickte. »Am Anfang haben wir mit den Leuten begonnen, die wir kannten und denen wir wiederum von unseren früheren Tätigkeiten her bekannt waren. Das war ein guter Start. Wir hatten kein großes Team und keinen großen Namen, aber durch unser Wissen und unsere Kompetenz im Bereich der Gehaltsabrechnungssysteme waren wir so gut aufgestellt, dass unsere Größe irrelevant wurde.

Als wir ein Team von 14 Leuten waren, hatten wir eine Besprechung mit NORTEL. Das war damals ein riesiges Unternehmen mit wahrscheinlich über 30 000 Beschäftigten. Während wir mit einigen Bereichsleitern zusammensaßen, fragte der Leiter der Finanzabteilung: ›Warum sollte die NORTEL sich auf ein 14-köpfiges Unternehmen einlassen mit Sitz an einem Fluss in Montreal?‹

Er hatte ja keine Ahnung, dass diese 14 Leute von einem Wohnhaus aus arbeiteten.«

Joe lachte. »Was haben Sie ihm geantwortet?«

»Ich habe ihm die Wahrheit gesagt – dass wir für die anstehende Aufgabe die Besten seien und außerdem den kompetentesten Expertenpool hätten. Das genügte. Sie haben es uns abgenommen. Während wir für sie arbeiteten, wuchs unser Team auf 22 oder 23 Leute an.«

Joe ging noch ein Stück weiter an der Wand entlang. Er erblickte das Foto eines Flugzeugs mit einem großen roten Ahornblatt und der Beschriftung Air Canada. »Ein weiterer Kunde?«, fragte er.

»Ja, und ein richtungsweisender Moment in der Geschichte des Unternehmens«, antwortete Jacques.

26

Jacques deutete auf das Foto des Flugzeugs. »Bis zu diesem Zeitpunkt hatten wir keine besondere Strategie, um Kunden zu akquirieren. Wir machten einen guten Job, die Leute redeten darüber, und dann ergab sich alles Weitere einfach.

Die Air Canada hatte eine Ausschreibung gemacht. Zu dieser Zeit gab es die DLGL seit etwa 13 Jahren und wir hatten einen guten Ruf. Wir bewarben uns auf die Ausschreibung und bekamen den Zuschlag. In unseren damaligen Angeboten stellten wir stets heraus, dass wir uns mit Systemen zur Gehaltsabrechnung und Altersversorgung sowie mit Computern auskannten. Nach dem Motto: Sagen Sie uns, was Sie brauchen, dann entwickeln wir es. Egal welche Programmiersprache Sie sich wünschen, wir setzen es um.«

Jacques zuckte mit den Achseln. »Und die Air Canada war der letzte Kunde, bei dem wir es so gemacht haben.«

»Was ist passiert?«, wollte Joe wissen.

»Nachdem wir etwa 18 Monate mit dem Unternehmen zusammengearbeitet hatten, erhielten wir einen Brief, in dem man uns mitteilte, dass die Air Canada aus dem Projekt ausstieg. Es tat ihnen sehr leid. Es hatte nichts mit uns zu tun. Sie waren sehr zufrieden mit allem, was wir getan hatten, und boten uns an, entsprechende Empfehlungsschreiben zu verfassen. Aber sie mussten sparen, da es geschäftlich nicht mehr so gut lief. Daher konnten sie das Projekt nicht mehr finanzieren. Damit brachen auf einmal beinahe 100 Prozent unserer Einnahmen weg … einfach so.«

Joe ging ein paar Schritte retour, betrachtete die Fotos und verfolgte die Ereignisse anhand der Bilder zurück. »Damals waren Sie schon in diesem Gebäude, nicht wahr?«, fragte er und deutete auf ein Foto.

»Erst seit Kurzem«, antwortete Jacques. »Wir waren gerade mal acht Monate hier, als wir den Brief bekamen.«

»Puh.«

»Ja, in der Tat. Nach 13 Jahren waren wir an einem kritischen Punkt angekommen. Alles, was wir aufgebaut hatten, stand auf dem Spiel.«

Jacques ging ein paar Schritte an der Wand entlang und deutete auf das Foto einer schmiedeeisernen Bank mit hölzerner Sitzfläche. Sie stand von Bäumen umgeben an einem Steilufer, von dem aus man einen Fluss überblickte.

»Claude und ich arbeiteten nicht nur in diesen Häusern, wir lebten mit unseren Familien auch jeweils in einem. Zwischen den Häusern stand die Bank, die Sie auf dem Foto sehen. Wir trafen uns fast jeden Abend dort, um miteinander zu sprechen. Wir unterhielten uns über die Lage der Firma, über alle möglichen Probleme, über unsere Lebenssituation generell …

Nachdem wir den Brief von der Air Canada bekommen hatten, führten wir auf dieser Bank ein ausführliches Gespräch. Denn wir mussten einige große Entscheidungen fällen. Wir hätten zusammenpacken, das Unternehmen verkaufen und uns zur Ruhe setzen können. Vielleicht nicht für immer, aber zumindest für eine sehr lange Zeit. Das Unternehmen hatte sehr profitabel gewirtschaftet, und wir waren klug gewesen und hatten einiges Geld zur Seite gelegt.

Den größten Betrag hatten wir in das Gebäude investiert und das konnten wir, falls nötig, verkaufen.«

»Haben Sie es in Erwägung gezogen?«, fragte Joe. »Zusammenzupacken und sich zur Ruhe zu setzen?«

Jacques lachte. »In gewisser Weise.«

»Wie meinen Sie das?«

»Es gibt viele Dinge, die Menschen zu guten Geschäftspartnern machen. Und auch zu guten Freunden. Dazu gehört, dass man Entscheidungen ähnlich schnell trifft. Wenn die Entscheidungsfindung synchron abläuft, kann man lange zusammenarbeiten. Ist das allerdings nicht der Fall, kann es sehr schnell sehr schmerzlich werden. Claude und ich waren diesbezüglich wie gesagt ähnlich schnell.

Als es um die Entscheidung über das Unternehmen ging, saßen wir auf der Bank und sprachen über unsere Optionen. Dann stellte Claude auf seine typische Art eine hintersinnige philosophische Frage. Sie lautete in etwa: ›Und was zum Teufel machen wir mit all unserer Zeit, wenn wir uns zur Ruhe gesetzt haben?‹

Ich gab ihm eine Antwort, doch er hakte nach: ›Und was dann? Und was dann?‹

Wir erkannten, dass wir unsere Arbeit gerne machten. Die meisten Menschen können ihren Ruhestand gar nicht erwarten, um endlich das tun zu können, was sie möchten. Aber wir taten das bereits.

Claude fielen alle möglichen Argumente ein, was für eine ›Chance‹ unsere Situation war. Wir hatten keine Kunden. Was für eine Chance! Ein großartiger Moment, um nach vorne zu schauen, anstatt zurückzublicken! Nun konnten wir unsere gesamte Erfahrung nutzen und es tatsächlich *richtig* machen.«

»Und was bedeutete das konkret?«, fragte Joe.

»Das bedeutete, nicht länger als Dienstleistungsunternehmen zu arbeiten, das alle möglichen Produkte entwickelte, die Kunden sich wünschten, sondern sich in ein produzierendes Unternehmen zu verwandeln. Wir würden ein unglaubliches Produkt entwickeln, ein Produkt – das wussten wir aufgrund all unserer Erfahrung –, das andere Unternehmen brauchten und haben wollten. Ein wunderbares System, das jahrzehntelang im Einsatz sein würde.

Claude fragte mich, ob wir das finanziell stemmen könnten. Ich fragte ihn, wie lange es dauern würde, ein solches System, das er im Sinn hatte, zu entwickeln. Auf seine typische Art sagte Claude: ›Drei bis vier Monate.‹ Daraufhin fragte ich ihn, was er von acht bis neun Monaten halte. ›Oh ja, das schaffen wir sicher‹, antwortete er.«

»Wie lange hat es gedauert?«, fragte Joe.

»Über ein Jahr.«

Jacques schmunzelte und wandte seinen Blick ab, während er sich erinnerte. »Bei dieser Begegnung auf der Bank schlug ich Claude Folgendes vor: ›Angenommen, wir entscheiden uns, diese Idee weiterzuverfolgen. Wir haben das Geld, das im Unternehmen steckt. Wir haben das Gebäude. Und wir haben unser persönliches Vermögen.

Wenn es nicht gut läuft, werden wir an einen Punkt kommen, an dem all unsere Geldreserven aufgebraucht sind. Dann haben wir noch das Unternehmensgebäude und unser persönliches Vermögen. Danach wird es einen Punkt geben, an dem das Gebäude maximal mit Hypotheken belastet ist und uns daher nicht mehr gehört. Und dann einen Endpunkt, an dem wir unsere Häuser, unsere Altersvorsorge und alles andere verlieren. Wir sollten miteinander vereinbaren, uns an jedem dieser kritischen Punkte zu treffen und erneut zu prüfen, ob wir das Richtige tun.‹

Damit war es beschlossene Sache. Die Entscheidung war gefallen. Wir saßen auf der Bank und besprachen noch ein paar weitere Dinge. Wir lachten miteinander. Und damit hatte es sich.«

»Sie haben viel riskiert«, sagte Joe. »Sie müssen ihm absolut vertraut haben.«

Jacques nickte. »Wenn man mit jemandem in den Krieg zie-

hen würde, dann wäre er derjenige, den man gerne bei sich hätte. Man wüsste, dass man sich hundertprozentig auf ihn verlassen könnte und umgekehrt – was auch immer kommen würde.«

27

Joe ging im Flur ein paar Schritte weiter und betrachtete das nächste Bild. Es zeigte einen Scheck einer Landesregierung. »War das der erste Kunde für Ihre neue Software?«

Jacques schüttelte den Kopf. »Das war unser Rettungsanker, als wir beinahe untergegangen wären.

Am Tag, nachdem Claude und ich beschlossen hatten weiterzumachen, setzten wir uns mit unseren drei wichtigsten Mitarbeitern zusammen. Wir fragten sie, wie das optimale Team aussehen würde, um Kapital einzusparen und das System zu entwickeln, das Claude sich vorstellte. Zu dieser Zeit hatten wir 35 Mitarbeiter.

Außerdem diskutierten wir darüber, welche anderen Fähigkeiten wir benötigten, um uns neu aufzustellen. Am Ende unserer Besprechung beschlossen wir, unser Personal auf 21 Leute zu reduzieren. Das bedeutete, 14 würden ihren Job verlieren.«

»Sicherlich kein schöner Moment«, sagte Joe.

Jacques schüttelte den Kopf. »Nein, gar nicht schön. Claude sprach mit den 21, die blieben, und ich übernahm die 14, die wir entließen. Wir sagten allen auf einmal, was los war und was wir beschlossen hatten. Es hatte nichts mit ihrem persönlichen Einsatz zu tun. Es war die einzige Option, wenn wir eine Zukunft haben wollten. Ich versicherte den Leuten in meiner Gruppe, dass wir versuchen würden, sie wieder zurückzuholen, wenn es uns gelänge, das Unternehmen rasch wieder auf Kurs zu bringen und es einen passenden Job für sie gäbe.«

Jacques schüttelte erneut den Kopf. »Der schwierige Teil waren die Einzelgespräche mit den Leuten nach der Gruppenbesprechung. Ich hatte ihnen nichts zu sagen, was ich nicht schon der Gruppe mitgeteilt hätte. Aber dennoch wollte ich ihnen irgendwie vermitteln, wie sehr ich mir wünschte, es wäre anders.«

Er sah zu Joe. »Als ich alle Einzelgespräche abgeschlossen hatte, saß ich eine Weile in meinem Büro. Gegen 19 Uhr schaute jemand bei mir herein und forderte mich auf, mit in die Kneipe zu all den anderen zu kommen. ›Sind tatsächlich alle dort?‹, fragte ich. ›Ja, alle.‹

Und so war es. Alle, die blieben. Und alle, die gerade ihren Job verloren hatten. Als ich die Kneipe betrat und sie alle zusammen sah, machte mich das am meisten betroffen. Es gab einen so großen Zusammenhalt in der Gruppe. Diese Leute bedeuteten einander so viel.«

Jacques hielt inne und Joe konnte sehen, dass es ihm selbst nach all den Jahren immer noch naheging.

»Als ich sie alle so zusammen sah, dachte ich: ›Was haben wir bloß getan?‹«, fügte Jacques hinzu.

Er schüttelte den Kopf. »Wir blieben bis fünf Uhr morgens in der Kneipe. Alle waren betrunken und weinten. Dann lachten wir miteinander und weinten erneut.«

»Wurde irgendjemand von den entlassenen Mitarbeitern je wieder eingestellt?«

»Ein paar von ihnen. Manche hatten zu der Zeit, als wir wieder Leute einstellten, andere Jobs gefunden. Und in einigen Fällen benötigten wir jemanden mit anderen Fähigkeiten.«

Jacques betrachtete die Bilder an der Wand. »Wenn man genau genug hinsieht und bereit ist, absolut ehrlich mit sich selbst zu sein, sind dies die Situationen, in denen man einige seiner wichtigsten Lektionen lernt, Joe. In einer unserer ersten Sitzungen danach zeichnete ich einen Tempel, der eine Säule hatte. Das entsprach unserer Situation mit Air Canada. Dann zeichnete ich einen weiteren Tempel mit vielen Säulen. Das war unser Ziel.

Unsere Sicherheit würde auf zwei Elementen basieren. Zum einen würden wir für einen diversifizierten Kundenstamm sorgen. Und zum anderen würden wir im Gegensatz zu früher zum Beispiel regelmäßige Umsatzquellen generieren. Aufgrund unserer Erfahrung mussten wir unser Geschäftsmodell in jeder Hinsicht überdenken

Bisher hatten wir ein Produkt entwickelt, das der Kunde ein paar Jahre lang nutzte und dann entsorgte. Nun sollte es anders werden. Wir wollten *jahrzehntelang* mit unseren Kunden zusammenarbeiten.«

Jacques deutete auf ein Bild mit einer Säule und einem Tempel. »Das hängt hier, um uns an diesen Tag zu erinnern sowie daran, was wir gelernt haben. Im Unternehmen ist dieses Bild mittlerweile berühmt. Die Mitarbeiter sprechen immer noch darüber. Die Säule und der Tempel.«

»Warum passiert mir das?«, sagte Joe.

Jacques sah ihn fragend an.

»Diese Frage gehört zu unserer Firmenkultur«, erklärte Joe. »Sie hat eine starke Wirkung im Unternehmen sowie im Privatleben. Wenn etwas sich anders entwickelt, als wir es uns wünschen, neigen wir schnell dazu, in eine Opferrolle zu verfallen – nach dem Motto: ›Warum passiert *mir* das?‹

Betont man dieselbe Frage anders, verändern sich die Antworten darauf. Wir halten uns selbst dazu an und fordern uns darüber hinaus gegenseitig dazu auf zu fragen: ›Hm, *warum* passiert mir *das?*‹

Auf diese Weise verändert sich der gesamte Fokus – man betrachtet die Dinge nicht länger aus der Perspektive eines Opfers, sondern aus der eines Suchenden. Was kann ich lernen? Welche Erkenntnisse kann ich gewinnen?«

»Das gefällt mir«, sagte Joe. »Und es stimmt. Was wir mit

der Air Canada erlebt haben, hat uns zu dem Unternehmen gemacht, das wir jetzt sind. Unsere Säulen sind stark, und das trifft auch auf unsere finanziellen Ressourcen zu. Unser Produkt ist unglaublich. Unsere Kunden sind seit langer Zeit bei uns …« Er nickte erneut. »Wir haben unser potenzielles Ende betrachtet und es in einen Neustart verwandelt.«

Joe betrachtete wieder das Foto mit dem Scheck der Landesregierung an der Wand. »Sie haben gesagt, dies sei Ihr Rettungsanker gewesen, der Sie vor dem Aus bewahrt hat. Wie nah sind Sie dem Untergang mit dem neuen Geschäftsmodell gekommen?«

»Tja, erinnern Sie sich an die kritischen Punkte, die ich vorhin erwähnt habe?«

Joe nickte.

»Wir haben alle Phasen durchgemacht und erreichten einen Punkt, an dem wir uns nur noch zwei Wochen lang über Wasser hätten halten können, bevor alle finanziellen Mittel komplett aufgebraucht gewesen wären.«

28

Jacques sah Joe an. »Am ersten kritischen Prüfpunkt hatten wir all das Geld verbraucht, das wir im Unternehmen angespart hatten. Dann belasteten wir das Gebäude bis zum Maximum mit Hypotheken. Brachten unser gesamtes Privatvermögen in die Firma ein. Schöpften unsere Altersvorsorge finanziell so weit wie möglich aus.«

Jacques sah einen Moment lang zu Boden und blickte dann wieder zu Joe. »Meine Assistentin, Louise, kam während dieser Zeit eines Tages in mein Büro. Sie hatte mit ihrem Mann gesprochen und bot uns an, uns 5000 Dollar zu leihen. Für die beiden war das sehr viel Geld, aber sie waren bereit, es uns zu borgen, damit wir weitermachen konnten.«

Jacques Augen wurden feucht, als er sich daran erinnerte. Er senkte den Blick.

Joe ließ die Bedeutung dieser Geschichte auf sich wirken. »Das ist beeindruckend«, antwortete er schließlich. »Was haben Sie ihr geantwortet?«

Jacques machte eine Pause und schüttelte den Kopf. »Ich habe geweint. Ich weiß nicht mehr, was ich gesagt habe. Ich stand extrem unter Stress. Und sie muss gewusst haben, dass tatsächlich ein Risiko bestand, das Geld nie mehr zurückzubekommen. Die 5000 Dollar machten letztlich keinen großen Unterschied, aber sie wollte *irgendetwas* tun. Sie *und* ihr Mann. Und diese Summe war für sie wirklich eine Menge Geld.«

Er blickte zu Joe auf. »Dafür bin ich auch heute noch dankbar. Das große Vertrauen, das sie uns entgegenbrachte, sowie die Bereitschaft zu tun, was immer sie konnte.«

»Sie arbeitet immer noch hier, nicht wahr?«, fragte Joe. »Es ist die Louise, die ich bereits getroffen habe.«

»Oh ja«, sagte Jacques schmunzelnd. »Meine Chefin.«

»Sie hatten also noch zwei Wochen bis zum Ende Ihrer finanziellen Mittel, und dann tauchte dieser Scheck auf?«

Jacques nickte. »Wir hatten fast ein Jahr zuvor einen Antrag auf Steuerrückerstattung für Entwicklungskosten eingereicht. Es ging um die Rückzahlung von Einkommensteuer. Und aus heiterem Himmel kam in diesem Moment plötzlich der Scheck daher.«

»Wie lange hat er Sie über Wasser gehalten?«

»Es war ein ziemlicher Batzen Geld. Etwa fünf Monate. Ziemlich genau bis zu dem Zeitpunkt, als wir finanziell erneut an eine Grenze kamen.«

Joe wiegte den Kopf. »Da ging es wirklich um weitreichende Entscheidungen. Sie sind ein Vater und Ehemann, Ihr persönliches Vermögen schmolz dahin. Was hat Sie dazu gebracht weiterzumachen?«

»Wir hatten Vertrauen in das, was wir taten. Es war die Zukunft. Das wussten wir. Die Zukunft lag im Produktgeschäft. Wir hatten die Fähigkeit, es zu schaffen, weil wir großartige Leute hatten.

Außerdem entwickelten wir ein wunderbares Produkt. Das ist es heute, in der achten Generation, immer noch.« Er schüttelte leicht den Kopf. »Genau das machte uns aus. Wir entwickelten Systeme. Und dieses war ein *fabelhaftes* System. Es gab nichts Vergleichbares. Das war wichtiger als Geld.«

Jacques zuckte mit den Achseln. »Und obendrein hatten wir 21 Leute, die sich dieser Herausforderung gemeinsam mit uns stellten. Zu Hause oder von Freunden hörten sie manchmal: ›Warum gehst du nicht jetzt, bevor alle anderen ebenfalls auf der Straße stehen und sich nach einem neuen Job umsehen?‹ Aber sie sind dageblieben. Sie nahmen unser Angebot an und hielten sich an die Vereinbarung.

Sie verließen das Schiff nicht. Daher würden Claude und ich auf keinen Fall vor den anderen von Bord gehen. Das stand absolut fest. Die Leute, die beschlossen hatten dazubleiben, nahmen ebenfalls ein persönliches Risiko auf sich. Sie hielten ihr Wort, und wir würden unseres halten.

Claude war ein sehr stolzer Mann, und ich bin es ebenfalls. Zeigen Sie mir einen stolzen Mann, und ich zeige Ihnen einen Mann, dem Sie vertrauen können. Unsere Mitarbeiter vertrauten uns, und wir hätten erst aufgegeben, wenn wir tot umgefallen wären.«

Joe nickte. »Zum Glück ist es nicht so weit gekommen.«

»Nein. Wir hatten abermals Glück. Unglaubliches Glück.«

29

Jacques ging an der Wand entlang zu einem Foto mit feiernden Menschen.

»Damals«, begann er, »gehörte zu IBM als produzierendem Unternehmen ein Zweig namens Celestica, der ausgegliedert wurde. Es handelte sich um einen großen Hersteller von Komponenten. Die Ausgliederung musste bis zum 31. Dezember abgeschlossen sein.

Alles, was vor diesem Datum unternommen wurde, ging finanziell zu Lasten von IBM. Danach musste das ausgegliederte Unternehmen für alles selbst aufkommen. Also kaufte es vorher alles, was voraussichtlich benötigt wurde. Unter anderem auch Systeme. Und eins dieser Systeme war unseres – VIP.

Zu diesem Zeitpunkt war VIP noch brandneu. Eigentlich war es noch nicht richtig fertig. Noch eine Menge heißer Luft – echte Vaporware.«

Jacques lachte. »Und ausgerechnet IBM kaufte Vaporware, also ein Produkt, das bisher nur angekündigt, aber noch nicht fertiggestellt war. Wären die Umstände für uns nicht so dramatisch gewesen, hätten wir es lustig gefunden.

Als wir den Vertrag unterschrieben, war es ein riesiges Freudenfest, das kann ich Ihnen sagen. Und die folgenden Monate waren sehr intensiv. Im Januar klingelte das Telefon, ein paar der Jungs kamen in mein Büro und eröffneten mir: ›Unser Kunde hat gerade angerufen. Er will eine Reihe von Gutachten sehen.‹

›Also gut, er soll sie bekommen. Wir brauchen dringend Gutachten. O.k., welche Gutachten der Air Canada können wir verwenden und welche müssen wir überarbeiten?‹«

Jacques lächelte. »Die Begeisterung, das Engagement und der Wille, Dinge umzusetzen, waren fantastisch. Und in mancher Hinsicht war es wahrscheinlich optimal, dass Celestica uns in dieser Phase erwischte. Wir entwickelten genau das, was dieses Unternehmen brauchte, und expandierten von diesem Punkt aus weiter.

Claude hat häufig folgenden Ausdruck verwendet: ›Spannende Zeiten.‹ Immer wenn wir solche Situationen erlebten, in denen wir die Energie und die Begeisterung spürten … Wenn wir eine unglaubliche Zukunft vor uns sahen und es kaum erwarten konnten, ein Teil davon zu sein … ›Spannende Zeiten‹, sagte er dann. ›Spannende Zeiten.‹

Im Leben der DLGL waren dies wahrlich spannende Zeiten.«

30

Joe schlenderte weiter den Flur entlang. Irgendetwas irritierte ihn an den Fotos. Zunächst wusste er nicht, was es war. Dann plötzlich wurde es ihm klar. Auf den Fotos von den Firmenevents, den lustigen Momenten mit Kliententeams und anderen Zusammenkünften war Claude ab einem bestimmten Punkt nicht mehr auf den Bildern zu sehen.

Joe zögerte. Sein Herz begann schneller zu schlagen. Er wollte nach ihm fragen, aber gleichzeitig wollte er die Antwort nicht hören. Schließlich wandte er sich Jacques zu. »Was ist mit Claude geschehen?«, fragte er leise.

Jacques senkte den Kopf und lächelte ein bisschen. Es war ein nachdenkliches Lächeln, voller Zuneigung sowie einer Spur von Traurigkeit. »Lassen Sie uns nach unten gehen«, schlug er vor.

Er geleitete Joe zu einer Treppe, die einen Stock tiefer führte. Die beiden Männer erreichten einen Teil des Gebäudes, in dem Joe noch nicht gewesen war. Jacques hatte auf sein Gefühl gehört und daher bewusst auf einen besonderen Moment gewartet, um Joe dorthin zu bringen. Nun war dieser Moment gekommen.

Als sie um eine Ecke bogen, öffnete Jacques eine Tür und ließ Joe eintreten. Der Raum war wie eine Sportbar eingerichtet. Die untere Hälfte der Wände war mit Holz verkleidet, überall hingen Sportsouvenirs. Außerdem gab es Restauranttische, an denen man Platz nehmen konnte …

Joe blickte nach links. Es gab sogar eine richtige Bar. Und

so wie es aussah, war sie gut bestückt. Ein blau leuchtendes Neonschild darüber verkündete: »Bistro Chez Claude«.

Joe sah nach rechts. Die Wände hingen voller lustiger, einprägsamer Fotos. Die Leute darauf wirkten ausgelassen und hatten offenbar viel Spaß.

»Die Mitarbeiter der DLGL in ihren albernsten Momenten«, erklärte Jacques. »Das gehört zu unserer Unternehmenskultur und ist ebenso wichtig wie alles andere.«

An derselben Wand stand etwas weiter entfernt ein großer Pokal voller Inschriften.

»Die Gewinner der Badmintonturniere«, sagte Jacques. »Ihre Namen werden dort verewigt.«

»Und was ist das?«, fragte Joe und deutete auf einen Abfalleimer in einer Ecke, in den circa 30 ramponierte Badmintonschläger und ein zertrümmerter Hockeyschläger gestopft waren.

Jacques schmunzelte. »Nicht jedes Match läuft so gut, wie die Spieler sich das wünschen. Und manchmal ärgern sie sich etwas über sich selbst. Die Schläger müssen das ausbaden. Um ehrlich zu sein – wir könnten wahrscheinlich ein paar Dutzend weitere dorthin stellen.«

Joe machte ein paar Schritte in den Raum hinein und betrachtete einige Fotos von Hockeyspielern. Sie trugen Trikots mit dem Aufdruck V.I.P. Auch Jacques war auf ein paar der Fotos zu sehen. »Sind das all die Leute, die hier im Unternehmen Hockey spielen?«

Jacques nickte.

»Die Trikots gefallen mir«, sagte Joe.

»Wenn es sich lohnt, etwas zu tun, dann mach es richtig«, antwortete Jacques.

»Sie sponsern einen Rennstall?«, fragte Joe und deutete auf ein Foto eines Rennautos mit der seitlichen Aufschrift ›DLGL‹.

»Ja, am Rennsport gefällt mir, dass er wie das Leben ist, nur im Schnelldurchgang. Man macht seine Arbeit, bereitet sich vor, alle Teilnehmer versammeln sich in Daytona, und man erhält seine Bewertung sofort vor Ort. Man weiß genau, wie man abgeschnitten hat. Dann fährt man weg, bereitet sich erneut vor und bekommt zwei Wochen später in Houston das nächste Feedback.

Im Leben läuft es ziemlich ähnlich. Man bereitet sich vor, macht etwas und wird dafür bewertet. Diejenigen, die die richtigen Dinge tun, gehen am Ende als Sieger hervor. Sie führen ein großartiges Leben. Sie erschaffen – so wie Sie es beschrieben haben – ein wunderbares Museum für sich selbst.

Diejenigen, die nie am Rennen teilnehmen, verbessern sich nicht, sie entwickeln sich nicht weiter und passen sich nicht an die Gegebenheiten an. Sie verschwinden irgendwie von der Bildfläche. Sie sind keine Gewinner im Spiel des Lebens.«

Joe betrachtete das Foto eines Rennautos genauer. Der Wagen wurde gerade von der Boxencrew auf Vordermann gebracht, und Jacques schien der Fahrer zu sein. »Ist das nur für das Foto oder fahren Sie tatsächlich?«

Jacques nickte. »Ich bin einer der Fahrer.«

Joe wandte sich um und betrachtete den gesamten Raum. »Ist das hier tatsächlich eine Bar?«

»Das Bistro Chez Claude«, antwortete Jacques.

»Und die Mitarbeiter können jederzeit hierherkommen?«, fragte Joe.

Jacques nickte. »Klar. Die Bar ist befüllt. Sie ist für die Leute hier bei der DLGL da.«

»Wie kamen Sie darauf, eine Bar einzurichten?«, fragte Joe.

»Es ist eine Hommage an Claude. Ein Ort, den Menschen nach der Arbeit aufsuchen können, um sich zu entspannen, ohne irgendwo anders hinzumüssen. Ein Ort zum Wohlfühlen. Die Bar hat ständig geöffnet. Jeder hat freien Zutritt.

Die meisten Unternehmen haben eine Führungsetage. Dort

gibt es in der Regel irgendwo kostenloses Essen und eine Bar. Aber seltsamerweise sind diese Angebote nur für die Führungskräfte gedacht, nicht für den Rest der Angestellten. Als könnte man den Führungskräften im Gegensatz zu allen anderen eher vertrauen, dass sie sich tagsüber nicht betrinken, und als stünden nur ihnen die teuren Spirituosen des Unternehmens zu.«

Jacques machte eine Pause und deutete auf einen Tisch. »Am besten wir setzen uns kurz hin und unterhalten uns, Joe.«

31

Die beiden saßen eine Weile schweigend da. Joe dachte an die Fotos an der Wand im oberen Stockwerk, auf denen Claude nicht mehr zu sehen war.

Schließlich brach Joe das Schweigen. »Claude ist gestorben, nicht wahr?«

Jacques nickte langsam.

Joe senkte den Blick. Seine Augen füllten sich mit Tränen. Er war diese Reaktion so leid. Er wünschte, sie würde ausbleiben, aber sie lief quasi automatisch ab, wenn irgendetwas ihn an den Tod von Thomas erinnerte.

Joe blinzelte, um die Tränen zu vertreiben. Dann wandte er sich wieder Jacques zu. »Was ist passiert?«, fragte er leise.

Jacques lehnte sich auf seinem Stuhl zurück und erinnerte sich. »Das Ganze hat sich ziemlich lang hingezogen. Claude hat mich eines Tages angerufen und mir vorgeschlagen, gemeinsam zum Mittagessen zu gehen. Ich habe mir nichts dabei gedacht, aber während des Essens erzählte er mir, dass er zum Gesundheitscheck gegangen war. Er hatte das Gefühl gehabt, etwas wäre nicht in Ordnung. Man hatte ihn einigen Tests unterzogen, und offenbar stimmte tatsächlich etwas nicht, aber die Ärzte konnten noch keine Diagnose stellen. Daher sollten weitere Untersuchungen durchgeführt werden.«

Jacques seufzte. »Also haben wir gewartet. Und darauf gehofft, dass ihm nichts fehlen würde. Als die Ergebnisse nach und nach kamen, wurde klar, dass es etwas ziemlich Ernstes war: Claude hatte Darmkrebs.

Er wurde operiert. Wir hofften, damit wäre die Sache erledigt. Aber das war nicht der Fall. Und an diesem Punkt beschloss Claude, dass er weder Chemotherapie noch Bestrahlung ausprobieren würde. Er würde sich bis zu einem bestimmten Punkt behandeln lassen, und wenn das nichts half, alles Weitere ablehnen.«

»Wie haben Sie darüber gedacht?«, fragte Joe.

»Es hätte nichts gebracht, viel über das Thema zu diskutieren. Claude hatte eine klare Vorstellung, was er – abhängig von der Situation – tun würde. Egal was ich gesagt hätte, er hätte seine Meinung nicht geändert.«

Jacques zuckte mit den Achseln. »Ich habe versucht, ihm Anstöße zu geben. Bei der Operation erkannten seine Ärzte, dass sein Darm löchrig und sehr durchlässig war. Danach teilten sie ihm mit, sie hatten glücklicherweise einen Tag zuvor ein medizinisches Gerät bekommen, das es ihnen ermögliche, das Gewebe viel enger zusammenzunähen. Es würde ihn davor bewahren, einen dieser Beutel zu tragen, um die Nieren zu reinigen.

Also habe ich zu Claude gesagt, dass irgendjemand irgendwo einen solchen Apparat wahrscheinlich bereits seit Jahren nutzte und es daher vielleicht noch ganz andere Mittel und Wege gab, wenn wir uns auf die Suche machten.« Jacques schüttelte den Kopf. »Aber er sagte, er würde einen solchen Kampf nicht aufnehmen. Er wollte kein Drama.

Er war eng mit einem Arzt befreundet, der ihn zu Hause betreute. Als die Krankheit weiter fortschritt, sagte Claude ihm, dass er nicht leiden wolle und bevollmächtigte ihn, das Nötige zu veranlassen.«

Jacques senkte den Blick. »In dieser Hinsicht war Claude ziemlich nüchtern. Er analysierte sich selbst und dachte darüber nach, wie bewusst oder unbewusst er in jeder Phase der Krankheit sein würde. Sobald er den Punkt erreichen würde, an dem er eigentlich nicht mehr richtig bei Bewusstsein war und völlig unter Medikamenteneinfluss stand, lebte er seiner Meinung nach nicht mehr. Er forderte mich auf, ihn in diesem Fall als tot zu betrachten. ›Man ist nicht tot, wenn man aufhört zu atmen‹, sagte er. ›Man stirbt, wenn man die Realität nicht mehr bewusst wahrnimmt.‹«

Jacques blickte zu Joe. »Ein ewiger Philosoph war er, dieser Kerl.« Er zuckte mit den Achseln. »Und so lief es dann weiter. Drei Jahre lang. Phase um Phase.«

»War er deprimiert über das, was geschah?«, fragte Joe.

Jacques schüttelte den Kopf. »Zumindest hat er es mir gegenüber nicht gezeigt. Er hat nie geweint oder sich über seine Situation beklagt. Es gab einen Punkt, an dem er beschloss, nicht länger ins Büro zu kommen. Stattdessen ging er häufiger zum Angeln und verbrachte mehr Zeit mit Freunden und seiner Familie. Einfache Dinge, aber sie waren ihm wichtig.

Die Zukunft der DLGL war ihm ebenfalls wichtig. Nach der ersten Diagnose saßen wir auf der schmiedeeisernen Bank, auf der wir uns stets unterhielten. Ich fragte ihn, was er tun wolle. Ich schlug ihm vor, die Firma zu verkaufen, damit er Geld für all die Dinge hätte, die er sich wünschte. Außerdem sagte ich ihm, er solle sich all die Zeit nehmen, die er brauchte. Er müsse nicht mehr in die Firma kommen, wenn er es nicht wolle. Diesen Vorschlag nahm er an. Aber er wollte das Unternehmen nicht an jemand anderen verkaufen.

Stattdessen fragte er mich, ob er mir seine Anteile verkaufen könne und gab mir den Auftrag mit auf den Weg, herauszufinden, wie weit wir dieses Experiment mit der DLGL treiben konnten. Etwa ein Jahr vor seinem Tod machten wir es dann so. Er wollte sichergehen, dass allen absolut klar war, was passierte. Er wurde ausgezahlt und übertrug die Summe seiner Familie. Und das Unternehmen wurde fortgeführt – das war sein Vermächtnis für uns alle hier bei der DLGL.«

Jacques wandte den Blick ab, während er sich an die weiteren Ereignisse erinnerte. »Als die Krankheit in diesem letzten Jahr weiter fortschritt, wurde er immer schwächer. Er lag in einem Bett in seinem Wohnzimmer und wurde dort gepflegt. Wir besuchten ihn jeden Tag.«

»Sie waren jeden Tag dort?«, fragte Joe.

»Ich, meine Frau und meine Kinder«, sagte Jacques. »Claude hatte keine eigenen Kinder. Er sagte mir häufig, es läge daran, dass er mir helfen müsse, meine Kinder großzuziehen, weil ich definitiv Unterstützung dabei benötigte. Und er hat sie tatsächlich mit großgezogen. Wir standen uns alle so nahe, wie eine Familie es nur tun kann.«

Jacques wandte den Blick erneut ab. »Schließlich war die Krankheit so weit fortgeschritten, dass er wie sein eigener Geist wirkte. Abgesehen von einem klaren Moment in der Nacht seines Todes war er nicht mehr da. Gemäß seiner eigenen Definition war er bereits seit langer Zeit tot.

Und dann war er nicht mehr da. So seltsam es auch klingen mag, zu diesem Zeitpunkt war es für uns alle eine Erlösung. Wir waren erleichtert, dass er nicht länger leiden musste. Wir waren erleichtert, dass seine Frau und jeder in seinem Umfeld nicht länger leiden mussten, weil sie ihn leiden sahen. Es war nach wie vor schmerzlich, aber auf eine andere Weise …

Wir verwandelten den Fitnessraum im Firmengebäude in einen Ort für die Gedenkfeier, und Hunderte von Menschen kamen, um sich zu verabschieden. Kunden, Freunde, Familienangehörige, Menschen, mit denen er zusammengearbeitet hatte …«

Während Jacques Claudes Gedenkfeier beschrieb, kehrten Joes Gedanken zu dem Tag zurück, an dem er Thomas im Rollstuhl durch das Museum geschoben hatte, das für ihn erbaut worden war. Wie bei Claude waren auch damals unglaublich viele Menschen gekommen, mit denen Thomas im Leben etwas zu tun gehabt hatte.

»Und dann war es vorbei«, sagte Jacques und holte Joe damit in die Gegenwart zurück. »Und in diesem Moment trifft es einen wie ein Schlag. All die Menschen verschwinden. Der Sarg ist fort. Und die Realität übermannt einen.« Jacques seufzte. »Ich habe mich an diesem Abend extrem einsam gefühlt. *Extrem* einsam. Wir waren seit 1972 Freunde und Geschäftspartner gewesen. Claude starb im Jahr 2001. Das ist eine verdammt lange Wegstrecke.«

32

Joe nickte. Wieder dachte er an den Abend zurück, an dem er Thomas mit dem Rollstuhl durch die Museumsräume geschoben und sich von ihm verabschiedet hatte.

»Wissen Sie«, fuhr Jacques fort, »wenn man so lange mit jemandem befreundet ist und solch verrückte Dinge macht, wie wir es getan haben, dann ist das eigene Leben voller Erinnerungen daran. Als wir bei dem ersten Unternehmen, an dem wir beteiligt waren, Geschäftspartner waren, kauften wir ein Gebäude. Eine Schule. Das war, bevor wir die DLGL gründeten. Wir waren bei einer Firma namens Cogito.

Wir wuchsen wie verrückt. Damals erkannten wir noch nicht, dass es unter Umständen keine so gute Idee ist, um des Wachstums willen zu wachsen. Wir wollten keine Miete mehr bezahlen, also kauften wir die Schule. Diese mussten wir zu einem Bürogebäude umbauen. Damals hatten wir sechs Partner. Jeden Nachmittag um 4.30 Uhr zogen wir uns Jeans und Arbeitsschuhe an und schufteten bis 2 Uhr morgens, um das Gebäude zu renovieren.

Wir rissen Wände mit Vorschlaghämmern ein. Zogen neue Wände hoch. Das machten wir monatelang. Samstags, sonntags …

Eines Nachts, als wir beim Abriss einer Treppe eine Mauer zerstörten, stießen wir auf je eine Flasche mit grüner Crème de Menthe und Cognac. Die Handwerker mussten sie dort bei den Bauarbeiten als Erinnerung und zur Feier des Gebäudes deponiert haben.«

Jacques machte eine kurze Pause. »Bis zu diesem Zeitpunkt hatte Claude in seinem Leben noch keinen Tropfen Alkohol getrunken. Er war beim Militär gewesen, hatte alle möglichen Dinge gemacht, aber nie Alkohol angerührt.

Tja, wir waren müde und erschöpft und hatten einen Punkt jenseits des logischen Denkens erreicht. Ich besorgte uns also ein Glas und sagte ihm, ich würde ihm zeigen, was ein Stinger ist, und dass er sich diesen Namen merken würde.

Der Kerl, der noch nie in seinem ganzen Leben Alkohol zu sich genommen hatte, trank diesen Stinger und war innerhalb von sieben Minuten betrunken. Und plötzlich war er eingeschlafen. Zehn Minuten später war er wieder wach und bereit für den nächsten. Er lachte und sprach über alle möglichen verrückten Dinge ...«

Jacques schmunzelte. »Wir haben viele ähnlich verrückte Dinge zusammen erlebt. Wenn all das nicht mehr da ist – solche Erfahrungen, der Geschäftspartner, der Freund, der Nachbar, der Mensch, dem man hundertprozentig vertraut –, hinterlässt das eine große Lücke im eigenen Leben.«

Jacques blickte Joe an. »Wissen Sie, was das Schlimmste daran ist, wenn man Menschen verliert, die einem nahestehen, Joe?«

Joe schüttelte den Kopf.

»Dass man die guten Momente nicht mehr miteinander teilen kann. Das setzt einem extrem zu. Es tut immer noch sehr weh. Genauso war es, als mein Vater starb. Ich habe früher jeden Tag mit ihm gesprochen. Er kam ständig zu uns rüber.«

Jacques lachte. »Ich mache häufig handwerkliche Dinge, aber eigentlich kann ich das nicht richtig gut. Mein Vater hingegen hatte ein wahres Talent dafür. Ob es nun Installations- oder Elektroarbeiten waren ... Daher habe ich ihn stets angerufen, wenn ich selbst nicht weiterwusste. Dann hat er mir geholfen. Wir haben in meiner Werkstatt ständig an irgendetwas gebastelt.

Etwa zwei Wochen nach seinem Tod war ich in der Werkstatt und hatte irgendein Problem. Also ging ich zum Telefon, hob den Hörer ab, um ihn anzurufen und um Hilfe zu bitten. Da traf es mich wie ein Schlag. Er war nicht mehr da.

Genauso war es bei Claude.« Jacques zuckte mit den Achseln. »So ist es immer noch. Wenn etwas Gutes bei der DLGL passiert, will ich zum Telefon greifen oder in sein Büro hinübergehen und zu ihm sagen. ›Stell dir vor, was wir vor langer Zeit prognostiziert haben, ist tatsächlich eingetroffen.‹«

Jacques hielt für einen Augenblick inne. »Aber wissen Sie was, Joe? Diese Menschen sind in so vielfältiger Weise noch da. Claude taucht immer noch in unseren E-Mails in der Arbeit auf. Claude wäre verärgert darüber oder Claude würde darüber lachen oder Claude wäre stolz darauf. Zu seinem Gedenken haben wir eine Eiche vor dem Bürogebäude gepflanzt. Jedes Mal, wenn ich sie sehe, denke ich an ihn. Und andere tun das auch.

Unser VIP-Produkt war ganz allein Claudes Vision. Es ist das Beste weltweit, es gibt tatsächlich nichts Vergleichbares. Wie viel Geld auch immer andere Leute investiert haben mögen, um etwas Ähnliches zu entwickeln. Und bei jeder neuen Version sagen die Leute: ›Claude wäre glücklich darüber‹ oder ›Claude wäre stolz darauf‹.

Hier bei der DLGL findet wöchentlich eine Sitzung mit unseren Topmanagern statt, die sogenannte OPSCOM-Sitzung. Wenn wir uns einer schwierigen Situation gegenübersehen oder wir uns den Kopf über etwas zerbrechen, nutzen wir zwei zentrale Fragen, um eine Antwort zu bekommen. Die erste lautet: ›Wenn ich der Kunde wäre, was würde ich mir in diesem Fall von meinem Dienstleister wünschen?‹ Und dann betrachten wir die Situation aus dieser Perspektive.«

»Und die zweite Frage?«, fragte Joe.

»Wenn die erste Frage uns nicht zum Ziel führt, fragen wir: ›Was würde Claude sagen?‹«

Jacques lachte. »An so einem Punkt brauchen wir diese Holzhammermethode.«

»Sein Geist ist daher immer noch hier. Er ist Teil der Unternehmenskultur. Die Leute erzählen sogar Menschen, die ihn nicht kannten, Geschichten über ihn. Auf diese Weise lebt er weiter.«

Jacques blickte zu Joe. »Können Sie irgendetwas davon nachvollziehen, Joe?«

Joe nickte, sagte aber nichts. Schließlich zog er sein Handy aus der Tasche. Er betrachtete es kopfschüttelnd. »Ich kann Thomas' Nummer nicht aus meinem Handy löschen«, sagte er schließlich. »Ist das nicht verrückt? Ich weiß, dass er nicht mehr da ist. Ich weiß, dass er nicht drangehen wird. Aber irgendetwas in mir …«

Joe verstummte.

Jacques wartete, bis die Stille sich im Raum ausgebreitet hatte. »Ich habe eine Idee«, sagte er schließlich.

Joe blickte auf. »Was denn für eine?«

Jacques erhob sich. »Kommen Sie mit.«

33

Jacques führte Joe in einen Konferenzraum, der auf derselben Etage lag wie die Bar. Er gehörte zu dem Bereich, in dem die Mitarbeiter der DLGL mit ihren Kunden an der Implementierung von Systemen arbeiteten und Strategiesitzungen abhielten. An diesem Tag fand nichts dergleichen statt, daher war der Raum leer.

Jacques forderte Joe mit einer einladenden Geste dazu auf hineinzugehen. »Ich möchte Ihnen einen Vorschlag machen«, sagte Jacques, als sie beide in dem Konferenzraum waren.

»Und der wäre?«

»Wenn man einen nahestehenden Menschen verliert, ist es, wie gesagt, mit am schwersten zu ertragen, dass man nicht mehr mit ihm sprechen kann. Es gibt Dinge, die man ihm sagen, mit ihm teilen und besprechen will … Aber er ist nicht mehr da.«

Joe nickte.

»Ich behaupte nicht, dass es genauso gut ist, und ich behaupte nicht, dass es alles lösen wird, was Ihnen im Kopf herumgeht. Aber vielleicht sollten Sie Thomas anrufen und einfach ein bisschen mit ihm reden.«

Joe sah Jacques verwirrt an.

»Natürlich können Sie ihn nicht *wirklich* anrufen«, sagte Jacques. Er deutete mit dem Kopf auf ein Telefon auf dem Konferenztisch. »Aber versuchen Sie es einfach mal. Sprechen Sie mit ihm, so als wäre er hier.«

Jacques zuckte mit den Achseln. »Manchmal muss man ein paar Dinge einfach rauslassen. Vielleicht hilft Ihnen das dabei.«

Er warf einen Blick auf seine Uhr. »Es ist bereits kurz nach fünf. Niemand ist mehr hier. Sie können sagen, was Sie sagen müssen, oder auch nichts sagen.«

Jacques schwieg und ließ seine Worte nachwirken.

»Sie haben doch die ramponierten Badminton- und Hockeyschläger in der Bar gesehen?«, fragte er schließlich, und Joe bejahte.

»Manchmal muss auch so etwas einfach passieren. Und das ist in Ordnung.«

Joe sah ihn an, ohne zu wissen, was er sagen oder tun sollte.

»Ich mache jetzt Feierabend«, sagte Jacques. »Nehmen Sie sich so viel Zeit, wie Sie hier brauchen. Und gehen Sie einfach, wenn Sie fertig sind. Machen Sie sich keine Gedanken darüber, wenn irgendetwas durcheinanderkommt oder Unordnung entsteht. Lassen Sie es einfach so. Die Leute, die das Büro reinigen, werden sich darum kümmern.« Er blickte zu Joe und nickte ihm zu. »Wir sehen uns am Montag.« Dann drehte er sich um, ging hinaus und schloss die Tür hinter sich.

Joe blickte sich im Konferenzraum um. Es war absolut ruhig, und nun, da Jacques gegangen war, fühlte er sich fremd und einsam. Er wartete einen Augenblick und machte dann einen Schritt auf die Tür zu, um zu gehen. Dann hielt er inne und betrachtete das Telefon. Er wusste nicht, was er tun sollte.

Nach ein bis zwei Minuten setzte er sich an den Tisch. Die Stille war bedrückend. Das Telefon hatte eine Freisprechfunktion. Er drückte die Verbindungstaste. Doch nichts tat sich. Es war kein Freizeichen zu hören. Er betrachtete die Rückseite des Telefons. Es war ausgesteckt.

Eine Weile saß er einfach so da. Die Stille wurde noch bedrängender.

»Ich vermisse dich, Thomas«, sagte er schließlich leise. Niemand antwortete. »An den meisten Tagen habe ich das Gefühl, neben mir zu stehen und nur noch zu funktionieren.«

Joe machte eine kurze Pause. »Du warst mein bester Freund. Ich weiß nicht mehr, wen ich anrufen soll, wenn irgendetwas Großartiges passiert.« Er machte erneut eine Pause. »Du hast mich ständig aufgezogen, wenn ich ein Rendezvous hatte. Du hast es gemacht, weil du gehofft hast, dass ich eines Tages jemandem begegnen würde, mit dem es mir so gehen würde wie dir mit Maggie.«

Joe zuckte mit den Achseln. Seine Stimme wurde lauter. »Wenn ich mich jetzt mit einer Frau treffe, weiß ich, dass niemand mich am nächsten Tag damit aufziehen wird.«

Er machte erneut eine Pause. »Ich stehe auf der Bühne und halte einen Vortrag über eine deiner Ideen. Und ich weiß, dass ich dir nicht erzählen kann, wie großartig es gelaufen ist. Ich kann dir nicht von dem Menschen berichten, der nach dem Vortrag zu mir gekommen ist, um mir zu erzählen, auf welch unglaubliche Weise die Big Five for Life ihn verändert haben.«

Joe senkte den Blick. »Es ist, als wäre da ein großes Loch in meinem Leben, das ich nicht füllen kann.«

Er sah auf und starrte die gegenüberliegende Wand an. »So war es nicht gedacht, Thomas. Du warst ein guter Mensch. Du warst ein ehrlicher Kerl, der die Menschen mochte und sich für sie interessierte.« Joes Stimme wurde lauter. Wut stieg in ihm auf. »Du hast mehr für Menschen getan, als irgendjemand, den ich kenne, und du bist im Alter von 55 Jahren gestorben. Es gibt Menschen, die nichts, absolut *nichts* für andere tun! Sie bedienen sich, sie stehlen, sie missbrauchen, sie degradieren andere …! Und sie sind immer noch da! Warum? Warum?«

Joe schrie jetzt. »Was soll fair daran sein, dass jemand, der so viel für andere getan hat, stirbt und dass solche Leute immer noch da sind?«

Er griff nach einer Stiftebox neben dem Telefon. Einen Moment lang drückte er mit der Hand fest zu, dann schleuderte er den Behälter fort. Er prallte mit großer Wucht gegen die Wand, sodass die Stifte in alle Richtungen flogen. Irgendwie tat ihm das gut.

»Es ist nicht fair, Thomas«, sagte er kopfschüttelnd. Vor lauter Wut biss er die Zähne fest zusammen. Er stand auf, nahm einen Stapel Papier, der am Ende des Tisches lag, und schleuderte auch diesen fort. »Menschen sollten leben, bis sie alt geworden sind! *Du* hättest leben müssen, bis du alt gewesen wärst! 55 ist nicht alt, Thomas! Wir hatten noch so viele Abenteuer vor uns. Wir hätten noch weitere Unternehmen aufbauen können!

Jedes Mal, wenn du mit Maggie und mir zusammen auf Reisen warst, hast du mich mit meiner Hochzeit aufgezogen. Erinnerst du dich daran? Daran, dass du mit Maggie herausfinden wolltest, wo ich meine Flitterwochen verbringen würde, um den Zimmerservice zu beauftragen, jeden Morgen um 6.30 Uhr an meine Tür zu klopfen.«

Joe schrie nun, so laut er konnte. »Das war so ausgemacht, Thomas! Du hast mir gesagt, dass du das tun würdest!«

Joe griff nach einer Keramiktasse auf dem Tisch und schleuderte sie gegen die nächste Wand, wo sie in viele Stücke zerbrach.

Nun wurde alles in seiner Reichweite zum Wurfgeschoss. Eine weitere Tasse, Papierstapel, Haftnotizblöcke, Eddingstifte, Radiergummis. Alles flog durch die Luft.

Als er fertig war, sank Joe kraftlos auf einen Stuhl und schlug die Hände vors Gesicht. Tränen liefen an seinen Wangen hinunter. Schließlich ließ er die Hände sinken, ergriff die letzte Kaffeetasse und schleuderte sie, so fest er konnte, gegen die gegenüberliegende Wand. Dort zerschellte sie.

Er keuchte. »Es ist nicht fair«, sagte er und schüttelte immer wieder den Kopf. »Es ist nicht fair.«

Er senkte den Kopf und starrte auf den Boden. Er fühlte sich ausgelaugt. Erschöpft. Ein paar Minuten lang blieb er so sitzen. Das durch die Wut ausgeschüttete Adrenalin strömte noch eine Weile durch seinen Körper und baute sich dann allmählich ab.

Schließlich sah er hoch und betrachtete den Raum. Er war ein einziges Chaos. Normalerweise hätte das irgendeine Reaktion bei ihm ausgelöst. Den dringenden Wunsch zu helfen. Den Wunsch, es wiedergutzumachen ... Aber er empfand nichts. Nur eine tiefe Leere. Dieselbe Leere, die ihm seit dem Tod von Thomas zusetzte.

Er erhob sich von seinem Stuhl, öffnete die Tür und ging hinaus.

* * * * *

Jacques wartete, bis er hörte, wie sich die Tür zum Treppenhaus schloss, und er wusste, dass Joe gegangen war. Er nickte mit dem Kopf. »Lass uns mal nachsehen«, sagte er zu Jean-Guy, dem Raumpfleger der DLGL.

Die beiden Männer hatten in einem Konferenzraum ganz am Ende des Flurs gesessen.

Jean-Guy stieß einen leisen Pfiff aus, als sie den Raum betraten, in dem Joe gewesen war. »Du hattest recht«, sagte er zu Jacques.

Jacques bückte sich nach ein paar Dingen und legte sie auf den Tisch. »Entschuldige bitte diese Unordnung, Jean-Guy. Möchtest du beim Aufräumen hier drinnen etwas Hilfe haben?«

Jean-Guy schüttelte den Kopf. »Nein, überlass das ruhig mir. Als du mich darum gebeten hast, das Telefon auszustecken, alles, was wertvoll ist, aus dem Raum zu entfernen und ein paar andere Dinge hineinzustellen, dachte ich mir schon, dass so etwas dabei herauskommen könnte. Ich kümmere mich darum.«

Jean-Guy hob ein paar Papierblätter vom Boden auf und wollte wissen: »Glaubst du, es hat ihm geholfen?«

Jacques ließ seinen Blick durch den Raum schweifen und schüttelte leicht den Kopf. »Ich bin mir nicht sicher.«

34

Als Joe am Samstagmorgen aufwachte, fühlte er sich genauso wie am Abend zuvor, als er den verwüsteten Konferenzraum verlassen hatte. In der Nähe seines Hotels lag ein Wald mit Wanderwegen. Er wollte dort einen kleinen Spaziergang machen, aber am Ende wurde eine stundenlange Wanderung daraus.

Er dachte nach. Zum Teil über Thomas' Tod. Zum Teil über sein eigenes Museum. Und teilweise dachte er an gar nichts.

Er aß spät zu Mittag, lief noch etwas draußen herum und ging schließlich völlig erschöpft früh zu Bett.

Als er am nächsten Morgen aufwachte, checkte er seine SMS. Eine stammte von Jacques.

»Werde heute Abend am Rennauto arbeiten. Draußen in unserer Scheune, wo es untergestellt ist. Haben Sie Lust hinzukommen? Ich werde bis etwa acht Uhr dort sein.«

Den größten Teil des Tages überlegte Joe, ob er hinfahren sollte oder nicht. Er konnte sich nicht so recht dafür begeistern. Andererseits hatte er nichts vor. Und irgendein Teil von ihm, den er eigentlich nicht richtig verstand, forderte ihn auf hinzufahren. Schließlich schickte er Jacques eine Nachricht, dass er ihn dort treffen werde.

35

Als Joe bei der Adresse ankam, die Jacques ihm genannt hatte, parkte er neben einer kleinen Eingangstür an der Seite des Gebäudes. Dort fand er eine Notiz von Jacques vor, in der er aufgefordert wurde, hineinzugehen. Joe öffnete die Tür und trat ein. Als die Tür sich hinter ihm schloss, sah er sich um.

Dieser Ort war interessant. Es handelte sich definitiv um eine Werkstatt. Voller Ersatzteile, Zubehör, Werkzeug ... sowie einer Reihe von Rennautos in verschiedenen Reparaturstadien.

Aber es war mehr als nur eine Werkstatt. An den Wänden hingen Fotos von Rennautos und Fahrern, Plaketten, Pokale, Renntrikots ... Es war eine Art Museum. Eine Chronik all der Dinge, die das Team erlebt hatte.

»Für so etwas hat sich Thomas begeistert«, dachte Joe bei sich. Der Ort hatte eine ganz eigene Atmosphäre. Er erzählte eine Geschichte. Es war ein Ort, an dem Menschen durch die Abenteuer anderer inspiriert wurden. Und dadurch Inspiration für ihre eigenen Unternehmungen fanden.

Die Luft in der Werkstatt roch nach Autos, an denen gearbeitet wurde. Aber nicht auf eine unangenehme Weise. Im Gegenteil. Irgendwie hatte es etwas Beruhigendes an sich. Es roch nach Dingen, die repariert wurden. Die wieder zusammengesetzt, erneuert wurden.

»Schön, dass Sie es sich einrichten konnten, Joe.«

Joe blickte in die Richtung, aus der die Stimme kam. Es war Jacques, der etwa 30 Meter entfernt neben einem der zum Teil zerlegten Rennautos stand. »Kommen Sie nur her«, sagte er.

Als Joe zu ihm hinüberging, bemerkte er, dass jemand bei Jacques war. »Ich möchte Ihnen gerne einen Freund von mir vorstellen, Joe«, sagte Jacques. »Das ist Yves. Er ist der geniale Mechaniker, der diese Dinger am Laufen hält.«

Joe und Yves gaben sich die Hand. »Schön, Sie kennenzulernen«, sagte Yves. »Jacques hat mir von Ihrem Projekt bei der DLGL erzählt.«

»Es wird ein großartiges Interview, wenn erst einmal alles abgeschlossen ist.«

»Tja, ich sage eigentlich nicht gerne Hallo und dann sofort auf Wiedersehen« sagte Yves. »Aber ich möchte im Internet noch gerne nach den Ersatzteilen suchen, über die wir gesprochen haben, Jacques. Wir werden sie in zwei Wochen in Mid-Ohio brauchen, und ich hätte sie gerne so schnell wie möglich hier.«

Yves streckte Joe seine Hand entgegen. »Es hat mich gefreut, Joe. Ich hoffe, Sie schauen bei einem Rennen einmal bei unserem Boxenteam vorbei.«

Joe schüttelte seine Hand und nickte. »Sehr gern.«

»Danke, Yves«, sagte Jacques, als Yves sich umdrehte und sich zum Ausgang wandte. »Wir sprechen uns morgen.«

»Ein sympathischer Mann«, sagte Joe, als Yves gegangen war.

»Und ein großartiger Mechaniker«, ergänzte Jacques. »Er ist seit zehn Jahren bei uns.«

»Ist es üblich, dass ein Rennteam so lange denselben Mechaniker hat?«

Jacques schüttelte den Kopf. »Nein, das kommt so gut wie nie vor. Die meisten Leute schätzen die Mechaniker nicht besonders. Sie halten sie für ziemlich entbehrlich. Zu viele Egos sind dabei im Spiel«, sagte er schmunzelnd.

»Ich selbst sehe es etwas anders. Wenn ich hinter dem Lenkrad eines Autos sitze, das 290 Kilometer pro Stunde fährt, möchte ich wirklich nicht, dass irgendwelche Teile davonfliegen und gegen eine Wand knallen. Oder gar ich selbst. Ich möchte, dass sich jemand um das Auto kümmert, der es in- und auswendig kennt und peinlichst genau darauf achtet, dass alles in Ordnung ist.«

Joe stimmte ihm zu. In der Zeit, die er mit Jacques bislang verbracht hatte, hatte er festgestellt, dass dieser langfristige Beziehungen pflegte. Das galt für seine Angestellten, seine Geschäftspartner und, wie Joe gerade erfahren hatte, auch für den Mechaniker seiner Rennautos.

Während viele Führungskräfte das Gefühl hatten, die Leute in ihrem Umfeld müssten dankbar dafür sein, einen Job zu haben, war es bei Jacques beinahe umgekehrt. Er war den Menschen dankbar, weil sie ihn bei seinen Abenteuern langfristig begleiteten. Und da diese Menschen wussten, dass Jacques sich ehrlich für sie interessierte und sich um sie kümmerte, blieben sie bei ihm.

Joe betrachtete den Motor des Autos. »Woran haben Sie beide gerade gearbeitet?«

Jacques reichte Joe eine kleine Sprungfeder. Sie war etwa vier Zentimeter hoch und einen guten Zentimeter breit.

»Tatsächlich daran?«, fragte Joe.

»Lassen Sie sich nicht durch die Größe täuschen, Joe. Diese kleine Feder erfüllt eine sehr wichtige Aufgabe.«

»Und welche?«

»Sie drückt eine Verschlusskappe nach oben, um den Druck im Motorkühlsystem aufrechtzuerhalten.«

Joe schmunzelte. »Ich nehme an, das ist wichtig?«

Jacques nickte. »Wenn diese Feder zu schwach ist und nicht das tut, was sie tun sollte, entweicht Wasser oder Dampf aus dem Kühlsystem. Und wenn das passiert, sinken sowohl der Druck als auch der Siedepunkt des Wassers.

Das Wasser könnte sich bei einer Temperatur von 116 Grad Celsius in Dampf verwandeln anstatt bei 127 Grad – der Temperatur, bei der es eigentlich geschehen sollte.

Das ist ein gravierender Unterschied, auch wenn es auf den ersten Blick nicht so scheinen mag.«

Jacques deutete auf einen bestimmten Punkt am Motor. »Wahrscheinlich geschieht es ungefähr hier, wo das Wasser sich unmittelbar neben der Verbrennungskammer befindet. Dann wird sich eine kleine Dampfwolke bilden, die auf eine Schwachstelle im Gehäuse der Verbrennungskammer zugreift.

Wenn das geschieht, wird dieser Bereich nicht ausreichend gekühlt. Und das führt zu einem Problem genau hier auf der anderen Seite der Kammer. Dort entsteht ein kleiner heißer Punkt, der wie eine Zündkerze wirkt, bevor dieser Prozess ablaufen soll.

Spulen wir nun eine Mikrosekunde nach vorne: An diesem heißen Punkt kommt es jetzt zu einer vorzeitigen Zündung. Ein Feuer entsteht. Dann erzeugt die Zündkerze ein zweites Feuer – die normale Zündung, die tatsächlich erwünscht ist.

Allerdings ist das ein Feuer zu viel. Es erzeugt so viel Druck und Hitze, dass die gesamte Ladung in weniger als einer Millionstel Sekunde explodiert, anstatt stufenweise zu verbrennen. Diese Explosion, die als Detonation bezeichnet wird, beschädigt den Motor.

Nach ein paar weiteren Kolbenbewegungen kommt es kurz darauf zur Explosion des Motors.«

»Das klingt nicht gut«, bemerkte Joe.

»Überhaupt nicht gut«, erwiderte Jacques. »Wenn ein Motor explodiert, entstehen häufig Löcher im Motorgehäuse. Dadurch tritt überall Öl aus, und das Auto gerät außer Kontrolle. Das ist sehr schlecht, wenn man als Fahrer um sein Leben kämpft und versucht zu verhindern, dass das Auto mit über 300 Sachen gegen eine Betonmauer prallt. Und es ist auch schlecht, wenn man versucht, einen Zusammenstoß mit einem der anderen Autos zu vermeiden, die mit der gleichen Geschwindigkeit auf der Rennstrecke entlangjagen.«

Joe nickte.

»Darüber hinaus ist es schlecht für das eigene Rennteam«, fuhr Jacques fort. »Weil man in diesem Fall einen sehr teuren Motor verliert. Zudem wird bei der Explosion des Motors auch die sehr teure Karosserie aus Carbonfaser zerstört. Aufgrund all dieser Dinge ist man eine Weile lahmgelegt. Außerdem hat man sehr hohe Kosten, um das Auto wieder flottzubekommen.«

Joe hielt die kleine Feder in die Höhe. »Und all das, weil dieses kleine Teil nicht so funktioniert hat, wie es sollte, hm?«

»Man darf keine schwachen kleinen Federn bei einem Rennauto verwenden«, sagte Jacques bestätigend. »Ebenso wenig wie andere schwache Teile. Ob es sich nun um Vier-Dollar- oder Viertausend-Dollar-Komponenten handelt – man darf keine Schwachstellen tolerieren. Sonst bezahlt man am Ende einen hohen Preis dafür.«

Jacques sah Joe an. »Und bezüglich Ihres Artikels – das Gleiche gilt auch für die Mitarbeiter in einem Unternehmen.«

36

Joe gab Jacques die kleine Feder zurück. »Wie meinen Sie das?«

Jacques wiegte den Kopf. »Sobald sich ein gewisses Leistungsniveau in einem Unternehmen gefestigt hat, sollten alle Mitarbeiter es erfüllen. Die Leute, die dem Leistungsniveau nicht entsprechen, sollten ersetzt werden. Natürlich fördert man sie zunächst intensiv, coacht sie oder gibt ihnen neue Aufgaben. Aber wenn sie keine Leistung erbringen, ist irgendwann ein Punkt erreicht, an dem man sich von ihnen trennen sollte.

Wenn man Leute hat, die ihr Bestes geben wollen, und alle Mitarbeiter dasselbe Ziel verfolgen, befindet man sich als Unternehmen auf Erfolgskurs. Ist das aber nicht der Fall und es läuft irgendwo schlecht, muss man das regeln, und zwar schnell. Sonst nimmt das Unternehmen an irgendeinem Punkt – genauso wie der Motor – großen Schaden.«

»Kommt so etwas bei der DLGL überhaupt vor?«, fragte Joe.

»Dass jemand seinen Aufgaben nicht mehr gerecht wird und entlassen werden muss? Angesichts der langfristigen Arbeitsverhältnisse, des persönlichen Engagements der Mitarbeiter auch den Kollegen gegenüber, angesichts all der Vergünstigungen und zusätzlichen Boni – würde man meinen, dazu käme es gar nicht.«

Jacques schwieg einen Moment lang. »Es passiert nicht oft, aber trotzdem haben wir solche Fälle. Vor Kurzem mussten wir jemanden entlassen, der keinen Einsatz mehr zeigte.«

»Wie lange war er bei der DLGL?«, fragte Joe.

»17 Jahre.«

Joe sah Jacques überrascht an. »Wow! Das ist ja schrecklich. Wie kam es dazu? Nach 17 Jahren müsste jemand doch ziemlich genau wissen, was Sache ist.«

Jacques zuckte mit den Achseln. »Wenn jemand sehr lange an einem schönen Ort ist, vergisst er vielleicht, dass es nicht überall so ist. Und daher erachtet er es als selbstverständlich.«

Joe nickte.

»Und manchmal verändern Menschen sich einfach. Sie grenzen sich ab und wollen nur noch bestimmte Dinge tun. Es entspricht unserer Firmenkultur und unserer Arbeitsweise, je nach Erfordernis einzuspringen und verschiedene Dinge zu machen. Ob es um die Kundenbetreuung geht, um den Support, um die Produktentwicklung … Das macht unsere Unternehmenskultur aus und befördert sie. Falls das jemandem nicht mehr entspricht und er sich nur noch einer bestimmten Sache widmen möchte, ist die DLGL nicht mehr der richtige Ort für ihn.

In einer Unternehmenskultur wie unserer kann man sich nicht verstecken. Wenn jemand nichts mehr leistet oder wenn er etwas leistet, aber eine negative Einstellung hat, wird man ihn darauf ansprechen. Dann obliegt es mir oder jemand anderem vom Management, etwas zu unternehmen. Und das tun wir.«

»Wie lange hatte die Leistung dieser Person schon nachgelassen?«, fragte Joe.

»Sie verschlechterte sich langsam im Laufe mehrerer aufeinanderfolgender Quartale. Dann ließ sie in einem Quartal extrem stark nach.«

»So stark, dass Sie mit dem Mitarbeiter gesprochen haben?«

»Genau. Im nächsten Quartal wurde es auch nicht besser. Also fragte ich bei anderen Kollegen nach, was los war. Da der Mitarbeiter schon so lange im Unternehmen war, bemühten wir uns sehr intensiv darum, eine andere Position für ihn zu finden und ihm andere Möglichkeiten zu bieten. Aber als es im nächsten Quartal immer noch nicht besser war, zogen wir einen Schlussstrich.

Dieser Mensch hatte alle möglichen Chancen bekommen, um etwas zu verändern. Als alles beim Alten blieb, kam es der Sprungfeder gleich, die zur Explosion des Motors führt und das gesamte Auto demoliert.«

Jacques schüttelte den Kopf. »Es ist nie angenehm, ein solches Gespräch zu führen. Aber man schuldet es den anderen Mitarbeitern, die ihre Aufgaben erfüllen. Und zwar ordentlich und mit der richtigen Einstellung. Welche Botschaft würde man *ihnen* sonst vermitteln?«

»Das erinnert mich an einen unserer Kunden«, sagte Joe. »Bei einer unserer Veranstaltungen erfuhr er von den Big Five for Life und war sehr inspiriert davon. Sein 50. Geburtstag stand kurz bevor, und er wollte herausfinden, wie er als Unternehmensleiter tatsächlich war und wie er eigentlich gerne sein wollte.

Also begleiteten wir ihn bei dem Prozess, mit dem er die Big Five for Life und den Zweck seines Unternehmens ermitteln konnte. Im Laufe der nächsten sechs Monate gab er seine Erkenntnisse in seinem Unternehmen weiter. Etwa 80 Prozent der Mitarbeiter konnten sich damit identifizieren. Viele von ihnen bekundeten, dass sie geradezu auf so etwas gewartet hatten.«

»Und die anderen?«

»Die anderen sagten ihm ohne Umschweife, dass sie das alles für großen Humbug hielten. Sie waren nicht überzeugt davon, sahen keinen Sinn darin und wollten nicht zu einer solchen Unternehmenskultur gehören.«

»Was geschah dann?«, wollte Jacques wissen.

»Er musste ein paar schwierige Entscheidungen treffen. Wollte er seine Vision verwirklichen? Ein unglaubliches Unternehmen entstehen lassen, auf das er stolz sein würde? Eins, das er – so sagte es ihm sein Bauchgefühl – erschaffen und leiten konnte?

Falls er sich dazu entschloss, bedeutete es, sich von einigen Dingen zu lösen. Zunächst von seinen Selbstzweifeln daran, wozu er fähig war. Sowie von dem hierarchischen Führungsstil, der auf einer Befehls- und Kontrollstruktur basierte, die er 25 Jahre lang gefördert hatte, obwohl er eigentlich nicht davon überzeugt war. Zudem bedeutete es, sich von einigen Mitarbeitern zu trennen, die bereits seit vielen Jahre im Unternehmen waren.«

»Was hat er getan?«

»Er entschied sich für sein Potenzial«, erwiderte Joe, »und gegen seine Ängste, das muss man ihm zugutehalten. Er gab seinen Angestellten die Chance zu verstehen, was er tat, und auf den Zug aufzuspringen, wenn sie dies wollten. Als klar war, dass einige Leute nicht mitmachen würden, trennte er sich von ihnen.«

»Und alle anderen fragten ihn, warum er damit so lange gewartet hatte«, sagte Jacques.

»Sie haben absolut recht«, erwiderte Joe. Bereits seit Jahren waren sie über diese Kollegen frustriert, denn diese hatten eine negative Einstellung und handelten sehr egoistisch … Die Angestellten, von denen der Firmeninhaber sich trennte, hatten Kunden verprellt und es sich mit guten Mitarbeitern bereits seit Jahren verscherzt. Aber da der Inhaber so große Bedenken gehabt hatte, ob das Unternehmen die Lücke füllen könnte, wenn diese Mitarbeiter fehlten, war nie etwas passiert. Der Unternehmer hatte größere Angst vor dem Unbekannten als vor diesem Problem. Daher unternahm er nichts.«

»Und was geschah, nachdem er diesen Leuten gekündigt hatte?«

»Innerhalb von Wochen stieg die Produktivität des Unternehmens. Auf eine Weise, die sich der Mann nie hätte träumen lassen. Er erkannte, dass einer der entlassenen Mitarbeiter für etwa 30 Prozent der Fehler bei der Implementierung von Systemen verantwortlich gewesen war. Als dieser Angestellte fort war, sank die Fehlerquote, die Produktivität stieg und die Kundenzufriedenheit verbesserte sich.

Einer der anderen entlassenen Mitarbeiter hatte die Aufgabe gehabt, Probleme zu beheben, sobald ein System implementiert war. Er hatte zahllose Kundenbeschwerden vor dem Rest des Teams verheimlicht. Es waren Probleme, über die Kunden sich schon seit *Jahren* ärgerten. Dieser Mitarbeiter hatte behauptet, sie wären behoben oder er arbeite daran. Doch nichts davon stimmte.

Es dauerte Monate, um das Chaos zu beseitigen, das diese Angestellten verursacht hatten. Aber die positiven Wirkungen nach ihrer Entlassung ließen nicht lange auf sich warten. Als ich mit dem Firmeninhaber sprach, wies er nachdrücklich darauf hin, wie rasch sich die Atmosphäre im Unternehmen zum Positiven verändert und dass die Stimmung unter den Mitarbeitern sich unmittelbar verbessert hatte.

Und die langfristigen Ergebnisse waren ebenfalls großartig. Innerhalb eines Jahres stieg der Gewinn des Unternehmens um 35 Prozent. Und um weitere 31 Prozent im darauffolgenden Jahr. Darüber hinaus erhielt das Unternehmen Folgeaufträge von Kunden, was zuvor nie passiert war. Wahrscheinlich aufgrund all der Probleme, die nicht behoben worden waren.«

Jacques stimmte zu: »Kunden erteilen einer Firma nicht gerne neue Aufträge, wenn diese das aktuelle Projekt nicht ordentlich betreut. Zudem wird sie in solchen Fällen auch nicht weiterempfohlen. Aber wenn man das, was man tut, gut und mit der richtigen Einstellung erledigt, steht man automatisch ganz oben auf der Liste. Das ist einer der Schlüssel für unseren Erfolg, seitdem wir die DLGL gegründet haben.«

Joe nickte. »Ich freue mich sehr für den Firmeninhaber, von

dem ich gesprochen habe. Er hat einige schwierige Entscheidungen getroffen und nun ist er auf dem richtigen Weg, das Unternehmen zu schaffen, das er sich eigentlich gewünscht hat. Für ihn ist es großartig gelaufen.«

37

Die beiden Männer saßen ein paar Minuten lang schweigend da. Jacques arbeitete an einem Ersatzteil für das Auto. Joe dachte nach.

»Wissen Sie was, Joe?«, sagte Jacques schließlich. »Es geht nicht nur darum, defekte Autoteile zu ersetzen. Oder darum, sich von Menschen zu trennen, die in einem Unternehmen nicht richtig mitziehen.«

Er machte eine Pause. »Auch im eigenen Leben muss man häufig Dinge loslassen.«

Er nahm einen Lappen zur Hand und entfernte damit etwas Schmierfett von dem Ersatzteil. »Ich bin stets geradeheraus, Joe. Ich habe nie viel davon gehalten, Dinge zurückzuhalten oder um den heißen Brei herumzureden. Sie und ich haben im Laufe der letzten Woche viel Zeit miteinander verbracht. Und ich sehe, dass Sie leiden. Thomas' Tod hat Sie offensichtlich hart getroffen.«

Er hielt erneut inne. »Aufgrund dessen, was ich durchgemacht habe, als Claude gestorben ist, kann ich das zutiefst verstehen.«

Jacques war mit der Reinigung des Ersatzteils fertig und legte es auf die Werkbank. »Ich habe allerdings den Eindruck, dass es da etwas gibt, was Sie möglicherweise noch nicht für sich geklärt haben. Etwas, an dem Sie festhalten, obwohl es vielleicht an der Zeit wäre, es loszulassen.«

Joe ließ diese Aussage auf sich wirken. Dann wandte er den Blick ab. Er dachte nach. Schließlich sah er wieder zu Jacques hinüber.»Der Vorstand von Thomas' Unternehmensgruppe hat mich gebeten, seine Position zu übernehmen.«

Joe machte eine Pause.»Thomas hat die Dinge so angelegt, dass Führungskräfte, die in seinem Stammunternehmen aufgebaut wurden, die Möglichkeit haben, eigene Firmen zu gründen, wenn sie das möchten. Er selbst hat ebenfalls weitere Unternehmen gegründet und deren Leitung Mitarbeitern aus seinem ursprünglichen Unternehmen angeboten.

Derale Enterprises ist stets als Anteilseigner beteiligt. So hielt Thomas seine besten Leute zusammen und gab ihnen gleichzeitig die Möglichkeit, eine Firma auf ihre eigene Weise zu leiten.

Die Kapitalbeteiligung war allerdings nur ein kleiner Teil des Gesamtkonzepts. Thomas hat für die Unternehmensleiter vielfältige Möglichkeiten entwickelt, um miteinander in Kontakt zu bleiben, voneinander zu lernen und sich gegenseitig zu unterstützen …

Nun, da Thomas nicht mehr da ist, befürchtet der Vorstand, dass niemand diese Kontakte fördert. Niemand sorgt mehr dafür, dass die Verbindungen nicht nur bestehen bleiben, sondern optimiert werden. Dabei führen vor allem diese engen Beziehungen dazu, dass es bei Derale Enterprises so gut läuft.«

Joe schüttelte den Kopf.»Der Vorstand hat mich schon vor Monaten auf die Position angesprochen. Ich habe ihn bisher immer wieder vertröstet. Und mittlerweile fragen sich die Vorstandsmitglieder etwas besorgt, ob ich nach wie vor der Richtige dafür bin.«

»Und, sind Sie es?«, fragte Jacques.

Joe schwieg kurz und nickte schließlich.»Ja, das bin ich«, antwortete er.»Jeder hat Begabungen. Bestimmte Dinge, die er besonders gut kann. Ein Teil meiner Begabung besteht darin, Dinge zu erkennen, die andere nicht sehen. Verbindungen. Abläufe. Die Art und Weise, wie eine Sache zur nächsten führt und zur nächsten und wieder zur nächsten, sodass etwas Großartiges entsteht. Oder aber, was manchmal auch vorkommt, dass das Ergebnis nicht so toll sein wird und daher ein anderer Weg eingeschlagen werden sollte.

Bei Thomas war es genauso. Deshalb war er mit dem, was er tat, so erfolgreich. Und wahrscheinlich verstanden wir uns auch deshalb so gut.

Er rief mich zum Beispiel an irgendeinem Morgen an und erzählte mir von einer Idee, wie sich unglaubliche Synergieeffekte zwischen mehreren Unternehmen erzielen lassen würden. Er sah im Geiste bereits alles vor sich. Dann begannen wir, gemeinsam weitere Ideen zusammenzutragen und inspirierten uns dabei gegenseitig, bis die Idee noch mehr Gestalt angenommen hatte und großartiger geworden war.

Wenn Thomas anderen Menschen seine Vorstellungen unterbreitete, waren sie begeistert davon. In dieser Hinsicht war er ein Künstler. Er erschuf etwas aus dem Nichts. Und die Leute liebten ihn dafür.«

Jacques hatte ruhig zugehört. Als Joe nun eine Pause machte, beschloss er, dass der richtige Zeitpunkt gekommen war. Es war an der Zeit, Joe etwas mitzuteilen, was Jacques bereits seit Tagen wahrnahm.

»Wissen Sie, Joe«, sagte Jacques leise, »wenn Sie diese Funktion nicht anstelle von Thomas übernehmen ... wird ihn das nicht zurückbringen.«

Joe antwortete nicht.

»Manchmal halten Menschen aus Angst an etwas fest«, fuhr Jacques fort. »Sie haben Angst davor, einen neuen Job zu übernehmen, obwohl sie wissen, dass ihr aktueller Job ihrem persönlichen Weg nicht entspricht. Sie haben Angst, sich aus einer Beziehung zu lösen, obwohl sie wissen, dass ihr Partner nicht der richtige für sie ist. Sie haben Angst, eine Führungsposition anzutreten und mit ihren Fähigkeiten auszufüllen und zu ge stalten, weil sie Bedenken haben, was andere dazu sagen werden.«

»Ich habe keine Angst davor zu führen«, widersprach Joe.

»Ich weiß«, erwiderte Jacques leise. »Sie haben Angst davor, an die Stelle von Thomas zu treten, weil das bedeuten würde, dass er tatsächlich nicht mehr da ist.«

Joe wollte das nicht hören. Er wollte es nicht wahrhaben. Aber er wusste, dass es stimmte.

»Er ist nicht mehr da, Joe«, sagte Jacques. »Und nichts, was Sie tun oder unterlassen, wird ihn wieder zurückbringen.«

Joe spürte, dass er von Traurigkeit übermannt wurde. Von einer bleiernen Schwere. Der bedrückenden Realität.

»Zwei Dinge haben mir am meisten geholfen, als Claude gestorben ist«, sagte Jacques. »Sie haben mich die dunkelsten Momente überstehen lassen. Zum einen war es die Tatsache, dass wir gemeinsam etwas geschaffen haben. Ich wusste, wie wichtig der Fortbestand unseres Unternehmens für Claude war – auch ohne hin.

Ich glaube, so ist es auch bei Ihnen und Thomas und Derale Enterprises. Sie waren zwar nicht von Anfang an dabei, als Thomas sein Unternehmen gründete – so wie es bei Claude und mir mit der DLGL der Fall war. Aber in all den Jahren Ihrer Zusammenarbeit haben Sie Thomas dabei geholfen, die Unternehmensgruppe weiter aufzubauen.«

Jacques machte eine kurze Pause. »Ich sage nicht, dass Sie für ihn übernehmen sollten, wenn Sie das nicht möchten. Aber aufgrund dessen, was Sie gerade gesagt haben, sind Sie besser für die Position geeignet als fast jeder andere auf der Welt. Genau die Dinge, die dafür erforderlich sind, können Sie am besten. Ich glaube, Thomas wäre stolz darauf, wenn jemand seine Arbeit weiterführen würde und wenn Sie dieser ›Jemand‹ wären.«

Joe ließ die Worte auf sich wirken. »Sie haben von zwei Dingen gesprochen«, sagte er. »Was war das Zweite?«

Jacques schmunzelte. »Ich habe mir ein paar meiner Lieblingserinnerungen an Claude bewusst gemacht. Dinge, die mich zum Lachen gebracht haben oder für die ich ihn bewunderte. Auch das Gefühl der Dankbarkeit, dass ich ihn gekannt habe.

Als ich versuchte, mit seinem Tod fertigzuwerden, habe ich mir diese Lieblingsmomente in Erinnerung gerufen. Ich wollte würdigen, was für ein großartiger Mensch er gewesen ist, anstatt mich auf die Tatsache zu konzentrieren, dass er nicht mehr da war.

Einmal haben wir mit allen Mitarbeitern im Unternehmen einen dieser Persönlichkeitstests durchgeführt, bei denen man erfährt, ob man links oben oder rechts unten steht. Ob man introvertiert oder extrovertiert ist, ein rationaler oder ein emotionaler Mensch ... Als ich meine Ergebnisse erhielt, befand ich mich überall in der Mitte.

Claude und ich witzelten darüber. Ich vertrat die Ansicht, dass ich dem Ergebnis zufolge sehr anpassungsfähig sei.« Jacques lachte. »Wissen Sie, was er darauf gesagt hat?«

Joe schüttelte den Kopf.

»Er behauptete, es bedeute, ich hätte keine Persönlichkeit.«

Jacques schüttelte den Kopf. »So war er eben. So sah unsere Freundschaft aus. Wenn jemand anderer mir so etwas gesagt und es tatsächlich so gemeint hätte, hätte ich ihm den Kopf abgerissen. Und ich hätte das Gleiche getan, wenn jemand so etwas zu Claude gesagt hätte. Aber wir beide konnten uns endlos gegenseitig aufziehen.«

Joe lächelte. Ein Hauch von Leichtigkeit stellte sich bei ihm ein. »Ihre Idee gefällt mir«, sagte er. »Ihre Idee gefällt mir sehr.«

Er schwieg einen Moment lang und blickte dann zu Jacques. »Danke.«

Jacques erwiderte seinen Blick und nickte ihm zu. »Gern geschehen, Joe.«

38

Joe wachte am nächsten Morgen früh auf. Zum ersten Mal seit langer Zeit ging es ihm besser. Je mehr er über das Gespräch vom Vorabend nachdachte, desto besser fühlte er sich.

Um neun Uhr traf er bei der DLGL ein. An diesem Tag sollte Jacques ein Interview für eine Zeitschrift geben, und Joe wollte als Zuhörer dabei sein. Als er bei Jacques' Büro anlangte, sah er, dass dieser bereits da war.

»Guten Morgen, Joe«, sagte Jacques, als Joe gegen den Türrahmen klopfte. »Kommen Sie herein, setzen Sie sich.«

Joe legte seine Aktentasche auf einen der beiden Stühle vor Jacques' Schreibtisch und nahm auf dem daneben Platz. »Sind Sie bereit für Ihr Interview heute Vormittag?«

Jacques bejahte. »Es ist leicht, ein Interview über etwas zu geben, das man jeden Tag lebt.«

»Thomas hat häufig etwas ganz Ähnliches gesagt«, antwortete Joe lächelnd.

Jacques fiel auf, dass Joe zum ersten Mal während seines Besuchs von sich aus Thomas' Namen erwähnt hatte. »Wie geht es Ihnen heute?«, fragte er.

Joe dachte einen Moment lang nach und nickte dann. »Es geht mir gut.« Er nickte erneut. »Tatsächlich geht es mir zum ersten Mal seit langer Zeit besser.«

»Das freut mich zu hören.« Jacques warf einen Blick auf seine Uhr. »Der Reporter hat vor Kurzem angerufen und gefragt, ob wir das Interview auf elf Uhr verschieben könnten. Das trifft sich eigentlich ganz gut, denn es gibt hier bei der DLGL noch ein Puzzlestück, über das ich gerne mit Ihnen sprechen wollte. Da sich das Interview etwas verzögert, wäre dies ein guter Moment dafür.«

Joe nickte zustimmend.

»Ich nehme an, dass es im Interview eher um praxisbezogene Grundlagen gehen wird«, fuhr Jacques fort. »Um bestimmte Methoden, die wir hier anwenden, unsere Herangehensweise an verschiedene Situationen ... Um solche Fragen drehen sich solche Interviews normalerweise. Aber mit *Ihnen* möchte ich über einen der wichtigsten Schlüsselfaktoren sprechen, die uns erfolgreich machen.

Ein Reporter, der ein kurzes Interview mit mir führt, hat für das, was ich Ihnen erläutern werde, nicht genügend Hintergrundinformationen. Er würde es nicht nachvollziehen können, weil er unsere Unternehmenskultur im Gegensatz zu Ihnen noch nicht kennengelernt hat. Aber Sie werden es sicher verstehen. Und für die Menschen, die Ihren Artikel lesen werden, könnte dies einer der wichtigsten Aspekte sein.«

Joe nickte erneut. »O. k. Womit beginnen wir?«

39

Wie Sie sicherlich bemerkt haben, Joe, tun wir unser Möglichstes, um ein optimales Arbeitsumfeld für die Mitarbeiter der DLGL zu schaffen. Man muss umdenken, wenn man das erreichen will. Und sich auch anders verhalten.

Das Gleiche gilt, wenn man das bestmögliche System für seine Kunden entwickeln möchte. In unserer Branche entwickeln und verkaufen die meisten großen Player auf dem Markt ein Softwarepaket. Mittlerweile ist es ein umfangreiches Paket, das kann ich Ihnen garantieren. Ohne ein solches kommt man nicht in die Größenordnung von SAP oder PeopleSoft. Aber trotzdem ist es ein fertig geschnürtes Paket.

Und das kann zu gewissen Problemen führen, da jeder Kunde anders ist. Es gibt zwar immer gewisse Ähnlichkeiten, aber eben auch viele Besonderheiten. Das gilt vor allem in Bereichen des Personalmanagements, da individuelle betriebliche Vereinbarungen und Tarifverträge nicht vollumfänglich durch ein vorgefertigtes Standardprodukt abgedeckt werden können.«

»Können Sie mir das anhand eines konkreten Beispiels erläutern?«, fragte Joe.

Jacques nickte. »Lokführer erhalten einen unterschiedlichen Lohn, je nachdem, ob sie einen vollbeladenen Güterzug steuern oder mit dem entladenen Zug wieder zurück zum Bahnhof fahren. Der Lohn eines städtischen Angestellten wird für seine tagsüber geleistete Arbeit bis auf zwei Stellen hinter dem Komma genau berechnet. Aber wenn er Überstunden macht und zum Beispiel am Abend Eishockeytickets im städtischen

Stadion verkauft, wird diese Zeit bis auf drei Stellen genau berechnet.

Das sind nur zwei von Tausenden Dingen, mit denen wir zu tun haben. Und der Inhalt eines fertigen Pakets kann diese Dinge nicht abdecken. Was macht man also als Unternehmen, das dieses Paket gerade erworben hat?«

Joe zuckte mit den Achseln. »Man verändert das Paket?«

»Genau. Aber da man dafür keine Experten im Haus hat, engagiert man jemanden, der das Paket für einen modifiziert. Der Spezialist macht das dann auch. Und alles ist o. k. ... Für eine Weile. Aber irgendwann wird das Paket auf eine neue Version aufgerüstet.

Nun hat man ein Problem, da keiner der Entwickler des Pakets von den Modifikationen wusste. In der neuen Version wurden sie nicht berücksichtigt. Und der Spezialist, der das Originalpaket modifiziert hat, ist schon seit Langem nicht mehr da.«

»Man verliert also einige zentrale Funktionen«, schlussfolgerte Joe.

»Die Projekte in unserer Branche liegen preislich zwischen 700 000 und 20 Millionen Dollar«, fuhr Jacques fort. »Und zu über 60 Prozent funktionieren die Systeme nicht. Zum Teil liegt das an den Gründen, über die wir neulich gesprochen haben. Und zum Teil funktionieren sie nicht, weil sich niemand mit dem Softwarepaket auskennt. Bei den Projekten, die tatsächlich implementiert werden, weiß ein paar Jahre später, wenn das Upgrade der Software kommt, keiner, wie man sie zum Laufen bringen kann.«

»Hört sich nach großer Zeit- und Geldverschwendung an«, sagte Joe.

Jacques nickte.

»Wie kann man es denn anders machen?«, fragte Joe.

»Ich werde es Ihnen erklären.«

40

Jacques erhob sich und ging zu einem Whiteboard, auf dem eine Grafik mit einem Kreis in der Mitte zu sehen war. Darauf stand ›Einzelne integrierte Datenbank‹, und etwa 40 kleine, miteinander verbundene Würfel umgaben den Kreis.

»Wenn wir einen neuen Kunden haben, verbringen wir etwa sechs Wochen bei ihm. Das gehört zu den ersten Dingen, die passieren. Unser Ziel ist, *genau* zu verstehen, wofür der Kunde die Daten braucht. Wohin gehen sie? Auf welche Weise werden sie genutzt? Wo müssen sie integriert werden?

Das ist der Dreh- und Angelpunkt bei einem System wie diesem. Das Ziel ist, die richtige Information an die richtige Person zu leiten, und zwar auf die richtige Weise. In manchen Fällen ist das ziemlich unkompliziert – zum Beispiel, wenn man jemandem einen Onlinezugang zu seiner Gehaltsabrechnung einrichtet. In anderen Fällen ist es etwas komplexer – zum Beispiel, wenn die Überweisung an einen Angestellten zu unterschiedlichen Prozentanteilen, die er selbst festlegt, auf mehrere Konten verteilt werden soll.

In anderen Fällen gibt es *sehr viele* komplexe Ebenen. Zum Beispiel, wenn man eine Liste für einen Manager erstellt, welcher Mitarbeiter einen Kollegen im Krankheitsfall zuerst vertreten soll. Diese Liste basiert auf Vereinbarungen in einem Gewerkschaftsvertrag und auf Informationen, wer für die Aufgabe qualifiziert ist. Sie berücksichtigt auch, welche Mitarbeiter gerade eine 16-stündige Doppelschicht hinter sich haben und bei wem kein dreifacher Satz bezahlt werden muss.

Die Leistung ist hier eine andere, aber das Ziel ist dasselbe. Die richtige Information, für die richtige Person, auf die richtige Art und Weise.

Wir machen solche Dinge nicht zum ersten Mal. Wir sind seit über 30 Jahren darauf spezialisiert. Manchmal wissen wir sogar mehr über die Gehaltsabrechnung, die Buchhaltung und andere HR-Systeme unserer Kunden als sie selbst. Denn bei den meisten unserer Kunden bleiben die Mitarbeiter nicht so lange im Unternehmen wie bei der DLGL. Nach acht oder zehn Jahren ist dort keiner mehr da, der an dem ursprünglichen Projekt beteiligt war.«

»Sie sind eine Säule für Ihre Säulen«, warf Joe ein.

Jacques sah ihn fragend an.

»Diesen Ausdruck verwenden wir häufig in unserem Unternehmen«, erklärte Joe. »Unsere Säulen sind unsere wichtigsten Kunden. Diejenigen, die am meisten zu unserem Gewinn beitragen und dafür sorgen, dass wir gut aufgestellt bleiben. Es ist unser Ziel, eine Säule für diese Kunden zu sein. Ihnen so viel zu bieten und so wertvoll für sie zu werden, dass wir ein entscheidender Teil der Basis sind, die *sie* stark macht.«

»Das ist eine großartige Sichtweise«, sagte Jacques. »Ja, wir werden zu einer Säule für unsere Kunden. Anfangs stellen wir allerdings Säulen zur Verfügung, um zu Säulen zu werden.«

Dieses Mal war es Joe, der fragend dreinblickte.

»Die meisten unserer Konkurrenten stellen ein Team zusammen, das mit einem neuen Kunden zusammenarbeitet«, erklärte Jacques. »Wie wir neulich besprochen haben, kennt das Team sich nicht unbedingt gut in der Branche des Kunden aus. In der Regel besteht es aus Mitarbeitern, die gerade ein Projekt abgeschlossen haben, sowie aus Mitarbeitern, die vor Kurzem neu eingestellt wurden.

Die Fluktuationsrate der Angestellten beträgt bei unseren Konkurrenten 20 Prozent. Jedes Jahr müssen diese Unternehmen einen von fünf Mitarbeitern ersetzen. Daher hat das Team mit großer Wahrscheinlichkeit nicht nur wenig Ahnung von der Branche des Kunden – sondern die neu eingestellten Mitarbeiter kennen sich mit dem Produkt, das sie implementieren, zudem nicht besonders gut aus.

Aufgrund der langen Beschäftigungsverhältnisse unserer Angestellten können wir bei der DLGL anders an die Aufgabe herangehen. Wenn wir einen neuen Kunden bekommen oder ein Altkunde uns einen neuen Auftrag erteilt, beauftragen wir die kompetentesten und erfahrensten Leute mit dem Projekt. Das bedeutet, sie sind schnell. *Extrem* schnell. Darüber hinaus arbeiten sie sorgfältig und genau. Sie wissen, welche Fragen sie stellen müssen, da sie in den letzten 15 Jahren ein Dutzend ähnliche Projekte für ähnliche Kunden betreut haben.«

Jacques sah Joe schmunzelnd an. »Haben Sie je versucht, einen Artikel aus dem Baumarkt zusammenzubauen, ein Regal zu zimmern, einen Ventilator an einer Zimmerdecke anzubringen oder ein Kinderfahrrad zu montieren?«

Joe lachte. »Letzteres eher weniger, aber ähnliche Dinge habe ich bereits gemacht, klar.«

»Und ist Ihnen – wenn Sie etwas zum zweiten Mal gemacht haben – je aufgefallen, dass Sie, anders als beim ersten Mal, wussten, welche Fehler Sie vermeiden sollten?«

»Ja, absolut. Beim ersten Mal ist es immer am schlimmsten. Es geht nur langsam voran und vieles klappt beim ersten Versuch nicht.«

»Genauso ist es auch bei unseren Projekten«, sagte Jacques. »Allerdings sind sie viel größer, und es kann viel schwieriger sein, Fehler zu beheben. Daher teilen wir ein Projekt von Anfang an den geeignetsten Mitarbeitern zu. Denjenigen, die nicht zum zweiten oder dritten Mal an so etwas arbeiten, sondern zum zwölften oder fünfzehnten Mal.

Die durchschnittliche Betriebszugehörigkeit unserer Angestellten liegt bei 16 Jahren. Wir kennen uns also nicht nur in spezialisierten Bereichen aus, wir verfügen auch über ungemein viel Erfahrung.«

»Aber wie gelingt es Ihnen, stets den richtigen Mitarbeiter zur Verfügung zu haben?«, fragte Joe. »Haben Sie diesbezüglich nicht die gleichen Probleme wie Ihre Konkurrenz?«

Jacques schmunzelte. »Keineswegs. Und wenn ich Ihnen erläutere, woran das liegt, werden Sie wahrscheinlich verstehen, warum dieser Punkt meiner Meinung nach so wertvoll für die Führungskräfte ist, die Ihren Artikel lesen werden.«

41

Im Laufe der letzten drei Jahre hatten wir 20 Prozent Kunden-zuwachs. Wir haben keinen einzigen zusätzlichen Mitarbei-ter gebraucht, um mit dieser Expansion fertig zu werden.«

Joe sah Jacques überrascht an. »Tatsächlich?«

Jacques nickte. »Ja, tatsächlich.«

Joe dachte einen Moment lang nach. »Man könnte meinen, viele Ihrer Mitarbeiter hätten die letzten paar Jahre däumchen-drehend herumgesessen und auf Arbeit gewartet.«

Jacques schüttelte den Kopf. »Nein, das war nicht der Fall. Ich verrate Ihnen, warum es nicht so war.« Er nahm einen Ed-dingstift zur Hand und zeichnete ein Diagramm auf das White-board.

»Dies hier«, sagte er und deutete auf den Zweidrittelbereich des Tortendiagramms, »dies repräsentiert unsere täglichen Aktivitäten. Dazu gehört die Entwicklung und Implementierung von Lösungen für Neu- und Altkunden sowie der Support von Kunden, bei denen unsere Produkte bereits im Einsatz sind.

Da unsere Mitarbeiter so lange bei uns bleiben und ständig besser werden, arbeiten wir immer effizienter. So benötigen wir für ein Projekt zur Altersvorsorge, das vor fünf Jahren noch 800 Arbeitsstunden erfordert hat, nun nur noch 600 Arbeitsstunden.«

»Sie haben das Bücherregal zehn Mal aufgebaut, daher gelingt es Ihnen mittlerweile blitzschnell«, fügte Joe hinzu.

»Richtig«, sagte Jacques. »Das ist ein Grund. Der andere ist folgender«, sagte er und deutete auf den anderen Teil des Diagramms. »Forschung & Entwicklung. Unsere Mitarbeiter werden bei der Zusammenarbeit mit Kunden immer schneller. Angefangen bei der Implementierung von Lösungen bis zur Behebung von Problemen. Sie sind so schnell, dass sie sogar über zusätzliche Kapazitäten verfügen. Und diese zusätzlichen Ressourcen werden bei der DLGL für Forschung und Entwicklung eingesetzt. Dazu gehört auch, unser System, unsere Abläufe und unsere Supportmethoden noch besser und effektiver zu gestalten, als sie es im Moment bereits sind.«

Joe trat einen Schritt von dem Whiteboard zurück und dachte einen Moment lang nach. »Das ist unglaublich«, sagte er schließlich. »Auf diese Weise erzeugen Sie eine positive sich selbst erfüllende Prophezeiung. Sie schaffen ein Umfeld, in dem die Menschen liebend gern arbeiten – mit der Turnhalle, dem Vipnasium, den frei gestaltbaren Arbeitszeiten, der Möglichkeit, Eishockey zu spielen, und all den anderen Dingen, und daher bleiben die Mitarbeiter bei Ihnen. Und da sie bleiben, werden sie effizienter.

Wenn sie so rationell arbeiten, dass sie über zusätzliche Kapazitäten verfügen, entlassen Sie sie nicht, sondern verlagern die Ressourcen vielmehr auf den Bereich der Forschung und

Entwicklung, was wiederum dazu führt, dass *alle* Mitarbeiter effizienter werden. Schließlich sind Sie in einer Position, in der Sie mehr und mehr Aufträge von Kunden übernehmen können, ohne Ihr Team zu vergrößern.« Joe stieß einen leisen Pfiff aus. »Das ist ein fantastisches System.«

»Um auf Ihre Frage von vorhin zurückzukommen«, sagte Jacques, »wie es uns gelingt, stets die richtigen Mitarbeiter zur Verfügung zu haben: Wenn die Kenntnisse eines bestimmten Mitarbeiters erforderlich sind, nutzt dieser einfach seine wöchentliche Forschungs- und Entwicklungszeit für das Problem, das wir für den Kunden lösen müssen. Sobald er damit fertig ist, konzentriert er sich wieder auf seine andere Arbeit.«

»Ist es tatsächlich so simpel?«, fragte Joe.

»Wie ich Ihnen zeigen werde, ist es nicht nur so einfach, sondern auch unglaublich effizient.«

42

Bei unseren Konkurrenten läuft es folgendermaßen«, begann Jacques. »Sagen wir mal, sie gewinnen einen neuen Kunden aus dem Bankgeschäft. Die Berater, denen das Projekt zugeteilt wurde, haben wie gesagt nicht unbedingt Erfahrungen mit Kunden aus diesem Bereich. Sie wurden dem Kunden zufällig zugeteilt, weil sie gerade Zeit für das Projekt hatten. Sie arbeiten von Anfang an daher nicht so effizient, wie sie könnten.

Angenommen, es gibt innerhalb des Unternehmens einen Experten für Banken, der bereits zwei oder drei ähnliche Projekte betreut hat. Wenn er an einer Besprechung über bestimmte Entwicklungsfragen oder Implementierungsprobleme teilnehmen soll, bringt man damit seinen Terminkalender durcheinander. Möglicherweise muss man ihn einfliegen lassen.

Das ist problematisch, weil er bereits komplett ausgebucht ist. Wäre das nicht der Fall, hätte man ihn von Anfang an mit dem Projekt betraut. Holt man ihn nun mit ins Boot, muss er zwangsläufig sein eigenes Projekt zurückstellen. Das heißt, sein eigenes Projekt gerät in Verzug. *Oder* er muss Überstunden machen, damit nichts liegen bleibt. Daher wird er nicht allzu begeistert sein, wenn er aushelfen muss.

Aber nehmen wir an, man kann ihn dazu überreden. Dann muss man ihn ein paar Tage lang auf den aktuellen Stand bringen und ihn auf all die Veränderungen hinweisen, die für den Kunden durchgeführt wurden. Wie sollte er sonst in der Lage sein zu verstehen, welche Auswirkungen seine Vorschläge haben würden. Sobald all das passiert ist, kann er schließlich beratend tätig werden, um sich danach wieder seinem eigenen Projekt zu widmen.

Doch was macht man, wenn seine Lösung nur zwei Tage später zwei neue Probleme nach sich zieht?«

»Dann wiederholt man den gesamten Prozess noch einmal«, antwortete Joe.

»Genau.« Jacques schüttelte den Kopf. »Bei uns läuft das anders. Wir haben alle bei uns im Haus. Es gibt eine Frage zum Banking? Die besten Leute dafür sind bereits im Team. Irgendeine Information fehlt noch? Die Person, die sie liefern kann, befindet sich im Haus. Man ruft sie an, bittet sie, in den Konferenzraum zu kommen, und bespricht die Situation mit ihr. Da wir keine Standardlösungen anderer Dienstleister verwenden, die außerhalb des Unternehmens entwickelt wurden, ist keine langwierige Einarbeitungszeit erforderlich. Und da alle seit 16 Jahren mit dem System leben und arbeiten, kennen die Mitarbeiter, die man um Hilfe bittet, es in- und auswendig.«

Jacques lächelte. »Innerhalb einer Stunde können wir Probleme lösen, für die unsere Konkurrenz wahrscheinlich drei Wochen brauchen würde.«

»Und da Sie einen eingebauten Puffer für die Forschung und Entwicklung haben, leidet die Arbeit von Kollegen keineswegs, wenn Sie diese bei einem anderen Projekt miteinbeziehen«, sagte Joe. »Daher haben diese Mitarbeiter nicht so viel dagegen zu helfen.«

»Sie haben überhaupt nichts dagegen«, erwiderte Jacques. »Vor allem, weil ihr Bonus an den Erfolg des gesamten Unternehmens gekoppelt ist sowie an ihren Gesamtbeitrag, den sie für das Unternehmen leisten.«

»Sie erhalten einen Bonus?«, fragte Joe.

»Stellen wir das Bonusthema für den Moment etwas zurück«, sagte Jacques. »Wir werden später darauf zurückkommen, das verspreche ich Ihnen. Aber in Bezug auf den Forschungs- und Entwicklungspuffer haben Sie recht. Nicht zuletzt deshalb können wir unsere Ressourcen sofort verlagern und mit geringerem Aufwand mehr für unsere Kunden tun.«

Joe lächelte. »Sie haben angedeutet, dass noch etwas wichtig ist. Was ist das?«

43

Jacques deutete erneut auf die Grafik, in der die Würfel den Kreis mit den Daten umgaben. »Die Stärke eines Systems liegt in der Integration. Wie effektiv kann eine leistungsfähige Komponente an anderer Stelle integriert werden? Ist jede Komponente ohne Weiteres mit jeder anderen kombinierbar und sofort betriebsfähig? In welchem Maße wirkt sich eine brillante Komponente auf das gesamte System aus, sodass es auf exponentielle Weise *noch* brillanter wird?

Wenn unsere Konkurrenten einem Kunden ein Softwarepaket liefern, müssen immer bestimmte Elemente auf seine individuellen Bedürfnisse zugeschnitten werden. Wie bereits erwähnt, beauftragt der Kunde ein Drittunternehmen damit, diese Anpassungen vorzunehmen. Möglicherweise leistet dieser Anbieter großartige Arbeit, die Hunderttausende, wenn nicht sogar Millionen von Dollar wert sind.

In der Welt unserer Konkurrenz profitiert nur dieser eine Kunde davon.«

»Aber nur, bis die nächste Version des Softwarepakets herauskommt«, sagte Joe.

»Genauso ist es.«

»Und wie läuft es bei der DLGL?«

»Wenn wir etwas für einen Kunden entwickeln, gehört das Produkt der DLGL. Handelt es sich um etwas, das der Mehrheit unserer Kunden dient, integrieren wir es in unser Gesamtsystem. Zumindest aber bieten wir es den Kunden an, die davon profitieren können.«

Joe sah Jacques überrascht an. »Tatsächlich? Angenommen, ich bin ein Kunde und bezahle der DLGL eine Million Dollar, damit sie eine neue Technologie entwickelt, die meine Daten verarbeitet. Jeder andere DLGL-Kunde kann sofort davon profitieren? Verärgert das nicht manche Leute?«

»Manchmal müssen wir es ihnen erklären«, antwortete Jacques. »Aber es leuchtet ihnen rasch ein.«

Er ging wieder zum Whiteboard. »Erstens hätten sie die Million sowieso ausgegeben. Egal um welche Technologie es sich handelt, sie bietet ihnen einen Wert, der eine Million Dollar übersteigt, sonst würden sie sich nicht darauf einlassen.«

Joe nickte. »Das stimmt.«

»Und zweitens steuern sie zwar eine Technologiekomponente zum Gesamtsystem bei, sodass andere diese umsonst bekommen. Aber was erhalten sie dafür umsonst?«

»Was alle anderen bezahlt haben, um das System zu entwickeln.« Joe deutete auf das Whiteboard. »Ich verstehe. Ich kann entweder meine Million investieren und dafür ausschließlich *meine* Technologie bekommen. Oder ich investiere meine Million und bekomme nicht nur *meine* Technologie dafür, sondern mir steht auch die gesamte Technologie zur Verfügung, die die DLGL für ihre anderen Kunden entwickelt.«

»Genau«, sagte Jacques. »Für ihre Investition von einer Million Dollar bekommen sie alles, was sie sich gewünscht haben, und darüber hinaus Technologie im Wert von weiteren zehn Millionen, die für *ihre* speziellen Bedürfnisse aus einer Sammlung zusammengestellt wird, die viele Dutzende Millionen wert ist.«

»Einiges davon benötigen sie unter Umständen nicht«, überlegte Joe.

»Manches vielleicht nicht«, erwiderte Jacques. »Andererseits *wissen* sie vielleicht gar nicht, dass sie manche Elemente brauchen können. Oder sie haben nicht in Erwägung gezogen, sie entwickeln zu lassen, weil sie dachten, sie könnten sich das nicht leisten.

Letztlich helfen wir unseren Kunden zum großen Teil dabei, Anwendungen zu nutzen, die sie bisher noch gar nicht kannten. Und die sie sich nicht leisten könnten, wenn sie jede Technologie selbst finanzieren müssten.«

Joe stieß einen kurzen Pfiff aus. »Wäre ich dieser Kunde, wäre ich ziemlich zufrieden mit meiner Investition von einer Million Dollar.«

»Es gibt einen weiteren Grund zur Freude«, sagte Jacques. »Einen sehr gewichtigen.«

»Und der wäre?«

»Was passiert, wenn Ihr System verändert werden muss? Nehmen wir an, eine neue Regierungsvorschrift wird verabschiedet, die sich auf Gehaltsabrechnungen auswirkt. Oder eine völlig neue Technologie kommt auf den Markt, wie zum Beispiel Tablets oder andere Geräte. Etwas, das die Art und Weise verändert, wie Sie auf Informationen zugreifen oder Ihre Arbeit erledigen.«

Joe warf einen Blick auf die Grafik. Er ging gedanklich die verschiedenen Szenarien durch, über die sie gesprochen hatten. Dann stieß er erneut einen leisen Pfiff aus. »Egal welche Veränderung Sie durchführen, sie greift garantiert im gesamten System. Da dieselben Leute, die das System entwickelt haben, auch die Modifizierungen vornehmen und für den Support zuständig sind, kommen die Veränderungen automatisch im gesamten System zum Tragen.«

Jacques nickte bestätigend. »Aus diesen Gründen sind wir besonders effizient und können 20 Prozent mehr Kundenprojekte übernehmen, ohne dass es nötig ist, eine einzige weitere Person einzustellen. Und wissen Sie, wovon ich überzeugt bin, Joe?«

Joe schüttelte den Kopf.

»Dass dieselben Konzepte in fast jedem Industriezweig angewendet werden können, wenn die Unternehmensleiter sich ernsthaft Gedanken darüber machen.«

44

Joe stand vor dem Whiteboard und betrachtete die Grafik.
Er wollte ein paar Minuten über all die Dinge nachdenken,
über die sie gesprochen hatten. Jacques' Erläuterungen waren
sehr einfach und dennoch sehr tiefgreifend gewesen. Joe
hatte den Eindruck, einen Kristall vor sich zu haben. Jede Komponente war perfekt gestaltet, mit dem Rest verbunden und
in das Gesamtkonzept integriert. Die einzelnen Komponenten waren einzeln betrachtet bereits beeindruckend. Sah man
sie in der Gesamtheit, ergaben sie etwas wahrlich Wunderbares.

Joe wurde bewusst, dass es um mehr ging als um dieses großartige System. Schon für sich genommen war es ein Kristall,
aber es war zudem eng verknüpft mit der Unternehmenskultur, den Mitarbeitern, dem Gebäude, der Firmenphilosophie …
Alles war miteinander verbunden.

Es war so überwältigend, dass Joe nicht alles sofort erfassen
konnte. Aber er erkannte, wie spektakulär das Ganze war.

Während er so dasaß und die Gedanken in seinem Kopf nur
so rasten, wurde ihm klar, dass das Beispiel der DLGL das Potenzial hatte, viele Unternehmensleiter zu inspirieren. Seitdem
er bei Derale Enterprises war, hatte Joe viele fantastische Ideen
an großartige Führungskräfte weitergegeben. Dies gehörte zu
seinen Hauptaufgaben innerhalb der Unternehmensgruppe.
Und er hatte beobachtet, auf welche Weise diese tollen Leute die neuen Ideen in ihren eigenen Teams, Abteilungen und
Unternehmen umsetzten und sogar weiterentwickelten.

Wenn es ihm gelang, vollkommen zu erfassen, was er bei der DLGL sah, und es gut zu erklären, würde dies riesige Wellen schlagen.

45

Jacques' Telefon klingelte. Er nahm den Anruf entgegen, führte ein kurzes Gespräch und legte dann auf.

»Unser Interviewer ist da«, sagte er. »Louise bringt ihn hierher. Sein Name ist Gilbert Morin. Er schreibt für ›Excellence‹, eine der besten Wirtschaftszeitschriften des Landes.«

Kurz darauf kam Louise mit einem gut gekleideten Herrn herein. Nachdem sie ihn vorgestellt hatte, verschwand sie wieder.

Jacques gab dem Mann die Hand und sagte etwas auf Französisch. Der Mann antwortete ebenfalls auf Französisch. Dann wandte Jacques sich Joe zu. »Ich möchte Ihnen einen Freund von mir vorstellen, Gilbert. Das ist Joe Pogrete. Er arbeitet ebenfalls an so etwas wie einem Artikel. Falls Sie nichts dagegen haben, wäre es daher sinnvoll, uns gemeinsam zu unterhalten.«

»Es macht mir überhaupt nichts aus«, antwortete der Mann auf Englisch. »Freut mich, Sie kennenzulernen, Joe. Ich bin Gilbert Morin.«

Joe lächelte. »Die Freude ist ganz meinerseits.«

»Sollen wir dann?«, fragte Jacques und deutete auf einen Tisch mit drei Stühlen.

Die Männer setzten sich.

»Nun, was kann ich für Sie tun?«, fragte Jacques Gilbert.

Gilbert schmunzelte. »Ich bin auf Schatzsuche, Jacques. Auf der Suche nach den Geheimnissen der DLGL. Unsere Leser haben die Ergebnisse des Rankings im letzten Monat gesehen. Erneut hat die DLGL nicht nur den Sieg als bester Arbeitgeber der Provinz davongetragen, sondern von ganz Kanada. Unsere Leser möchten gerne wissen, was Sie tun, damit sie versuchen können, es in ihren eigenen Unternehmen umzusetzen.«

Jacques breitete strahlend seine Arme aus. »Ich stehe vollkommen zu Ihrer Verfügung.«

Gilbert nahm einen Stift und einen Notizblock zur Hand. »Zu Beginn würde ich gerne darüber sprechen, wie Sie Ihre Mitarbeiter finden, Jacques. Welchen Auswahlprozess wenden Sie an, um die besten Talente anzuwerben, und wie gewinnen Sie diese Leute dafür, bei der DLGL zu arbeiten?«

Joe hörte interessiert zu, da dies auch für seinen eigenen Artikel relevant war. Er selbst hatte Jacques diese Frage noch nicht gestellt.

Jacques dachte einen Moment über seine Antwort nach. »Eigentlich werben wir niemanden auf eine traditionelle Weise an«, antwortete er. »Zum Beispiel indem man Hochschulabsolventen anspricht oder versucht Menschen von dem Arbeitgeber wegzulocken, bei dem sie gerade tätig sind. Bei uns funktioniert es im Grunde umgekehrt. Wir bekommen viele Blindbewerbungen von Leuten, die gerne bei uns arbeiten möchten.«

Jacques erhob sich und ging zu seinem Schreibtisch. Er öffnete ein Schubfach, nahm einen dicken Aktenordner heraus und kehrte damit zum Tisch zurück.

»Davon spreche ich«, sagte er und reichte sowohl Gilbert als auch Joe einige Briefe aus dem Ordner.

Die beiden Männer überflogen sie rasch. Gilbert hielt den ersten Brief, den er gelesen hatte, in die Höhe. »Dieser ist ziemlich beeindruckend. Die Bewerberin schreibt, sie wisse, dass Sie niemanden einstellen, sie habe aber in einer Zeitschrift etwas über Sie und die DLGL gelesen und schon immer in einem solchen Unternehmen arbeiten wollen. Sie bittet Sie, ihre Bewerbung aufzubewahren und es sie wissen zu lassen, falls Sie je eine Mitarbeiterin wie sie brauchen sollten.«

»Das ist ziemlich typisch«, sagte Jacques. »Die Leute erfahren durch Artikel etwas über uns oder zum Beispiel wenn wir Auszeichnungen erhalten. Die besonders Motivierten schicken uns Briefe wie diesen.

Einmal haben wir Post von einer Frau aus Australien bekommen. Sie hatte einen Artikel über uns gelesen und schrieb, sie sei bereit, von Australien nach Montreal zu ziehen. Das ist ein riesiges Kompliment.«

»Stellen Sie manchmal jemanden von den Leuten ein, die sich schriftlich bei Ihnen bewerben?«

»Gelegentlich«, antwortete Jacques. »Zunächst antworten wir stets mit einem sehr freundlichen Brief, in dem wir für das Interesse danken. Wir lassen sie wissen, dass wir ihre Bewerbung aufbewahren und uns mit ihnen in Verbindung setzen werden, falls wir in der Zukunft jemanden brauchen. Und obwohl wir im Moment nicht viele Leute einstellen, hat es Zeiten gegeben, in denen wir diesen Ordner durchgesehen und Bewerber kontaktiert haben.«

Jacques dachte einen Moment lang nach. »Einmal war es drei Jahre, nachdem jemand einen Brief geschickt hatte. In einem anderen Fall lag die Bewerbung sogar noch länger zurück.«

»Und waren die Leute immer noch interessiert?«, fragte Gilbert.

Jacques bejahte. »Diejenigen, die aus guten Gründen geschrieben hatten, waren immer noch überzeugt und tatsächlich nach wie vor interessiert. Ich glaube, niemand, der sich bei uns beworben hat und eine Zusage erhielt, hat unser Angebot je abgelehnt.«

Gilbert sah die anderen Briefe, die er in der Hand hielt, rasch durch und gab sie dann Jacques zurück. Auch Joe tat dies. »Demnach werben Sie Mitarbeiter tatsächlich nicht an«, sagte Gilbert. »Das müssen Sie auch nicht, weil die Bewerber versuchen, *Ihre* Aufmerksamkeit zu gewinnen.«

Jacques nickte. »Wir müssen unsere Ressourcen nicht für die Personalbeschaffung einsetzen.«

»Wie Sie erwähnt haben, stellen Sie nicht viele neue Mitarbeiter ein«, sagte Gilbert. »Wie hoch ist ihre jährliche Fluktuationsrate?«

»Sie liegt bei weniger als ein Prozent«, antwortete Jacques.

Gilbert sah ihn überrascht an. »Bei weniger als ein Prozent?«

»Wir mussten uns gelegentlich von jemandem trennen.« Jacques blickte zu Joe. »Wie in dem Fall, über den wir gestern Abend gesprochen haben. Aber unsere durchschnittliche jährliche Fluktuationsrate liegt bei weniger als ein Prozent.«

»Wie oft stellen Sie neue Mitarbeiter ein?«, fragte Gilbert.

Jacques dachte einen Moment nach. »Nicht sehr oft. Die letzte Mitarbeiterin, die wir in Vollzeit eingestellt haben, ist Personal Trainerin für die Mitarbeiter der DLGL. Sie arbeitet in unserem Vipnasium.«

»Ihrem Vipnasium?«, fragte Gilbert.

Jacques beschrieb das Vipnasium und erklärte, aus welchen Gründen es das gab. Auf Gilberts Nachfrage erläuterte er die nächsten zehn Minuten viele der anderen Einrichtungen, die den Mitarbeitern der DLGL zur Verfügung standen.

Joe beobachtete Gilbert. Offensichtlich war dieser überrascht von den Dingen, die er zu hören bekam.

Als Jacques mit seinen Erläuterungen fertig war und Gilbert sich Notizen dazu gemacht hatte, sah dieser auf. »Das ist sehr beeindruckend.« Er dachte einen Moment nach und tippte dann mit dem Finger auf seinen Notizblock. »Allerdings ist mir eine Sache nicht klar, Jacques. Sie haben gesagt, dass Sie nicht oft neue Mitarbeiter einstellen. Und die letzte Person, die Sie eingestellt haben, gehört nicht zu Ihrem zentralen Geschäftsbereich. Haben Sie kein Interesse daran zu wachsen?«

Jacques schmunzelte, und Joe wusste, dass er im Begriff war, etwas Spannendes zu sagen.

46

W as das Wachstum betrifft, haben wir eine sehr einfache Philosophie«, begann Jacques. »Wir möchten so klein wie möglich bleiben, um uns sowohl die Forschung und Entwicklung leisten zu können *als auch* unsere Konkurrenz zu piesacken, indem wir sie vergleichsweise schlecht aussehen lassen.«

Gilbert und Joe lachten beide.

»Heißt das, Sie sind seit langer Zeit nicht mehr gewachsen?«, fragte Gilbert.

»Nun, Wachstum lässt sich auf unterschiedlichste Weise messen«, antwortete Jacques. »Die Anzahl unserer Kunden hat zugenommen. Unsere Umsätze und Gewinne sind gestiegen. Aber das haben wir erreicht, ohne die Anzahl unserer Mitarbeiter oder die physische Größe unseres Unternehmens in gleichem Maße aufzustocken.«

Jacques blickte zu Gilbert. »Sie haben doch gesagt, Sie seien auf Schatzsuche, nicht wahr?«

Gilbert nickte.

»Hier kommt ein großer Teil des Schatzes. Eine der wichtigsten Fragen eines Unternehmensleiters lautet: Wie groß soll mein Unternehmen werden und warum? Menschen, die ein Unternehmen gründen, scheinen häufig in einem Wachstumsstrudel festzuhängen. Daher tun sie letztlich Dinge, ohne sie richtig gut zu machen. Die Einstellungspraxis gehört dazu.

Sie haben zum Beispiel einen neuen Kunden und brauchen jemanden, der ihn betreut. Sie haben nicht viel Zeit, nach einem Mitarbeiter zu suchen, und stellen daher einfach jemanden ein, der gerade zur Verfügung steht.

Dabei ist mir natürlich Folgendes klar: Wenn man selbst klein ist und mit den großen Unternehmen konkurriert, kann es schwierig sein, großartige Leute für sich zu gewinnen. Aber letztlich zählt die eigene Selbstdarstellung und Wertevermittlung.«

»Die Selbstdarstellung und Wertevermittlung?«, hakte Gilbert nach.

Jacques nickte. »Habe ich mir als Unternehmensleiter Zeit genommen, um mir klarzumachen, was wir als Unternehmen darstellen? Was unser Ziel ist? Wem wir unsere Dienstleistungen anbieten und warum? Kann ich zum Ausdruck bringen, in welche Richtung wir uns bewegen und was wir erreichen möchten? Solche Dinge inspirieren andere Menschen dazu, Teil eines Unternehmens zu werden. Und wenn man so etwas nicht zu bieten hat, bekommt man letztlich Angestellte, die nur da sind, weil sie einen Job brauchten und man selbst einen besetzen musste.

Zu den Überlegungen, wer man selbst ist, welche Aufgaben man hat, welche Ziele man verfolgt, gehört auch die Entscheidung, wie groß das Unternehmen sein soll. Will man der Größte sein? Möchte man der Größte sein, allerdings nur in einer speziellen Sparte oder Region? Ist man bereit, die Qualität für das Wachstum zu opfern?

Und ein weiterer Aspekt ist, welchen Zeitraum man im Sinn hat. Will man ein Unternehmen langfristig aufbauen? Oder plant man, eine Firma zu gründen und sie weiterzuverkaufen?«

Jacques machte eine kurze Pause, um all das wirken zu lassen. »Wollten wir bei der DLGL die Größten sein, würde das alles verändern. Absolut alles. Wir hätten eine Reihe von Vertriebsleuten, um Klinken zu putzen und Kunden zu akquirieren. Wir würden an die Börse gehen und eine Menge Geld bekommen. Wir würden mit Investoren sprechen. Wir würden bei der Implementierung mit Partnern zusammenarbeiten, denen das Endergebnis egal ist, da sie hauptsächlich daran interessiert sind, eine Rechnung für ihre Arbeit zu stellen.

Alles wäre anders. *Vollkommen* anders.«

Gilbert notierte ein paar Dinge. »Das ist wirklich ein Schatz, Jacques. Sehr eindrucksvoll. Da Sie eine Firmenkultur geschaffen haben, zu der Menschen gerne dazugehören möchten, bekommen Sie von vornherein überaus motivierte Mitarbeiter. Dieselbe Firmenkultur inspiriert die Menschen dazu, bei Ihnen zu bleiben. So entwickeln Sie eine große Fachkompetenz sowie eine größere Produktivität pro Person. Auf diese Weise können Sie dort wachsen, wo Sie möchten, ohne in den Bereichen zu expandieren, in denen Sie das nicht wollen.«

»Genauso ist es«, bestätigte Jacques.

Gilbert warf einen Blick auf seine Liste mit Fragen. »Als ich Sie bei unserem ersten Telefonat um dieses Interview gebeten habe, erwähnten Sie die langen Beschäftigungsverhältnisse Ihrer Mitarbeiter hier bei der DLGL und wie wichtig das für den Erfolg des Unternehmens ist. Der Durchschnitt liegt bei 16 Jahren, und ein paar Ihrer Leute sind seit über 20 Jahren hier.

Wie konnten Sie in all den Jahren vermeiden, dass Mitarbeiter von Ihrer Konkurrenz oder Ihren Kunden abgeworben werden? Angesichts Ihres Erfolgs müssten andere Unternehmen doch sehr an Ihren Mitarbeitern interessiert sein.«

»Wir sorgen dafür, dass das nicht passieren kann«, antwortete Jacques schmunzelnd.

Gilbert erwiderte das Lächeln. »Was ist Ihr Geheimnis?«

47

Wir haben zum Teil schon darüber gesprochen«, begann Jacques. »Wir schaffen ein gutes Umfeld. Das Gebäude, die Beleuchtung, das kostenlose Essen, die Turnhalle, das Vipnasium ... All diese Dinge spielen eine große Rolle dabei. Außerdem können sich die Mitarbeiter ihre Arbeitszeit, wie gesagt, flexibel einteilen. Es ist ein großer Pluspunkt, sein Leben so gestalten zu können, dass man seine Kinder zur Schule bringen oder sie von der Schule abholen kann.

Darüber hinaus gehen wir davon aus, dass unsere Leute kompetent sind. Das heißt, wir vertrauen darauf, dass die Mitarbeiter ihre Arbeit erledigen, ohne dass jemand ihnen dabei ständig über die Schulter schaut.

All diese Dinge haben uns im Vergleich zu dem, was andere Unternehmen anzubieten haben, an die Spitze der Pyramide gebracht. Es gibt nur ein paar wenige andere Trümpfe, die ein Konkurrent ausspielen könnte.«

»Geld?«, fragte Gilbert.

»Ja, aber wir steuern diesbezüglich gegen, da wir die branchenüblichen Gehälter überbieten. Und unser Bonusplan ist besser als bei irgendjemandem sonst.«

»Sie haben also einen Bonusplan?«, fragte Gilbert.

Jacques nickte. »In jedem Quartal haben alle Mitarbeiter die Möglichkeit, besondere Bonuszahlungen zu erhalten. Manchmal handelt es sich um eine persönliche Prämie, wie zum Beispiel als Sylvie, unsere letzte Raucherin, mit dem Rauchen aufgehört hat.

Zu anderen Zeiten werden die Boni auf die gesamte Belegschaft verteilt. Zum Beispiel die 15 000-Dollar-Prämie, die fällig wird, wenn wir das nächste Mal die Implementierung eines Konkurrenten ersetzen.

Der größte Bonus, der regelmäßig ausgeschüttet wird, ist an unsere Gesamtperformance in jedem Quartal gekoppelt. Hierbei geht es um finanzielle Ergebnisse, neue Kunden und ähnliche Dinge.«

»Hat jeder einen Anspruch darauf?«

»Absolut. Das ist essenziell. Wenn die Mitarbeiter nicht alle gemeinsam gewürdigt werden, kommt es zu kleinen Sticheleien und Machtspielchen. Bei unserem Modell gewinnen wir entweder alle oder wir verlieren alle.«

»Wie wird der Bonus ausgeschüttet?«

»Er wird in den ersten neun Wochen des Quartals fällig, das auf die Ergebnisse folgt.«

»Warum verteilen Sie die Ausschüttung nicht auf das gesamte Quartal?«, wollte Gilbert wissen.

Jacques kicherte. »Das hat folgenden Grund: Wie engagiert wir bei unserer Arbeit auch sein mögen, wir haben alle ein menschliches Denken und menschliche Veranlagungen. Und es ist sehr menschlich, etwas als selbstverständlich zu erachten, wenn es immer vorhanden ist.

Das gilt für das Wetter, die Art und Weise, wie Menschen mit ihrem Partner umgehen, die Gesundheit … Da wir den Bonus nur in den ersten neun Wochen des Quartals ausschütten, geschieht etwas Positives. In der zehnten Woche, wenn alle ihre Gehaltsabrechnung bekommen und der Bonus nicht mehr darin auftaucht, ist dies eine deutliche und gute Erinnerung, dass der Bonus tatsächlich etwas ganz Besonderes ist.

So bleiben wir alle fokussiert und wissen die Bonuszahlungen stets zu schätzen.«

Gilbert schmunzelte und machte sich ein paar Notizen.

»Zusätzlich zu unseren Gehältern, die über den branchenüblichen Sätzen liegen, und den Bonuszahlungen haben wir auch eine sehr großzügige Altersversorgung«, erklärte Jacques.

»Wir haben den Plan zur Altersversorgung in Angriff genommen, kurz nachdem wir das Unternehmen gegründet hatten. Damals waren wir so klein, dass wir eine große Versicherungsgesellschaft darum baten, die Gelder zu verwalten. Und so funktioniert unser Vorsorgesparplan: Wenn jemand drei Jahre lang bei der DLGL war, kann er damit beginnen, bis zu vier Prozent seines Gehalts anzusparen. Jedes Jahr wächst dieser Betrag um ein halbes Prozent bis auf maximal acht Prozent an. Das Unternehmen steuert den gleichen Betrag bei, den ein Mitarbeiter anspart.

Bei einer einigermaßen guten Rendite und einer vernünftigen Erhöhung der Gehälter wird der Fonds in weiteren 13 bis 14 Jahren auf über eine Million Dollar pro Mitarbeiter angewachsen sein. Das ist ziemlich gut, wenn man bedenkt, dass die meisten Leute hier im Moment etwa die Hälfte ihrer beruflichen Laufbahn hinter sich haben.«

Gilbert machte sich weitere Notizen und sah dann lächelnd auf.

»Was denken Sie?«, fragte Jacques.

»Offenbar gibt es bei der DLGL ein bestimmtes Bestreben. Nämlich, die Dinge gut zu machen. *Außerordentlich gut.* Ich würde das in gewisser Weise zwar von einem Unternehmen erwarten, das seit 30 Jahren im Geschäft ist und das – wie ich aufgrund meiner Recherche weiß – äußerst langfristige Beziehungen zu seinen Kunden pflegt. Aber es beeindruckt mich sehr, in welchem Maß Sie diesen Ansatz in jedem Bereich umsetzen.«

Jacques zuckte mit den Achseln. »Wenn du etwas machst, mach es richtig. Es genügt nicht, ein gutes Produkt zu haben. Alles ist miteinander verbunden. Die Art und Weise, wie wir miteinander umgehen, wie Mitarbeiter belohnt werden, das

Umfeld hier bei der DLGL. Unser Erfolg beruht darauf, dass all diese Dinge stimmig sind.«

Gilbert nickte. »Das kann ich nachvollziehen.«

»Und das bringt uns zu einem der wichtigsten Elemente des Gesamtkonzepts, über das wir noch nicht gesprochen haben«, sagte Jacques.

»Worum handelt es sich dabei?«

»Um die BDK.«

48

BDK?«, fragte Gilbert.

Jacques nickte. »Ja, BDK. Das steht für ›Beurteilung durch Kollegen‹. Dabei geht es um Folgendes: Sie haben festgestellt, dass wir hier ein exzellentes System anstreben. Und Sie haben recht. Wir fragen uns ständig, wie wir die gesamte DLGL-Erfahrung verbessern können. Für unsere Kunden, für unsere Partner, für uns selbst …

Ein Teil der Lösung liegt in den Dingen, über die wir gerade gesprochen haben. Zum Beispiel jeden finanziell zu belohnen, wenn wir gemeinsam erfolgreich sind. Das hilft uns bei unserem Bestreben, dass alle weiterhin in dieselbe Richtung steuern. Aber vor etwa 20 Jahren erkannten wir, dass das System verbessert werden konnte. Denn es reicht nicht, die Mitarbeiter für das gemeinsame Ergebnis zu belohnen, wenn sie kein Mitspracherecht haben, um die gemeinsamen Bemühungen zu verbessern.«

Gilbert sah ihn fragend an. »Ich bin mir nicht sicher, ob ich Ihnen folgen kann.«

»Stellen Sie sich vor«, sagte Jacques, »Sie bekämen einen Bonus von 50 Prozent Ihres Gehalts, wenn wir als Unternehmen unser Ziel erreicht hätten. Aber Sie hätten keine Möglichkeit, Ihre Meinung darüber zum Ausdruck zu bringen, ob die Leute in Ihrem Umfeld ihren Beitrag dazu geleistet haben oder nicht. Wenn jemand sich nicht engagieren würde, hätten Sie keine Möglichkeit, etwas daran zu ändern. Sie würden lediglich immer frustrierter werden, und es würde Sie letztlich demotivieren.

Hier kommt die BDK ins Spiel. Vier Mal pro Jahr beurteilt jeder hier bei der DLGL alle anderen. Die Reinigungskraft, die Leute vom Support, unsere Empfangsdame, ich selbst ... Wir alle beurteilen uns gegenseitig.

Die Beurteilung ist anonym, und es wird nur das Gesamtergebnis veröffentlicht. Zum Beispiel, wie der Gesamtdurchschnitt aussieht. Zu einem persönlichen Feedback kommt es nur, wenn jemand erheblich positiver oder erheblich negativer bewertet wurde.«

»Warum bekommt nicht jeder ein Feedback?«, fragte Gilbert.

»Weil es nicht um das persönliche Ergebnis eines Mitarbeiters im Vergleich zu seinen Kollegen geht, sondern um die allgemeine Entwicklung«, erklärte Jacques. »Wir möchten nicht, dass jemand sich ärgert, weil er auf der Bewertungsskala nur 7,6 statt 7,65 Punkte erzielt hat. Im Quartal davor hat er möglicherweise einen Wert von 7,7 erreicht und fragt sich nun, warum dieser sich verändert hat. All das wird vermieden, wenn man nur in extremen Fällen ein Feedback gibt.

Wir fordern alle dazu auf, ihr Bestes zu tun. Wenn man sein Bestes tut, zeigt das Ergebnis, wie das Unternehmen insgesamt diesen Einsatz bewertet. Möglicherweise gefällt einem dieses Ergebnis nicht oder man ist nicht damit einverstanden. Aber wenn man sein Bestes gibt, ist das eigentlich egal. Es ist, wie es ist.

Im Moment befinden wir uns in einer Phase extremer Stabilität. Der niedrigste Durchschnittswert der BDK liegt bei 7,73. Der beste beträgt 8,98. Insgesamt liegt unser durchschnittlicher Wert bei 8,11.«

»Gibt es einen bestimmten Zahlenwert, der eine ›erheblich positivere oder erheblich negativere‹ Bewertung definiert, die Sie gerade angesprochen haben? Und der zu einem persönlichen Feedback führt?«, fragte Gilbert.

»Wenn es zu einer Veränderung von 0,2 Punkten nach oben

oder unten kommt, ist es an der Zeit, aktiv zu werden«, antwortete Jacques.

»Und was tun Sie in diesem Fall?«

»Wenn die Beurteilung sich entsprechend verschlechtert hat, greife ich zum Telefon, rufe den Mitarbeiter an und informiere ihn darüber, dass seine BDK sich um 0,2 oder 0,4 oder um wie viel auch immer verschlechtert hat. Dann sage ich ihm, dass ich keine Ahnung habe, warum seine BDK sich verschlechtert hat, mir aber sicher bin, dass er es weiß. Ich bitte ihn darum, das Problem zu beheben, und dann lege ich auf.«

Gilbert lachte. »Das ist alles?«

Jacques hob die Schultern. »Das genügt.«

»Und wenn die Beurteilung positiver geworden ist?«

»Dann rufe ich denjenigen an, sage ihm, dass seine BDK sich um 0,2 oder 0,4 Punkte oder um wie viel auch immer verbessert hat. Ich sage ihm, dass ich keine Ahnung habe, woran das genau liegt, mir aber sicher bin, dass er es weiß. Ich ermuntere ihn, weiterhin so gut zu arbeiten, und dann lege ich auf.«

Gilbert lachte noch mehr. »Kurz und bündig, hm?«

»Es funktioniert«, erwiderte Jacques mit einem Schmunzeln.

»Wie lange geben Sie jemandem Zeit, etwas zu verändern, wenn sein Wert sich jedes Quartal verschlechtert?«

»In der Regel löst das erste Telefonat das Problem. Die Leute wissen, worum es geht. Vielleicht waren sie in der letzten Zeit besonders missmutig, weil bei ihnen zu Hause irgendetwas vorgefallen ist. Oder sie haben sich mit jemandem gestritten, und das hat zu einem Problem geführt. Sie wissen es selbst. Und sobald es aufgrund der BDK offensichtlich wird, ist ihnen klar, dass sie das Problem lieber beheben sollten.

Wenn die Situation sich weiterhin verschlechtert, bemühen wir uns überaus intensiv darum, dem Mitarbeiter innerhalb des Unternehmens eine andere Position zu geben, die ihm mehr entspricht. Oder wir helfen ihm dabei, die Dinge zu regeln, die möglicherweise das Problem verursacht haben.

Niemand wird aufgrund der BDK entlassen. Jemand wird aus einer Reihe von Gründen entlassen, die zu der BDK geführt haben. Aber die BDK hat es kommen sehen.

Daher sind Kündigungsgespräche, sofern sie *überhaupt* nötig sind, sehr einfach. Denn in diesem Fall sind es nicht nur die ›blöden Manager‹, die der Meinung sind, dass man gehen sollte beziehungsweise nicht genügend Einsatz bringt. Es ist das ganze Unternehmen. Man wurde vorgewarnt, bekam Chancen, etwas zu verändern, hat es aber nicht getan.«

Jacques schüttelte den Kopf. »Solche Gespräche sind *äußerst* selten. Aber wenn es dazu kommt, dann läuft es so ab. Um Ihnen eine konkrete Zahl zu nennen: Immer wenn die BDK eines Mitarbeiters in der Vergangenheit unter einen Wert von 7,3 gesunken ist, hat dieser Mitarbeiter uns entweder von sich aus verlassen oder wir haben ihm gekündigt.«

Gilbert wunderte sich: »Seltsam. Bei Ihnen gibt es eine so lange durchschnittliche Betriebszugehörigkeit. Es fällt mir schwer, mir eine Situation vorzustellen, in der sich jemand plötzlich sehr danebenbenimmt, dass sich genug Leute so darüber ärgern und ihre Beurteilungen zu einer Verschlechterung seiner BDK führen. Man würde eigentlich annehmen, dass so jemand sein Problem wieder auf die Reihe kriegt.«

»Es passiert nicht oft«, antwortete Jacques. »In all den Jahren waren es nur eine Handvoll Fälle. Aber es kommt vor. Menschen sind Menschen und manchmal tun sie seltsame Dinge. Und manchmal sind sie so lange hier, dass ihnen nicht mehr bewusst ist, was sie an uns haben. Wir hatten schon Leute, die uns verlassen haben und dann versuchten zurückzukommen, nachdem sie eine gewisse Zeit bei anderen Unternehmen gearbeitet haben.«

Gilbert machte sich ein paar Notizen und sah dann auf. »Haben Sie eine Kopie des BDK-Bewertungsbogens, Jacques? Ich würde gerne sehen, worauf die Beurteilung basiert.«

Jacques stand vom Tisch auf und griff nach seinem Laptop auf seinem Schreibtisch. »Ich zeige es Ihnen hier.«

Er öffnete ein Fenster auf dem Bildschirm des Laptops. »Wir sind gerade dabei, das System zu launchen. Im Laufe der Jahre war das Interesse von anderen Unternehmensleitern an der BDK groß. Sie haben aufgrund von Interviews, die wir gegeben haben, davon gehört. Also beschlossen wir, dieses Instrument online zur Verfügung zu stellen.«

49

Gilbert betrachtete den Bildschirm. Darauf waren die Namen einzelner Angestellter zu sehen und direkt daneben eine Skala von eins bis zehn.

»Man geht lediglich Zeile für Zeile, einen nach dem anderen durch und klickt auf die Zahl, die man für die jeweilige Person für richtig hält«, sagte Jacques. »Es dauert nur ein paar Minuten und läuft vollkommen anonym ab. Dann berechnet die Software alle Ergebnisse, und der Geschäftsführer kann die Resultate hier im Dashboard-Bereich einsehen.«

»Einschließlich dem Hinweis, welche Telefonate man führen muss«, bemerkte Gilbert und deutete auf ein kleines Telefonsymbol neben ein paar Namen.

Jacques nickte.

»Das ist sehr ausgeklügelt«, sagte Gilbert. Er betrachtete den Bewertungsbogen erneut und deutete auf den Text, der darüber stand. »Die Anleitung ist interessant.«

Über dem Bewertungsbogen stand der folgende Text:

Bei der BDK geht es eher um das persönliche Engagement als um reine Ergebnisse. Erwartbare Ergebnisse wurden bereits im Grundgehalt der einzelnen Mitarbeiter berücksichtigt. Sie bewerten hier Einsatzbereitschaft, Engagement, den persönlichen Beitrag zu Gruppenzielen, die Bereitschaft, anderen zu helfen, Teamfähigkeit, die ehrliche Bemühung, dem Kunden zu dienen, Qualitätsbewusstsein ... Also grundsätzlich die Dinge, die wir als Unternehmen anstreben. Es geht nicht darum, ob Sie den Lebens-

stil eines Kollegen mögen oder nicht. Bitte machen Sie sich das bewusst.

»Anfangs waren die Mitarbeiter angesichts dieser Hinweise etwas skeptisch«, erzählte Jacques. »Sie wünschten sich spezifischere Bewertungskategorien. Aber der Sinn einer Gesamtbewertung besteht eben genau darin, dass sie ein *Gesamtbild* spiegelt. Eine Person beurteilt einen Kollegen möglicherweise einfach danach, ob dieser morgens im Flur oder im Pausenraum freundlich ist.

Ein anderer beurteilt denselben Kollegen vielleicht danach, wie sehr er sich bei einem Projekt engagiert hat, an dem die beiden in den letzten zwölf Monaten gemeinsam gearbeitet haben. Auf diese Weise erhält man ein breites Spektrum, das uns perfekte Ergebnisse liefert.«

Gilbert betrachtete den Bildschirm erneut. Neben den Zahlen standen ein paar weitere Hinweise.

10 Punkte – Höchster Wert. Hervorragend. Weit mehr als gefordert. In anderen Worten perfekt oder ähnliche Begriffe, die dies zum Ausdruck bringen.

8 Punkte – Sehr gut. Überdurchschnittlich. Mit etwas Luft nach oben, um sich zu verbessern.

7 Punkte – Durchschnittlich. Anderswo normal. Mit Raum, sich zu steigern.

5 Punkte – Im Moment nicht sehr gut. Wird sich wahrscheinlich verändern.

3 Punkte – Schlecht. Etwas sollte sich rasch verändern.

1 Punkt – Sehr schlecht. Wird sich nicht verändern. Sollte nicht hier arbeiten.

K. M. – Keine Meinung. Bei Personen, zu denen Sie keine Meinung haben, sollten Sie dieses Feld anklicken.

»Unser Ziel war, es einfach zu halten«, erklärte Jacques. »Und das ist mit diesem Bewertungsbogen erfüllt. Wir haben ihn im Laufe der Jahre etwas optimiert, aber im Großen und Ganzen funktioniert er gut, so wie er ist.«

»Wie oft bekommen Sie das Ergebnis ›K. M.‹?«, fragte Gilbert.

»Wir lassen jeden wissen, dass es normal ist, diesen Eintrag ein paar Mal anzuklicken. Aber man sollte nicht faul werden. Man muss jemanden nicht in- und auswendig kennen, um eine Meinung über ihn zu haben. Man sollte lediglich darauf achten, sich eine eigene Meinung zu bilden und nicht danach zu gehen, was man von anderen Kollegen über jemanden aufgeschnappt hat.«

»Die BDK leistet also das, worüber Sie vorhin gesprochen haben«, sagte Gilbert. »Sie bietet den Leuten die Möglichkeit, einen Input zu geben, wenn ihre Kollegen großen Einsatz bringen, und auch, wenn ihr Engagement zu wünschen übrig lässt. Auf diese Weise erhalten sie ein Mitspracherecht.«

»Das haben die Leute immer«, erwiderte Jacques. »Ein Mitarbeiter kann zu jeder Zeit mit mir oder einem der anderen Bereichsleiter sprechen und uns mitteilen, was ihn beschäftigt. Aber dieses Instrument bietet den Kollegen tatsächlich ein anderes Ventil, das zudem anonym ist. Und uns als Unternehmen bietet es einen Einblick, was die Allgemeinheit zu sagen hat.«

»Nehmen die Mitarbeiter die BDK sehr ernst?«

»Ja«, sagte Jacques. »Zum größten Teil, weil sie sich zutiefst wünschen, dass die DLGL erfolgreich ist. Außerdem ist die BDK einer der drei Faktoren, die wir nutzen, um den Quartalsbonus jedes einzelnen Angestellten festzulegen. Auch in dieser Hinsicht spielt sie also eine wichtige Rolle.«

Gilbert schwieg einen Moment lang. »Es trägt also zur Unternehmenskultur hier bei der DLGL bei, in jedem Quartal eine BDK zu ermitteln. Und im Gegenzug fördert das den Erfolg.«

Jacques nickte. »Die Gruppe wird als Ganzes ziemlich streng mit jemandem sein, der seinen Beitrag nicht auf angemessene Weise leistet. Daher hilft die BDK den Mitarbeitern, fokussiert zu bleiben, sich einzubringen … freundlich zu sein.«

»Freundlich zu sein?«, hakte Gilbert nach.

»Aber sicher«, antwortete Jacques. »Möglicherweise hat man lediglich morgens mit jemandem Kontakt, wenn er am Arbeitsplatz eintrifft. Die eigene BDK-Bewertung wird daher auf dieser Begegnung basieren. Ist der andere freundlich? Grüßt er einen mit einem Lächeln? Wenn er ein Miesepeter ist, wird sich das in der BDK-Bewertung über ihn niederschlagen. Daher hilft dieses Instrument allen, sich daran zu erinnern, freundlich zu sein.«

Gilbert machte sich ein paar weitere Notizen. »Das gefällt mir sehr«, sagte er schließlich. »Offenbar ist es in vielerlei Hinsicht ein wirksames Instrument.« Er machte erneut eine Pause. »Wann haben Sie die BDK eingeführt?«

Jacques dachte einen Moment lang nach. »Wir haben sie bereits zu einem frühen Zeitpunkt genutzt – als wir auf etwa 25 Leute angewachsen waren. Es war offensichtlich, dass wir ein solches Instrument benötigten, also entwickelten wir die BDK.«

»Was haben Ihre Mitarbeiter davon gehalten, als Sie die BDK angekündigt haben?«

Jacques lachte. »Tja, wir haben sie mit einem neuen Bonus verknüpft. Das war wahrscheinlich hilfreich.« Er machte eine Pause und wurde ernster. »Tatsächlich möchten die Leute sich einbringen. Sie möchten etwas verändern. Die BDK hilft ihnen dabei. Das Einzige, was ich rückblickend anders machen würde, wäre, dieses Instrument früher einzuführen.«

50

Gilbert blätterte seine Notizen durch. »Sie haben gesagt, Sie müssen aufgrund der klaren Ausrichtung Ihres Unternehmens und der geringen Fluktuationsrate im Moment nicht viele Leute einstellen, Jacques.

Offenbar haben Sie bei der Auswahl Ihrer Mitarbeiter bisher vieles richtig gemacht, sonst wären Sie nicht so erfolgreich. Können Sie anderen Führungskräften diesbezüglich ein paar Ratschläge geben? Zum Beispiel solchen, die in einem jungen Unternehmen tätig sind oder Mitarbeiter aus irgendeinem Grund ersetzen müssen?

Sie haben vorhin darüber gesprochen, wie wichtig es ist, sich darüber im Klaren zu sein, was einen als Unternehmen ausmacht – welche Ziele man hat, in welche Richtung man steuert und was man erreichen möchte. Angenommen, ein Personalleiter vergegenwärtigt sich all diese Dinge. Was bedeutet das konkret für das Einstellungsverfahren? Worauf sollte er bei einem Kandidaten achten?«

Jacques lehnte sich auf seinem Stuhl zurück und verschränkte die Hände hinter dem Kopf. »Der Auswahlprozess ist ziemlich wichtig«, sagte er nach einer Weile. »Man möchte Mitarbeiter bekommen, die dem eigenen Werteverständnis entsprechen, denn das ist nicht bei allen der Fall.

Viele Menschen, die uns nicht kennen, mag es überraschen, aber ein Teil unseres Erfolgs basiert darauf, keine extremen Erfolgsmenschen einzustellen.«

»Tatsächlich?«, fragte Gilbert.

Jacques nickte. »So jemand ist nicht wirklich bereit, sich einer gemeinsamen Definition über unseren Zweck anzuschließen. Oder einer gemeinsamen Erfolgsdefinition. Stattdessen haben solche Leute eine eigene Definition für diese Dinge, die alles andere überlagert. Selbst wenn sie anfangs Großartiges leisten, rauben sie allen anderen letztlich die Luft zum Atmen.

Unser Erfolg und unser Wachstum basieren nicht nur auf dem Erfolg einiger Individuen, sondern auf dem langfristigen Erfolg *aller*. Wenn jemand unbedingt ein Rockstar sein will, ist der gemeinsame Erfolg *aller* in der Regel keine lohnende Perspektive für ihn. Er möchte herausstechen.«

»Wie stellen Sie bei einem Einstellungsgespräch fest, ob jemand tatsächlich dem Werteverständnis des Unternehmens entspricht?«, fragte Gilbert.

»Durch Beobachtung«, sagte Jacques. »Wenn jemand seit zehn Jahren bei der DLGL ist, veranstalten wir eine Jubiläumsfeier für ihn. Der Mitarbeiter hat die Möglichkeit, 5000 Dollar für eine zehnminütige Rede über seine Reise hier bei der DLGL zu verdienen. Und fast jeder bringt sein Einstellungsgespräch zur Sprache.«

»Woran liegt das? Wie schaffen Sie das?«, fragte Gilbert.

Jacques überlegte kurz. »Ich spreche beim Vorstellungsgespräch vor allem darüber, wer wir sind, wie wir denken und worum es bei der DLGL geht. Dabei achte ich auf die Reaktion des Bewerbers. Ich versuche zu erkennen, ob all diese Dinge dem Kandidaten wirklich entsprechen. Ich beende das Gespräch nicht, bevor ich eine klare Meinung dazu habe.

Gilbert nickte. »Achten Sie auf die Körpersprache, auf Hinweise in seinen Äußerungen, hören Sie auf Ihr Bauchgefühl? Woran machen Sie das fest?«

Jacques zuckte mit den Achseln. »Ich weiß es einfach. Manche Menschen schauen mich an und halten mich für verrückt. Ich erkenne das. Ich sehe es in ihren Augen. Einmal habe ich einer Bewerberin beim Vorstellungsgespräch erzählt, dass es bei uns nicht viele Mitarbeiter gibt, die sich scheiden haben lassen. Die Kandidatin hat mich angesehen, als wäre ich nicht ganz dicht, so etwas beim Bewerbungsgespräch zu erwähnen. Also habe ich ihr erklärt, dass wir nicht der Grund für die niedrige Scheidungsrate sind. Aber gleichzeitig lassen wir keine Situationen entstehen, die Menschen Stressfaktoren aussetzen, die durchaus zum Bruch in der Familie führen können.

Familien entstehen nicht unseretwegen und bleiben auch nicht unseretwegen zusammen, aber wir reißen sie auch nicht auseinander. Wir funken nicht dazwischen. Das ist unsere grundsätzliche Einstellung zu Familienangelegenheiten. Unsere Mitarbeiter arbeiten keine 70 Stunden pro Woche. 35 oder 37 sind genug. So haben sie ausreichend Zeit, sich um ihr restliches Leben zu kümmern.«

Jacques lachte. »Ich schüttle manchmal den Kopf, wenn ich von Unternehmen lese, die ihren Mitarbeitern einen Kleiderreinigungsservice sowie bestimmte Botengänge und andere Erledigungsdienste anbieten. Sofern sie ihre Leute *darüber hinaus* dazu auffordern, es mit der Arbeit nicht zu übertreiben, ist das natürlich toll. Ist dies nicht der Fall, versucht man mit solchen Dingen lediglich die Tatsache zu rechtfertigen, dass man die Mitarbeiter täglich so viele Stunden dabehält. Es ist ein Weg, um sie an das Büro zu binden.

Warum lässt man sie nicht einfach nach Hause gehen, damit sie sich um ihre Angelegenheiten kümmern können? Vielleicht möchten sie sich das Fußballspiel ihres Kindes ansehen oder gemeinsam mit ihrer Familie zu Abend essen.«

»Und die Bewerberin, von der Sie gesprochen haben, dachte also, Sie wären ein bisschen verrückt, als Sie ihr all das sagten?«, überlegte Gilbert.

Jacques schmunzelte. »Sie wusste nicht, was sie davon halten sollte. Das habe ich einfach gespürt. Also hakte ich an diesem

Punkt noch etwas nach. Ich fragte die Kandidatin, wie *sie* diese Dinge sah, wie *sie* darüber dachte … Und schließlich war klar, dass sie nicht gut zu uns passte.«

Jacques lachte. »Es war sogar eins meiner beiden Lieblingskriterien, das mir klarmachte, dass diese Bewerberin nicht die Richtige für uns war.«

»Welche Kriterien sind das?«, fragte Gilbert.

»Ich erkläre den Bewerbern, dass wir Mitarbeiter suchen, die gerne glücklich sein möchten. Dann frage ich sie, ob sie dafür offen sind. Falls das der Fall ist, verspreche ich ihnen, dass wir sie nicht enttäuschen werden.«

»Ist nicht jeder offen dafür, glücklich zu sein?«

Jacques schüttelte den Kopf. »Hier bei der DLGL entspricht es allen Mitarbeitern. Sonst wären sie nicht hier. Aber davon abgesehen, nein. Nicht jeder ist offen dafür, glücklich zu sein. Die Frage ist, was Menschen über sich selbst und das Leben denken, was sie als fair empfinden und was nicht … auf welche Art und Weise sie Entscheidungen treffen … Viele Menschen entscheiden sich für Dinge, die ihr eigenes Glück sabotieren. Und innerhalb einer Gruppe sabotieren sie auch das Glück der anderen. Solche Leute möchte man nicht im eigenen Unternehmen haben.«

Gilbert machte sich weitere Notizen. »Offen dafür, glücklich zu sein. Hab ich notiert.« Er sah auf. »Sie sagten, dies sei eins Ihrer beiden Lieblingskriterien. Welches ist das andere?«

Jacques lehnte sich zurück. »Wenn ich es mir recht überlege, bin ich ziemlich sicher, dass das Folgende der Knackpunkt war: Ich erkläre den Kandidaten gerne, dass wir nach jemandem suchen, der zu uns kommt, um bei uns zu sterben.«

51

Joe lachte auf. »Entschuldigung«, sagte er, »ich wollte nicht unterbrechen. Aber das ist wahnsinnig komisch.«

Gilbert lachte ebenfalls. »Was genau meinen Sie damit, wenn Sie den Bewerbern das sagen, Jacques?«

»Wir suchen nicht nach Leuten, die lediglich daran interessiert sind, zwei Jahre zu bleiben, um ein paar Erfahrungen zu sammeln und dann irgendwo anders hinzugehen. Wir möchten kein *Schritt* auf ihrem Weg sein. Wir wollen der *Weg selbst* sein.

Unsere Mitarbeiter möchten gerne lernen, sie sind daran interessiert, unterschiedliche Dinge zu tun, sich selbst zu fordern. Wir erwarten nicht von unseren Leuten, dass sie jeden Tag das Gleiche tun. Ganz im Gegenteil. Wer so etwas möchte, der passt nicht hierher. So funktioniert unser Modell nicht. Wir möchten vielmehr jemanden bei uns haben, der für eine lange Zeit zu uns gehören möchte. Denn genau *so* funktioniert unser Modell.

Deshalb erkläre ich den Bewerbern, dass wir jemanden suchen, der hierherkommt, um bei uns zu sterben. Dann erläutere ich ihnen, was das bedeutet, und beobachte ihre Reaktion.«

Gilbert machte sich weitere Notizen. »Das gefällt mir sehr«, sagte er. Nach einer kurzen Weile blickte er auf. »Hat es mit jemandem schon einmal nicht gut funktioniert, Jacques? Mit jemandem, der beim Bewerbungsgespräch geeignet erschien, dann aber doch nicht gut zum Unternehmen passte?«

Jacques hob die Schultern. »Egal wie sehr man sich auch bemüht, hin und wieder wird man von jemandem getäuscht, der einen glauben machen will, er passe zu dem, was man ihm anbietet. Aber dann stellt sich rasch heraus, dass es nicht funktionieren wird. Und sobald es klar ist, sollte man sofort handeln.

Ich habe einmal einen Bewerber eingestellt, den ich an seinem ersten Arbeitstag fast nicht wiedererkannte. Er war völlig anders gekleidet und verhielt sich auch komplett anders « Jacques schüttelte den Kopf. »Im Vergleich zum Bewerbungsgespräch war er wie ein anderer Mensch.«

»Wie lange hat es gedauert, bis Sie ihn entlassen haben?«, fragte Gilbert.

»Vier Tage.«

»Vier Tage?«

»Vier sehr lange Tage. Damals waren wir um einiges kleiner, und diese Person arbeitete eng mit mir zusammen. Und ich wusste es. Und sobald man es weiß, muss man sofort handeln.« Er schüttelte den Kopf. »Oh là là, das war ein Fehler.« Jacques lachte. »Seitdem ziehen mich alle immer wieder damit auf.«

»Warum war es so wichtig, das schnell zu korrigieren?«, fragte Gilbert.

»Weil es sonst allen anderen gegenüber nicht fair gewesen wäre«, antwortete Jacques.

»Unsere Mitarbeiter sind sehr stolz auf das, was sie tun. Für sie ist es mehr als nur ein Job. Es ist ein großer Teil dessen, wer und was sie sind. Es wäre ihnen gegenüber nicht fair, wenn man zulassen würde, dass jemand seinen Job nur halbherzig erledigt.

Darüber hinaus sind unsere Mitarbeiter, wie gesagt, aufgrund der Bonuspläne am Gesamterfolg des Unternehmens beteiligt. Daher wäre es nicht fair, wenn sie finanziell darunter leiden müssten, dass irgendjemand seinen Teil nicht dazu beiträgt.«

Jacques zuckte mit den Achseln. »Die Leute erwarten nicht, dass jemand ein Held oder ein Genie ist. Darum geht es nicht.

Sie erwarten, dass jeder Einzelne sich ebenso bemüht wie alle anderen. Das ist alles.«

Jacques schüttelte leicht seinen Kopf. »Ein Problem verschwindet nicht, wenn man es ignoriert. Vielmehr entwickelt es sich mit der Zeit von einem kleinen Problem zu einem großen Problem. Als Unternehmensleiter muss man sich irgendwann darum kümmern. Es ist viel leichter und viel effektiver, es sofort und endgültig zu tun.

Wenn jemand keinen Einsatz bringt und man sich nicht umgehend darum kümmert, wird man letztlich seine besten Leute verlieren. Dann hat man riesige Probleme.

Und wenn man die Mitarbeiter nicht für gute Leistungen belohnt, verliert man ebenfalls gute Leute. Auch das ist ein *riesiges* Problem.

Wir haben vorher über die BDK gesprochen. Sie ist eins unserer besten Instrumente, um zu erkennen, wer gut arbeitet und wer nicht, und um die Mitarbeiter entsprechend zu belohnen oder, wenn es sein muss, zu entlassen.«

52

Gilbert hatte sich seitenweise Notizen gemacht. Joe spürte, dass er von all den Dingen fasziniert war, die er von Jacques erfuhr.

»Ich habe genug Material für fünf Interviews, deshalb möchte ich mich jetzt schon bei Ihnen für all die Informationen bedanken, Jacques«, sagte Gilbert. »Am Ende meiner Interviews füge ich gerne ein paar kurze Tipps für unsere Leser ein. Ein paar schnelle Hinweise, die sie auf ihren Führungsstil übertragen können oder die vielleicht sogar etwas zu der Art und Weise beisteuern, wie sie ihr Unternehmen sehen.

Ich habe diesem Punkt bereits ein paar der Dinge zugeordnet, die Sie mir erläutert haben. Zum Beispiel: ›Machen Sie sich bewusst, wie groß Sie sein wollen und warum‹ sowie ›Machen Sie sich klar, wer Sie sind, warum es Ihr Unternehmen gibt und was Sie erreichen möchten‹. Fällt Ihnen noch irgendetwas anderes ein, das Sie uns mitteilen möchten und das zu dieser Rubrik der ›Kurzen Tipps‹ passen würde?«

Jacques dachte kurz nach. »Vielleicht Folgendes«, sagte er. »Kehren Sie das Nutzenversprechen um.«

»Was heißt das genau?«, fragte Gilbert.

»Nun, die meisten Führungskräfte und sogar die meisten Unternehmen treffen Entscheidungen aufgrund von Überlegungen, welchen Vorteil *sie selbst* jeweils dadurch haben. Bei der DLGL haben wir jedoch Folgendes festgestellt: Wenn unsere Mitarbeiter für uns an erster Stelle stehen, gefolgt von unseren Kunden, und wenn wir diese Überlegungen in ein bewährtes Geschäftsmodell integrieren, kommen die Gewinne wie von selbst. Sie sind ein Nebenprodukt unserer Fokussierung auf unsere Mitarbeiter und unsere Kunden und der Tatsache, dass wir fair und gut mit ihnen umgehen.«

Gilbert notierte sich, was Jacques gesagt hatte.

»Im Zusammenhang damit würde ich Folgendes empfehlen: Behandeln Sie jeden mit Respekt. Ihre Klienten, Kunden, Zulieferer, all Ihre Mitarbeiter, egal welche Position sie bekleiden … Sie alle sind unsere Mitmenschen. Behandeln Sie sie daher mit Respekt.«

»Das sind tolle Hinweise«, sagte Gilbert. »Haben Sie noch weitere?«

»Schließen Sie sich nicht der Masse an, es sei denn, sie bewegt sich in die Richtung, die Sie einschlagen möchten«, antwortete Jacques. »Das bezieht sich sowohl auf das Privatleben als auch auf den beruflichen Bereich. Wir haben den Punkt erreicht, an dem wir uns im Moment befinden, weil wir bereit sind, anders zu denken und zu handeln. Nicht nur, weil wir prinzipiell anders sein wollen, sondern auch, weil wir erkannt haben, dass wir es besser machen, wenn wir es anders machen.«

Gilbert schrieb sich auch das auf.

»Der nächste Punkt schließt sich an den Aspekt an, anders zu denken«, fuhr Jacques fort. »Wenn Sie sich schon die Mühe machen, etwas zu tun, sollten Sie es richtig machen.« Er hielt einen Moment inne. »Egal ob es darum ging, unser Gebäude zu entwerfen, unseren Plan für die Altersvorsorge zu entwickeln, zu entscheiden, mit welchen Geräten unser Vipnasium ausgestattet werden sollte … es hat mir nie eingeleuchtet, etwas halbherzig zu tun, nur um sagen zu können, dass es erledigt ist. Wenn man etwas tut, sollte man es richtig machen.«

Jacques legte eine kurze Pause ein. »Der nächste Aspekt hat mich durch viele verschiedene Situationen geleitet: Wenn Sie möchten, dass etwas gut funktioniert, sollten Sie unterschiedliche Interessen miteinander in Einklang bringen.

Wenn Sie sich klar darüber sind, was Sie wollen, und sich die Zeit nehmen herauszufinden, was die anderen Leute wollen, und diese Dinge miteinander in Einklang bringen – dann können Sie alles erreichen.« Jacques schüttelte den Kopf. »Fehlt die gemeinsame Ausrichtung, wird jeder letztlich nur auf seinen eigenen Vorteil bedacht sein.«

Gilbert machte sich weitere Notizen und sah dann auf. »Großartig, Jacques. Haben Sie noch mehr Tipps für mich?«

Jacques überlegte. »Vor Kurzem habe ich einen Artikel gelesen, in dem es um die Entlohnung von Managern ging. Die meisten Gehälter und Boni von Managern basieren auf zwei Dingen: auf den Umsätzen und der Anzahl der Mitarbeiter. Sie basieren nicht auf Renditen und Fluktuationsraten.

Nach dem Motto: Wenn ein Unternehmen ein starkes Umsatzwachstum verbuchen kann und die Belegschaft wächst, verdient es auch mehr Geld. Das ist lächerlich, denn häufig ist das keineswegs der Fall.«

Er zuckte mit den Achseln. »Sondern es läuft darauf hinaus, dass die Mitarbeiter Entscheidungen zugunsten ihres persönlichen Bankkontos treffen und nicht im Interesse des Unternehmens.

Kennen Sie beide die Geschichte von der Schlange und dem Mann im Ruderboot?«

Gilbert und Joe lachten und schüttelten den Kopf.

»Dann ist jetzt der richtige Moment dafür«, sagte Jacques. »Ein Mann war einmal mit seinem kleinen Ruderboot beim Angeln. Plötzlich hörte er es an einer Seite seines Bootes klopfen. Er sah hinab und erblickte eine Schlange, die gerade einen Frosch geschnappt hatte und ihn verschlingen wollte.

Der Angler hatte Mitleid mit dem Frosch. Daher ergriff er die Schlange und befreite den Frosch aus ihrem Maul. Der kleine

Frosch sprang fröhlich fort, aber die Schlange blickte sehr betrübt drein. Da nahm der Angler eine Flasche mit edlem Cognac, den er dabeihatte, und gab der Schlange einen kleinen Schluck davon. Daraufhin setzte er sie wieder ins Wasser, damit sie fortschwimmen konnte.

Der Fischer konzentrierte sich wieder aufs Angeln, doch zehn Minuten später vernahm er erneut ein Klopfen an der Seite des Bootes. Als er nach unten sah, streckte ihm dieselbe Schlange mit einem weiteren Frosch im Maul ihren Kopf entgegen und wollte ihm diesen übergeben.«

Gilbert und Joe lachten.

»Man bekommt mehr von den Dingen, die man belohnt«, erklärte Jacques. »Belohnt man Leute für große Mitarbeiterzahlen, bekommt man auch viele Mitarbeiter. Belohnt man Leute für großartige Umsätze, erhält man Spitzenumsätze. Falls Sie nicht bekommen, was Sie wollen – sollten Sie daher andere Dinge belohnen.«

Gilbert schrieb schnell mit, um alles festzuhalten, was Jacques gesagt hatte. Als er fertig war, blickte er strahlend auf. »Großartige Tipps, Jacques, das sind wirklich großartige Tipps.«

»Reicht es für den Moment mit der Schatzsuche?«, fragte Jacques schmunzelnd.

Gilbert nickte. »Ja, es reicht für den Moment.«

53

Jacques begleitete Gilbert zur Empfangshalle. Sie unterhielten sich noch ein paar Minuten, dann kehrte Jacques zu seinem Büro zurück. Als er hineinging, schrieb Joe gerade rasch einige Dinge auf das Whiteboard.

»Hat etwas aus dem Interview Sie auf eine Idee gebracht, Joe?«

Joe schrieb lächelnd weiter. »Es waren großartige Informationen. Ich weiß es sehr zu schätzen, dass ich dabei sein durfte. Wir haben zwar bereits über einige der Themen gesprochen, aber es war gut, manche Dinge ein zweites Mal zu hören. Und viele Fragen betrafen Aspekte, die mich auch interessiert haben. Daher bin ich froh, dass Gilbert sie gestellt hat.«

Jacques warf einen Blick auf das, was Joe notiert hatte. »Und was bedeutet das hier?«

Joe hörte auf zu schreiben und trat einen Schritt vom Whiteboard zurück. »In den letzten Tagen hatte ich eine Art Eingebung. Und nachdem wir uns heute Morgen darüber unterhalten hatten, wie Sie Ihre Forschungs- und Entwicklungsabteilung nutzen, wurde dieses Gefühl stärker. Und es wurde noch intensiver, während Sie die Interviewfragen beantworteten.«

Jacques nickte.

»Aber ich glaube, jetzt habe ich's«, sagte Joe. »Zumindest den ersten Entwurf.« Er trat noch mal einen Schritt zurück und betrachtete, was er geschrieben hatte.

»Ein paar ausgefeilte mathematische Berechnungen würden wirklich nachweisen, wie stark das ist«, fügte Joe hinzu. »Ich werde daran arbeiten. Aber im Moment zeigt dies hier, worum es im Wesentlichen geht.«

Er deutete auf einen Bereich, der mit »DLGL« betitelt war. »Ihr Team ist außergewöhnlich produktiv. Da Sie ein Umfeld geschaffen haben, in dem die Mitarbeiter gerne bleiben, verlassen Ihre klugen Köpfe das Unternehmen nicht. Und daher wird Ihre Arbeit immer besser.

Im Grunde genommen haben Sie eine außergewöhnliche Kompetenz darin entwickelt, von A nach B zu kommen und von dort aus C zu erreichen. In all der vielfältigen Art und Weise, in der das in Ihrem Unternehmen geschieht. Das wäre in einem Umfeld mit einer hohen Fluktuationsrate nicht möglich, da dort nie eine so große Kompetenz erreicht wird.

Hinzu kommt das faszinierende Bestreben, sich ständig durch den Forschungs- und Entwicklungsprozess zu verbessern, den Sie angestoßen haben. Sie optimieren nicht nur den Prozess, möglichst schnell von A nach B zu kommen und von dort aus C zu erreichen. Sie sind darüber hinaus ständig auf der Suche nach einem Weg, um direkt von A nach C zu gelangen.

All das ist aufgrund der vielen verschiedenen Dinge möglich, über die wir gesprochen haben, seitdem ich hier bin. Dazu gehört auch Ihre Bereitschaft, den Mitarbeitern zwischendurch Zeit für die Arbeit an Verbesserungen einzuräumen, wenn sie nicht gerade mit Kunden zu tun haben.

Dort, wo ich herkomme, bei Derale Enterprises, sind die Teams ebenfalls äußerst produktiv. Auch wir haben eine geringe Fluktuationsrate und langjährige Betriebszugehörigkeiten. Daher bleibt die Kompetenz im Unternehmen ebenfalls erhalten.

Allerdings inspirieren wir die Leute auf eine andere Art und Weise. Wir achten darauf, ob der Lebenszweck jedes Menschen, der eingestellt wird, zum Zweck des Unternehmens passt. Dann sorgen wir dafür, dass seine tägliche Arbeit etwas mit seinen Big Five for Life zu tun hat.

Manchmal liegt es auf der Hand. So könnte einer der Big Five for Life eines Mitarbeiters darin bestehen, neue und interessante Dinge zu gestalten. Und ein Teil seines Jobs hat möglicherweise damit zu tun, neue Outdoorbekleidung für Wanderer zu entwickeln. In anderen Fällen gibt es ebenso klare, aber weniger offensichtliche Verbindungen.

So könnte es zum Beispiel zu den Big Five for Life eines Mitarbeiters gehören, etwas im Leben anderer Menschen zu bewirken. Wenn derjenige im telefonischen Kundensupport tätig ist und den Anrufern einen großartigen Service bietet, wirkt sich das in der Tat auf deren Leben aus. Das versuchen wir ihm zu vermitteln.

Manchmal besteht die einzige Verbindung zu den Big Five for Life auch darin, dass die Beschäftigung bei Derale Enterprises es einem Mitarbeiter ermöglicht, bestimmte Dinge außerhalb der Arbeit zu tun, zu sehen oder zu erleben.«

»Was zum Beispiel?«, fragte Jacques.

»Aufgrund unserer flexiblen Arbeitszeiten können Mütter oder Väter ihre Kinder jeden Tag von der Schule abholen. Darüber hinaus gibt unsere Urlaubsregelung jemandem die Möglichkeit, jedes Jahr eine vierwöchige Abenteuer-Trekkingtour durch den Dschungel zu machen. Manchmal geht es auch nur darum, dass jemand mit seinem Gehalt seinen Unterricht im Fallschirmspringen bezahlen kann.

Der Punkt ist folgender«, fuhr Joe fort. »Wir erreichen eine hohe Produktivität, da wir ständig die Verbindung zu den Big Five for Life herstellen und darauf achten, dass die Leute das Prinzip verstehen.«

Er deutete wieder auf die Buchstaben »DLGL« auf dem Whiteboard. »Was Sie tun, ist wirklich effizient. Vor allem, was die Prozessorientierung betrifft, ist unser Fokus längst nicht so stark wie bei Ihnen.

Was wir tun, ist ebenfalls sehr effizient. Allerdings sind Sie nicht besonders stark auf eine Big-Five-for-Life-Perspektive ausgerichtet.«

Joe machte eine kurze Pause. »Was ich mich daher die ganze Zeit frage und was ich wirklich spannend finde, ist …«

»Ist, wie stark beides zusammen wäre«, sagte Jacques.

Joe nickte lächelnd. »Genau.«

54

Joe war alleine in seinem Hotelzimmer. Er saß am Tisch und ging in Gedanken die Ereignisse der letzten Tage durch. Es hatte einige beeindruckende Höhepunkte gegeben. Großartige Momente für Museumstage. Auch einige Tiefpunkte waren dabei gewesen. Als die Dunkelheit und Deprimiertheit ihn zu überwältigen drohten.

Seine Gedanken riefen eine Erinnerung an Thomas wach. In den letzten sieben Monaten hatte Joe solche Erinnerungen stets verdrängt. Aber nun kam ihm in den Sinn, was Jacques ihm in der Werkstatt gesagt hatte. Dass er Thomas würdigte, wenn er sich an seine besten Momente erinnerte.

Ihm fiel das Fernsehinterview ein, das Thomas kurz vor seinem Tod gegeben hatte. Am Ende des Interviews hatte er zwei einfache kleine Diagramme hochgehalten. Sie hatten beide eine x- und eine y-Achse. Auf dem ersten Diagramm war eine einfache wellenförmige Kurve zu sehen, auf dem zweiten die Kurve ansteigend.

Joe nahm einen Stift zur Hand, der auf dem Schreibtisch lag, und zeichnete das erste Diagramm.

Als er damit fertig war, betrachtete er es eine Weile. Dann zeichnete er das andere Diagramm.

Während er auf die Zeichnungen blickte, konnte Joe im Geiste hören, wie Thomas sie erläuterte.

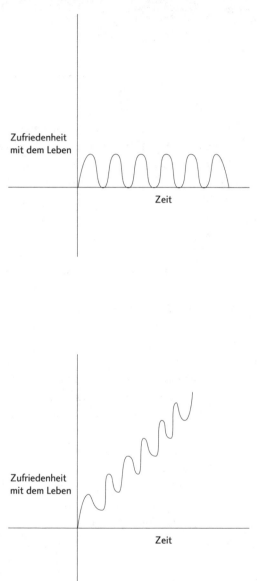

»... eins der größten Geheimnisse des Lebens und gleichzeitig eins der größten Geheimnisse für Führungskräfte ...

Die meisten Menschen gehen auf diese Weise durchs Leben. Die x-Achse steht für die Zeit, die y-Achse für die Zufriedenheit im Leben. Und diese einfache Sinuskurve – die wie Berge und Täler aussieht – repräsentiert ihr Leben. Im Laufe ihres Lebens haben Menschen Höhen und Tiefen. Aber meistens erreichen ihre Höhen ungefähr das gleiche Level, und die Tiefen liegen ebenfalls ungefähr bei einem gleich tiefen Punkt auf der Skala. Die Menschen pendeln zwischen diesen beiden Punkten hin und her.

Das Geheimnis des Lebens besteht darin, eine Sinuskurve zu haben, die sich nicht ständig gleichförmig zwischen diesen beiden Polen bewegt, sondern im Laufe der Zeit ansteigt. Eine aufsteigende Lebenskurve. Im Leben eines solchen Menschen sieht es anders aus. Er pendelt nicht zwischen zwei Hoch- und Tiefpunkten hin und her, sondern erreicht immer wieder neue Höhen.

Jeder hat Tiefpunkte im Leben. Das ist unvermeidlich. Selbst wenn man sich auf der richtigen Reise befindet und sich in die Richtung bewegt, in die man gehen will, kommt es zu Tiefpunkten. Auf einer aufsteigenden Lebenskurve jedoch liegen die Tiefs ab einem bestimmten Moment an einem höheren Punkt als früher die Hochs.

Das zu erreichen ist eigentlich sehr einfach. Je mehr Zeit man am Tag mit etwas verbringt, das den eigenen Zweck erfüllt – das, was ich als Zweck der Existenz bezeichne –, und je mehr man sich jeden Tag seinen Big Five for Life widmet – den Dingen, die man in seinem Leben am liebsten tun, sehen oder erleben möchte –, desto stärker steigt die Lebenskurve an.

Und ebenso einfach und erfolgreich, wie wir dieses Prinzip in unserem Privatleben nutzen und dafür sorgen können, dass es unserer eigenen Definition von Erfolg entspricht, können wir es auch in unserer Rolle als Führungskräfte anwenden. Denn es ist einfach, eine erfolgreiche Führungskraft zu sein. Man muss nur

diese simplen kleinen Diagramme verstehen und sie dann nut-
zen.

Man holt sich Leute ins Unternehmen, deren Zweck der Exis-
tenz zu dem des Unternehmens passt. Man bringt diese Men-
schen in Positionen, in denen sie ihre Big Five erfüllen können –
einfach, indem sie ihren Job machen. Und dann bringt man ihnen
bei, das Gleiche für die Leute zu tun, die sie führen.

Wenn man das tut, trägt man dazu bei, dass die Lebenskurve
der Mitarbeiter aufsteigt. Und während dieses Prozesses tragen sie
dazu bei, dass die Lebenskurve des Unternehmens nach oben geht.
Denn auch ein Unternehmen hat eine Lebenskurve. Wenn die
Lebenskurven der Menschen und die des Unternehmens aufstei-
gen, deutet das auf einen großartigen Führungsstil hin.«

Joe nahm je ein Diagramm rechts und links in die Hand.

»Es tut mir leid, Thomas«, sagte er, während er die Zeich-
nung betrachtete, auf der die Kurve nicht anstieg. »So habe ich
es gemacht, seitdem du gestorben bist. Es gibt Höhen, und es
gibt Tiefen, aber ich habe es mir nicht erlaubt, nach oben zu
steigen.«

Joe schwieg einen Moment lang. »Ich habe mich einfach so
wenig wie möglich bewegt, in der Hoffnung, dass ich eines Tages aufwachen würde und du wärst wieder hier. Dass wir wieder
wie früher miteinander lachen würden. Gemeinsam neue Ide-
en für all die Leute bei Derale Enterprises entwickeln würden.
Dass ich dich und Maggie auf eine weitere Reise mitnehmen
würde, zu einem verrückten, spannenden Ort, den ich entdeckt
habe …«

Joe legte das erste Diagramm fort. Er hielt das zweite in seiner Hand und betrachtete es.

»Hätte ich dich nicht getroffen, Thomas, wäre ich mein ganzes Leben lang nicht weitergekommen. Ich habe dir so viel zu verdanken. Es tut mir leid, dass ich in den letzten sieben Monaten vergessen habe, was du mich gelehrt hast.«

Joe nickte leicht mit dem Kopf. »Ich bin bereit, wieder aufzusteigen, mein Freund.«

55

In der nächsten Stunde schrieb Joe. Zum ersten Mal seit langer Zeit entspannte er seinen Geist und ließ seinen Gedanken wirklich freien Lauf. Als er fertig war, las er sich durch, was er verfasst hatte.

Liebe Maggie,

es tut mir leid. Es tut mir leid, dass ich in den letzten Monaten nicht der Freund war, der ich für dich hätte sein sollen. Es tut mir leid, dass ich nicht für dich da war, obwohl dein Verlust so viel größer ist als mein eigener. Wir kennen uns schon seit langer Zeit, und ich schätze dich als Freundin. Du bedeutest mir sehr viel.

Bisher war es schwer für mich, mit Thomas' Tod klarzukommen. Einen Sinn darin zu sehen. Mir ist bewusst, dass dir das klar ist. Und ich weiß, dass du mich aus diesem Grund hierhergeschickt hast, damit ich Zeit mit Jacques verbringe.

Als ich nicht als Freund für dich da war, warst du trotzdem für mich da. Und dafür werde ich dir den Rest meines Lebens dankbar sein.

Ich weiß nicht, ob ich je ganz verstehen werde, warum dies Thomas' Weg war. Warum er schon gehen musste. Aber während ich nun hier sitze, beginne ich einen inneren Frieden zu verspüren, an den ich in den letzten sieben Monaten nicht mehr geglaubt habe.

Heute Abend habe ich an das letzte Interview von Thomas

gedacht. Es erinnerte mich daran, wie er andere anleitete, auf welche Weise er inspirierte. Und an all das, was ich von ihm gelernt habe.

Das Folgende ist für dich, Maggie. Ich hoffe, dass es dir ein bisschen dabei helfen kann, innerlich zur Ruhe zu kommen.

Dein dankbarer Freund.

Alles Liebe

Joe

Warum?

Warum sind sie fort?

Warum ist dieses strahlende Licht erloschen?

Es gibt so viele Lichter, die weiterleben. Lichter, die nicht annähernd so hell leuchten. Warum ist dieses eine erloschen?

Wenn die hellen Lichter ausgehen, fällt uns das auf. Wir erkennen, wie stark sie die Welt erleuchtet haben. Auf welche Weise wir in ihrer Gegenwart leuchteten, und auf welche Weise sie auch andere zum Strahlen brachten.

Wir erkennen, wie bedeutend sie waren, weil sie sich dazu entschlossen hatten, so hell zu strahlen. Und wir werden daran erinnert, was auch wir bewirken können, wenn wir unser eigenes Licht erstrahlen lassen.

Als sie ausgingen, erinnerten sie uns daran, dass auch wir nicht ewig leuchten werden. Sie erinnerten uns daran, all die Dinge zu tun, die uns ein Gefühl der Lebendigkeit vermitteln und unser Licht am stärksten zum Leuchten bringen. Sowie daran, diese Dinge jetzt zu tun und nicht zu warten.

Auch an Folgendes erinnerten sie uns: Wenn wir hell leuchten, inspirieren wir andere dazu, ebenfalls hell zu erstrahlen. Auf dieselbe Weise, wie es auch uns inspirierte, wenn wir in ihrem Licht waren.

Sie haben das höchste Opfer gebracht, indem sie ihre Zeit hier enden und das Licht ausgehen ließen. Sie haben dies für all die-

jenigen getan, die sie kannten. Denn als sie verloschen, wurden wir an all diese Dinge erinnert.

Lassen wir unser Licht nun also hell erstrahlen. Lasst uns die Geschenke würdigen, die dieses helle Licht uns gebracht hat.

Liebt auf eine Art und Weise, die das Leben eines anderen Menschen erhellt. Lasst euer strahlendes Licht auf jemanden scheinen, der Hoffnung benötigt. Sagt den anderen hellen Lichtern in eurem Leben, wie viel sie euch bedeuten. Nutzt eure Begabungen auf eine Weise, die euer eigenes Licht am hellsten zum Strahlen bringt.

Dieses strahlende Licht ist erloschen, um den Rest von uns daran zu erinnern, dass auch wir strahlende Lichter sind.

Dieses strahlende Licht ist erloschen, um den Rest von uns daran zu erinnern … zu leben.

56

Joe betrat das DLGL-Gebäude. Er strahlte eine Leichtigkeit aus, die er seit Langem nicht mehr gespürt hatte. Er ging zu Jacques' Assistentin. »Guten Morgen, Louise.«

»Guten Morgen, Joe. Wie geht es Ihnen heute?«

Joe nickte lächelnd. »Besser, als es mir seit langer Zeit gegangen ist, danke.«

Louise erwiderte sein Lächeln. »Das ist schön zu hören.« Sie blickte zu Jacques' Büro. »Es tut mir leid, aber Jacques wird heute erst später kommen. Brauchen Sie ihn für irgendetwas?«

Joe schüttelte den Kopf. »Das macht nichts. Ich habe lediglich ein paar gute Neuigkeiten, die ich ihm mitteilen wollte.«

»Begleiten Sie ihn heute Abend zu der Veranstaltung?«

Joe blickte sie fragend an. »Ich bin mir nicht sicher. Um welche Veranstaltung handelt es sich denn?«

»Er ist einer der Moderatoren auf einer Konferenz zum Thema, wie man die größten Talente findet. Sie beginnt heute Abend um sechs Uhr.«

»Stimmt«, sagte Joe, »das hatte ich vergessen. Er hat es mir letzte Woche erzählt. Irgendwie habe ich keinen Überblick mehr über die Tage. Mir war nicht bewusst, dass die Konferenz schon heute stattfindet. Ja, ich habe vor, ihn zu begleiten.«

»Wenn Sie möchten, dass ich ihn vorher kontaktiere, lassen Sie es mich einfach wissen. Er wollte jedenfalls gegen halb vier Uhr kommen und von hier aus zur Konferenz aufbrechen.«

»In Ordnung, das klingt gut. Ich werde damit beginnen, den Artikel zu strukturieren, bei dem er mir hilft. Gibt es einen

Platz, an dem ich eine Weile arbeiten kann, ohne jemandem im Weg zu sein?«

»Da gibt es mehrere Möglichkeiten«, antwortete Louise. »Wenn Sie wollen, können Sie den Konferenzraum in der Nähe von Jacques' Büro benutzen.«

Joe nickte. »Wunderbar.«

»Ich bringe Sie dorthin«, sagte Louise und erhob sich von ihrem Tisch.

Als sie den Konferenzraum betraten, sah Joe sich um. Wie all die anderen Räume der DLGL wurde er hell durch einfallendes Tageslicht erleuchtet und strahlte eine behagliche Atmosphäre aus. Joe blickte nach rechts und bemerkte, dass die Wand in Wirklichkeit ein großes Whiteboard war. »Perfekt, um etwas zu planen«, dachte er.

Gerade als er sich umdrehen wollte, fiel ihm etwas ins Auge. An einer Stelle des Whiteboards befand sich ein großes blaues »A«. Über dem Buchstaben war ein Stück Plexiglas fixiert, sodass das »A« nicht weggewischt werden konnte.

Louise bemerkte, dass Joe den Buchstaben betrachtete. »Hat Jacques Ihnen diese Geschichte noch nicht erzählt?«, fragte sie ihn.

Joe schüttelte den Kopf. Er erinnerte sich vage an etwas aus dem ›Großen kleinen Buch der E-Mails‹, wusste aber nicht mehr, was es war. Er wollte Louise gerade danach fragen, da klopfte jemand gegen den Türrahmen.

Louise und Joe drehten sich um. Es war Luc Bellefeuille, einer der leitenden Angestellten. Joe hatte während seines Aufenthalts ein paar Mal mit ihm zu tun gehabt.

Luc strahlte die beiden an. »Hi Louise. Hi Joe. Tut mir leid, euch zu unterbrechen. Ich bin auf der Suche nach einem Raum, in dem ich etwas später ein kurzes Meeting abhalten kann.«

»Ich wollte hier arbeiten«, antwortete Joe, »aber ich kann mir gerne einen anderen Platz suchen.«

Luc schüttelte den Kopf. »Nein, das ist schon in Ordnung. Kein Problem. Ich schnappe mir einen anderen Raum.«

»Hast du vor deinem Meeting eine Minute Zeit, Luc?«, fragte Louise. »Ich wollte Joe gerade erklären, was das ›A‹ hier auf dem Whiteboard bedeutet. Aber ehrlich gesagt, wäre es perfekt, wenn du ihm die Geschichte erzählen könntest, da du an dem Tag, als es passierte, dabei warst.«

Luc nickte und betrat den Raum. »Klar, das mache ich gerne. Aber ich glaube, Joe bekommt einen noch besseren Eindruck, wenn wir beide ihm die Geschichte erzählen. Aufgrund dessen, was am Schluss passierte, hast du deine eigene besondere Sicht auf die Dinge.«

Louise schmunzelte. »O. k., du fängst an, und ich schalte mich ein, wenn es sinnvoll ist.«

»Diese Geschichte hätte eine größere Bedeutung für Sie, wenn Sie schon etwas länger hier wären und unsere Unternehmenskultur noch mehr verinnerlicht hätten«, begann Luc. »Denn sie sagt wirklich viel aus. Nicht nur darüber, *was* innerhalb dieser Wände geschieht, sondern *wie* es geschieht. Aber hoffentlich können wir sie Ihnen so vermitteln, dass Sie nachvollziehen können, was für ein bewegender Moment es war.

Wie Sie während Ihrer Zeit hier wahrscheinlich bemerkt haben, ist dies ein besonderer Ort. Und dieser besondere Ort ist voller überaus talentierter Menschen, die im Dienste unserer Kunden jeden Tag Wunder vollbringen.

Das ist nicht unbemerkt geblieben. Jacques persönlich sowie die DLGL als Unternehmen haben zahlreiche Auszeichnungen erhalten. Jacques wurde gebeten, viele Interviews zu geben, viele bekannte Großkunden sind von der Konkurrenz zu uns übergewechselt … Und als Unternehmen sind wir finanziell sehr erfolgreich.

Aufgrund all dieser Dinge kann es passieren, dass jemand zu einem bestimmten Zeitpunkt gerne einen Teil des Unterneh-

mens besitzen möchte. Oder sogar das *gesamte* Unternehmen.
Hier kommt das ›A‹ von dem Whiteboard ins Spiel.

Vor ein paar Jahren wollte einer der großen Player unserer
Branche uns aufkaufen. Er legte sehr viel Geld auf den Tisch.
Jacques und Claude hatten das Unternehmen ursprünglich so
organisiert, dass im Fall eines Verkaufs 15 Prozent des Kauf-
preises unter den Angestellten aufgeteilt werden würden.«

»Das ist großzügig«, sagte Joe.

»Jacques würde dazu sagen, es sei fair«, erwiderte Luc, »da
die Angestellten die DLGL aufgebaut haben. Ich werde nicht
genauer auf die Details des Angebots eingehen«, fuhr er fort,
»aber es war hoch. *Sehr* hoch. Jacques und seine Familie hätten ihr Leben lang ausgesorgt. Und keiner der Mitarbeiter der
DLGL hätte jemals eine Hypothek aufnehmen müssen.

Nachdem wir das Angebot bekommen hatten, teilte Jacques
allen im Unternehmen mit, was los war. Er traf sich mit mir und
drei weiteren Führungskräften, um die Lage zu erörtern. In dieser Besprechung teilte er uns mit, dass es seiner Meinung nach
drei Optionen für die DLGL gebe.

A. Weitermachen wie bisher.

B. An die Börse gehen.

C. Das Angebot annehmen und verkaufen.

Sechs Stunden lang beratschlagten wir darüber. Wogen jede
Option intensiv gegen die anderen ab. Schließlich teilte Jacques
uns mit, dass er uns die Entscheidung überlassen werde. Wir
hatten ihm dabei geholfen, das Unternehmen aufzubauen, und
sollten nun diejenigen sein, die die Entscheidung trafen.

Er schlug uns vor, einmal darüber zu schlafen, um das Ganze zu überdenken, und ihm unseren Entschluss am nächsten
Morgen mitzuteilen.« Luc schmunzelte. »Aber es dauerte nicht
so lange. Wir wussten, was wir wollten. Und wir wussten auch,
was die anderen Mitarbeiter der DLGL wollten. Also sagten wir
ihm auf der Stelle, dass wir die Option ›A‹ wollten.«

Louise blickte zu Joe. »Jacques hat mir von der Idee der Museumstage erzählt, die Sie ihm erläutert haben.« Sie betrachtete das »A« auf dem Whiteboard. »Das war ein Museumstag hier bei der DLGL, besonders für Jacques. Ich erinnere mich an unser Gespräch, nachdem Luc und die anderen ihm gesagt hatten, dass sie ›A‹ wollten.«

»Wie war es?«, fragte Joe.

»Er bekam etwas feuchte Augen«, sagte Louise mit einem Lächeln, »was man von jemandem wie Jacques, der ein ziemlich harter Kerl sein kann, nicht unbedingt erwarten würde. Er sagte zu mir, was für ein besonderer Tag es sei. Wenn man etwas aufgebaut und groß gemacht habe und all die eigenen Anstrengungen so wie an diesem Tag honoriert würden … das sei wirklich etwas Besonderes.

Jacques und das Führungsteam machten im Unternehmen bekannt, dass alles so blieb, wie es war. Und als Jacques an diesem Abend nach Hause gehen wollte …«

Joe sah zu Louise. Er spürte, dass sie gerührt war. Selbst sieben Jahre danach musste sie angesichts der Erinnerung an dieses Ereignis immer noch etwas schlucken.

»Als er an diesem Abend gerade nach Hause gehen wollte, klopfte es an seiner Tür.« Sie deutete auf einen kleinen Metalleimer, der auf dem Konferenztisch stand und einen hübschen kleinen Aufkleber hatte: ›Eimer für Eimertropfen‹. »Er gehört Jacques«, erklärte sie. »Die Idee stammt aus einem kleinen Buch mit dem Titel ›Wie voll ist Ihr Eimer?‹. Es fordert uns dazu auf, unseren Eimer mit den Dingen zu füllen, die im Leben wichtig sind – Tropfen für Tropfen.

Die erste Person, die an seiner Tür geklopft hatte, brachte den Eimer aus dem Konferenzraum in sein Büro. Dann kamen die Mitarbeiter der DLGL der Reihe nach vorbei und legten Zettel mit kurzen Botschaften für ihn in den Eimer. Sie standen im Flur Schlange und warteten, bis sie an der Reihe waren.«

Louise machte eine kurze Pause. Tränen standen in ihren Augen. »Es waren Worte der Dankbarkeit, Erinnerungen, Aussagen darüber, was die DLGL ihnen bedeutete …«

Sie schwieg erneut kurz. »Später las er dann eine Nachricht nach der anderen. Ich habe seine Reaktionen beobachtet und gespürt, was die Botschaften ihm bedeuteten. Es war ein sehr besonderer Abend. Ein Abend – und er wäre der Erste, der Ihnen das bestätigen würde – den er nie vergessen wird.«

Luc blickte zum »A« auf dem Whiteboard. »Am nächsten Tag ließ Jacques das Stück Plexiglas auf dem ›A‹ anbringen. Damit wir uns als Unternehmen stets daran erinnern.

57

Louise und Luc ließen Joe im Konferenzraum alleine. Er betrachtete das »A«. »Was für eine beeindruckende Geschichte«, dachte er.

Er hatte das ›Große kleine Buch der E-Mails‹ mitgenommen, da er in seinem Artikel auf einige E-Mails Bezug nehmen wollte.

Er öffnete den Ordner und suchte nach der E-Mail über das »A«. Kurz darauf fand er sie und las sie durch. Am Ende stand ein abschließender Gedanke von Luc.

Wenn wir das Angebot angenommen hätten, wäre es mit der DLGL vorbei gewesen. Wir alle wären zu Angestellten geworden, die anonym innerhalb der neuen Organisation verschwunden wären. Das hätte ich nicht ertragen. Unsere Unternehmenskultur und unsere Lebensqualität hätten keinen Bestand gehabt. Das neue Unternehmen hätte unsere Standards nicht übernommen, sondern wir hätten unsere Standards hinabgestuft und uns ihren angepasst.

Der Erhalt unserer einzigartigen Unternehmenskultur sowie die Möglichkeit, jeden Tag damit zu leben, sind zu wertvoll. Jeden einzelnen Tag mit Freude zur Arbeit zu gehen, ist so viel mehr wert als Geld. Das hat mich bei meiner Entscheidung geleitet. Ehrlich.

Als Joe die letzte Zeile der E-Mail gelesen hatte, sah er auf. Innerhalb der DLGL herrschte so ein wunderbares Gefühl der Verbundenheit. Das hatten all die großartigen Unternehmen, die er interviewt hatte, gemeinsam.

Einen Punkt in der E-Mail hatte Joe allerdings nicht verstanden. Er fragte sich, ob Louise ihm das erklären konnte. Just in diesem Moment betrat sie den Raum. »Ich habe noch etwas Unvorhergesehenes zu erledigen und muss in 15 Minuten gehen. Brauchen Sie davor noch etwas, Joe?«

»Das ist perfektes Timing, Louise.« Joe deutete auf die E-Mail. »Ich habe gerade die Geschichte über das ›A‹ in dem ›Großen kleinen Buch der E-Mails‹ nachgelesen. Hier in der Mitte geht es um einen Plan für den Fall, dass Jacques sterben sollte. Das verwirrt mich etwas. Wissen Sie irgendetwas darüber?«

Sie nickte. »Jeder bei der DLGL weiß darüber Bescheid. Die Informationen fließen hier sehr frei. Jacques legt großen Wert darauf, alle mit regelmäßigen E-Mails über das, was geschieht, auf den aktuellen Stand zu bringen.«

Louise wies auf den Ordner. »Der Plan, auf den die E-Mail sich bezieht, ist ein Beispiel dafür, was Jacques für diesen Ort empfindet. Für uns alle. Wenn jemand in Kanada ein Unternehmen besitzt und stirbt, fordert die Regierung von den Erben eine Erbschaftssteuer ein. Sie basiert auf dem Wert des Unternehmens.

Im Fall der DLGL bedeutet das Folgendes: Je erfolgreicher das Unternehmen ist, desto schwieriger wäre es für Jacques' Erben, es nach seinem Tod weiterzuführen. Denn sie wären gezwungen, einen großen Steuerbetrag zu entrichten.

Um das Geld für die Steuer aufzubringen, bleibt den Erben häufig nichts anderes, als das Unternehmen zu verkaufen. Das entspräche nicht Jacques' Traum vom Fortbestand des Unternehmens mit seiner Kultur. Daher ist er gezwungen, zu Lebzeiten einige finanzielle Belastungen auf sich zu nehmen, damit alle bei der DLGL nach seinem Tod ihren Job behalten können.«

Louise dachte einen Moment lang nach. »Meines Wissens gibt es keine spezielle E-Mail über ›Den Plan‹ in dem Ordner,

aber die Information ist irgendwo in eine der E-Mails einge-
streut. Darf ich?«, fragte sie und deutete auf den Ordner.

Joe reichte ihn ihr, und sie blätterte ihn rasch durch.

»Da haben wir's«, sagte sie kurz darauf. Sie gab Joe den Ordner zurück und deutete auf eine bestimmte Passage in einer der
E-Mails.

Joe überflog den Text rasch. Am Ende des Abschnitts erläuterte Jacques, warum manche Leute ihr Unternehmen verkauften.

d) – die Erbschaftssteuer kann nur dann beglichen werden, wenn sie
ihr Betriebsvermögen vorher veräußern.

Das ist offenbar nicht jedem richtig klar. Ich möchte Ihnen ein Beispiel
geben. Angenommen, Sie haben vor 20 Jahren ein Haus für 100 000
Dollar gekauft. Mittlerweile ist es 200 000 Dollar wert, und Sie sind
55 Jahre alt. Sie vermuten, dass es zum Zeitpunkt Ihres Todes, zum
Beispiel mit 79 Jahren, 400 000 Dollar wert sein wird. Das ist kein
Problem, denn es gibt keine Erbschaftssteuer für Wohnhäuser.

Wenn es sich allerdings um ein zweites Haus handelt, das Sie gekauft
und vermietet haben, wäre eine Kapitalertragssteuer fällig. Es könnte
glatt auf einen Steuerbetrag von 100 000 Dollar hinauslaufen. Woher nehmen Ihre Erben das Geld, um das zu bezahlen? Da es sich um
ein Haus handelt, könnten sie vielleicht eine Hypothek aufnehmen
und die Steuern mit diesem Geld begleichen. Falls das nicht möglich wäre, würden sie das Haus verkaufen, nur um die Kapitalertragssteuer zu bezahlen.

Auf Anteile an einem Unternehmen bekommt man keine Hypothek.
Man könnte die Anteile unter Umständen verkaufen, müsste sie
aber wahrscheinlich zu einem sehr schlechten Preis anbieten, da es
schnell gehen muss.

Einige Leute verkaufen ihr Unternehmen daher frühzeitig, damit die
Zahlungsfähigkeit nach ihrem Tod gewährleistet ist. Oder sie gehen

mit ihrem Unternehmen an die Börse. Was letztlich bedeutet, es der Allgemeinheit zu verkaufen.

Wir haben uns gegen den Börsengang entschieden, als wir vor einigen Jahren ein Übernahmeangebot bekamen. Daher müssen wir auf eine andere Weise für die finanziellen Mittel sorgen, die benötigt werden, wenn ich sterbe.

Dafür haben wir zwei Methoden, die aktuell genutzt werden.

1. Vor vielen Jahren haben wir eine Versicherung abgeschlossen, für die monatlich anfangs ein steuerlich nicht absetzbarer Betrag von 35 000 Dollar fällig war. Das gibt Ihnen eine Vorstellung, wie groß die erforderlichen Anstrengungen sind.

2. Die Gewinne der DLGL werden an unsere Holdinggesellschaft weitergeleitet und in Anlagen investiert. Zum Beispiel in Anteile an börsennotierten Unternehmen. Diese Liquidität sorgt für die nötigen finanziellen Mittel, wenn die Zeit gekommen ist. Ich verwalte diese Kapitalanlagen. Es nimmt viel Zeit in Anspruch. Ebenso viel oder vielleicht sogar noch etwas mehr Zeit als ich für meine zentralen Aufgaben hier bei der DLGL benötige.

Wie Sie sehen können, hatte die Entscheidung, das Unternehmen weder zu verkaufen noch damit an die Börse zu gehen, einige Konsequenzen. Hätten wir uns für eine dieser Optionen entschieden, hätte ich mein Geld kassiert, finanzielle Fragen hätten sich erübrigt. Ich hätte nichts mehr mit der Leitung der DLGL oder der oben beschriebenen Vermögensverwaltung zu tun. Daher stünde mir all meine Zeit zur Verfügung.

Aber das wäre für mich nicht die stimmigste Lösung. Ich bin froh über unsere gemeinsame Entscheidung, den Preis dafür zu bezahlen, dass wir die DLGL wie bisher weiterführen. Das Unternehmen bleibt, wie es ist – ein Ort, an dem die Arbeit Spaß macht, sowie ein Hafen in persönlich schwierigen Zeiten, die einige von uns durchgemacht haben.

Was wir tun, ist beispiellos. Das gefällt mir. Es macht mir riesigen

Spaß, mit Menschen zusammenzuarbeiten, die eine immense Ahnung von diesem Bereich haben und ihre Arbeit mit großer Detailkenntnis und Sorgfalt erledigen.

Angesichts all dessen sind wir gerade dabei, mit aller Konsequenz für eine Kontinuität bei der Leitung der DLGL zu sorgen, damit sie nicht nur von einer bestimmten Person abhängt. Mich selbst eingeschlossen. Und es funktioniert gut.

Zusammengefasst heißt das also Folgendes: Der Plan ist, dass ich für die Zukunft der DLGL unwichtig werde, sowohl was das Finanzielle nach meinem Tod betrifft als auch in Bezug auf die Leitung des Unternehmens, falls mein Geist nachlassen sollte.

Doch bis dahin werde ich ein aktives Mitglied von OPSCOM sein. Zum einen, weil es zu meinen Lieblingsbeschäftigungen der Woche gehört, und zum anderen, weil ich der Meinung bin, dass ich weiterhin wertvolle Dinge beisteuere. Und ich werde mich nach wie vor überall dort im Unternehmen einbringen, wo es sinnvoll ist.

Am Freitagabend feiern wir die Dinge, die all das möglich machen: Stabilität, Kontinuität, Loyalität, Erfahrung, Kompetenz. Auf ein schönes Fest.

Jacques (Jag) Guénette
DLGL

»Wow«, sagte Joe, als er mit dem Lesen fertig war. »Das ist ein beeindruckender Beleg dafür, wie wichtig ihm die Dinge sind, die hier geschehen, und wie sehr er sich dafür engagiert.«

Louise nickte. »Er liebt diese Firma. Er liebt die Leute hier. Manchmal so sehr, dass er sich selbst bewusst etwas zurücknehmen muss.«

Joe lächelte. »Wann zum Beispiel?«

»Haben Sie die Nachricht gelesen, die er verschickt hat, als wir das letzte Mal zum besten Arbeitgeber Kanadas gekürt wurden?«

Joe schüttelte den Kopf.

»Wie Sie wahrscheinlich bemerkt haben, ist es charakteristisch für Jacques, dass er eine so interessante Mischung ist. Es ist eine Mischung aus der Liebe, die er für sein Unternehmen und für die Menschen empfindet, die es zu dem machen, was es ist. Sowie aus dem Streben nach Perfektion innerhalb des Prinzips, sich bewusst für die eigenen Unvollkommenheiten zu entscheiden. Und zu all dem kommt krönend noch die Bereitschaft hinzu, offen seine Meinung zu sagen.«

Sie lachte. »Ich suche Ihnen die Nachricht heraus.« Sie blätterte kurz in dem ›Großen kleinen Buch der E-Mails‹, dann hatte sie die Nachricht gefunden. »Bitte sehr«, sagte sie.

58

Joe blickte zum Ordner und begann zu lesen.

Von: Jacques Guénette
An: DLGL
Cc:
Betreff: Bester Arbeitgeber

Ich habe gerade den Watson-Wyatt-Report durchgesehen, in dem wir bei der Frage zum »Feedback von meinem Chef« 2,99 von 5 Punkten bekommen haben. Der Bericht geht in aller Ausführlichkeit darauf ein, was wir tun sollten, um diese Situation zu verbessern. Er rät uns zum Beispiel zu einem ordentlichen Talentmanagement, das in einem Unternehmen, das Spitzenleistungen fördern möchte, erforderlich ist – und so weiter und so fort …
Daher denke ich, wir sollten auf Ihre Wünsche eingehen und die Empfehlung dieser Berater befolgen.
Nächste Woche wird es eine Neuerung geben. Wir werden für Sie alle einen Chef ernennen. Von nun an werden Sie zunächst die Genehmigung Ihres Chefs einholen, wenn Sie mit anderen Abteilungen des Unternehmens zusammenarbeiten möchten …
Dieser Chef wird Sie alle drei Monate beurteilen, und diese Beurteilung wird die BDK ersetzen sowie die Grundlage für Gehaltserhöhungen und Boni sein.
Daher sollten Sie lieber freundlich zu Ihrem Chef sein, denn dieser Chef wird die einzige Person sein, die Sie ab nun bewertet.

Wir haben ziemlich flache Hierarchien, daher werden nicht viele von Ihnen der Vorgesetzte von jemand anderem sein. Ihre Meinung über die Leistungen anderer wird also nicht mehr benötigt.

Jeder Antrag, einen anderen Vorgesetzten zu bekommen, muss natürlich über Ihren Chef laufen. Versuchen Sie bitte nicht, ihn zu umgehen und sich direkt an einen höheren Vorgesetzten zu wenden.

Wir gehen davon aus, dass der Wechsel von der BDK zur Beurteilung durch Vorgesetzte mit der Zeit zu einer normaleren Fluktuationsrate beim Personal führen wird (da Probleme mit dem Chef die häufigste Ursache für Kündigungen sind).

Wahrscheinlich wird die Fluktuationsrate zwischen 12 und 15 Prozent betragen. Daher werden wir 18 bis 24 Prozent mehr Personal einstellen müssen. Auf diese Weise kompensieren wir die nutzlosen 12 Prozent, die gerade erst zu uns gekommen sind und von nichts eine Ahnung haben, und die 15 Prozent, die völlig ineffizient sind, weil sie so viel Zeit damit verbringen, die neu eingestellten Leute einzuarbeiten und ihnen immer wieder zusätzliche Kenntnisse zu vermitteln.

Wir werden zudem 25 Prozent mehr Bürofläche für all diese Leute benötigen sowie eine Personalabteilung mit einem großen Budget etc.

Natürlich werden diese zusätzlichen Ausgaben unseren Gewinn übersteigen. Daher werden wir drastische Einsparungen bei einigen unserer Zusatzleistungen vornehmen müssen. Dinge wie die Boni und die betriebliche Altersvorsorge, die an den Gewinn gekoppelt sind, werden zuerst betroffen sein. Das Sozialkomitee, das sich um all die Aktivitäten außerhalb der Arbeit kümmert, wird nun komplett von den Angestellten finanziert. Bei den Zusatzleistungen für die zahnärztliche Versorgung werden wir das Einsparungspotenzial intensiv prüfen.

Und wer sind wir überhaupt, uns Weihnachtsfeiern zu leisten, wenn unsere Kunden das nicht können? Es wird eine gute Marketingmaßnahme sein, wenn wir ebenso leiden wie sie …

Unseren Vipnasiumraum werden wir leider vermieten müssen, um so einige Einnahmen zu generieren, und die zusätzlich benötigten 25 Prozent Bürofläche werden wir im Untergeschoss unterbringen. Verabschieden Sie sich also schon einmal von der Drivingrange und der Waschmaschine und dem Trockner, die wir für die Reinigung der Hockeykleidung nutzen.

Natürlich meine ich das nicht ernst. Aber ich bin stocksauer (falls Sie das noch nicht bemerkt haben sollten).

Unser Unternehmen basiert auf Selbstdisziplin. Wenn Sie unbedingt einen Chef brauchen, der Ihnen sagt, was Sie bereits über sich selbst wissen, oder der Ihnen sagt, was Sie tun sollen – werden Sie ihn hier nicht finden. Jedenfalls nicht, solange ich etwas zu sagen habe.

Ich habe zahlreichen unterschiedlichen Personalleitern erklärt, wie unser Bewertungsprozess funktioniert. Sie sind einhellig der Meinung, dass er großartig ist.

Ich habe dies den Leuten bei Watson Wyatt erklärt und sie darum gebeten, die Fragen zu verändern, weil sie nicht zu der Art und Weise passen, wie wir sind. Ihre Fragen gehen von einer Hierarchie aus. Doch wir sind eine Matrixorganisation.

Das haben sie irgendwie eingesehen, aber sie können ihre Fragen nicht verändern, da Studien von Watson Wyatt auf der ganzen Welt gleich sind. Sie haben uns empfohlen, diese Fragen mit Sinn und Verstand zu beantworten.

Wenn nun eine Frage darauf abzielt, wie oft man ein Feedback von seinem Chef bekommt, man aber keinen Chef hat, wird die Antwort falsch sein, egal wie sie lautet. Warum sollten wir uns in diesem Fall für eine Antwort entscheiden, die uns schlecht dastehen lässt?

Die Tatsache, dass es uns unmöglich ist, diese Frage auf unsere Realität zu übertragen, lässt die Berater zu dem Schluss kommen, dass wir über kein gutes Talentmanagement verfügen. Das ist absoluter Blödsinn. Es ist unsere größte Stärke, die richtige Person am richtigen Platz einzusetzen.

Wie sollten wir sonst die unglaublichen Ergebnisse erzielen, die wir in jedem Bereich bekommen, egal welcher Maßstab angelegt und aus welcher Perspektive unser Unternehmen betrachtet wird? Es ist uns allen gegenüber unfair.

Wir haben trotzdem mit einem bombastischen Ergebnis von durchschnittlich 4,60 von 5 möglichen Punkten gewonnen.

Herzlichen Glückwunsch.

Jacques (Jag) Guénette

Joe hatte die E-Mail zu Ende gelesen und lachte.

»Ich weiß«, sagte Louise. »Wenn man ihn kennt und weiß, was er alles für die Menschen hier tut und wie wichtig sie ihm sind, ist es lustig.«

»Ich nehme an, danach war klar, wie Fragen über den Chef künftig in Fragebögen zu beantworten sind«, sagte Joe.

Louise lachte. »Ja, ich glaube, wir haben dieses Jahr bei der Frage ein viel besseres Ergebnis erzielt und insgesamt wieder als Beste abgeschnitten. Das ist typisch für ihn. So ist er nun mal. Stark, getrieben, temperamentvoll … und gleichzeitig neugierig, umsichtig, fürsorglich. Überdies steht er unglaublich für seine Mitarbeiter ein.«

»Abgesehen davon, ist bei all dem immer eine gehörige Portion Humor mit im Spiel«, sagte Joe. »Das ist mir bereits aufgefallen, und auch in dieser E-Mail ist das spürbar.«

»Ja, das kommt noch hinzu«, bestätigte Louise.

»Bei meinen Interviews mit verschiedenen großen Führungskräften habe ich festgestellt, dass sie alle eine einzigartige Persönlichkeit haben«, sagte Joe. »Die von Ihnen genannten Eigenschaften sind fast immer bei solchen Menschen zu finden. Aber die Art und Weise, wie sie zutage treten, hängt stark von der jeweiligen Person ab und ist stets unverwechselbar.«

Er machte eine kurze Pause. »Das hat mich stets inspiriert. Denn dadurch habe ich erkannt, dass herausragende Führungsqualitäten unterschiedlichste Facetten haben können. Es handelt sich keineswegs um eine Art ›geschlossene Gesellschaft‹. Jeder hat das Potenzial, eine großartige Führungskraft zu sein, wenn er das möchte. Es gibt ein Rezept dafür, und jeder kann es anwenden. So viele andere haben es uns vorgemacht und tun dies weiterhin. Eine Führungskraft muss das Rezept lediglich auf eine Art und Weise anwenden, die ihr entspricht und dadurch einmalig ist.«

Während Joe das sagte, bekam er an den Armen eine Gänsehaut. Das war für ihn ein untrügliches Zeichen, dass er etwas sehr Wichtiges für sein eigenes Leben erkannt hatte. Er schüttelte seine Arme etwas aus.

»Ist alles in Ordnung mit Ihnen?«, erkundigte sich Louise.

Joe sah sie an. »Absolut«, antwortete er und klang dabei etwas überrascht. »Ich habe mich nur gerade an etwas Wichtiges erinnert. Das ist alles.«

Louise blickte zur Uhr an der Wand. »Ich muss los. Begleiten Sie Jacques zu der OPSCOM-Sitzung heute Nachmittag? Sie beginnt um halb vier. Ich nehme an, Jacques wird direkt von dort aus zu der Veranstaltung heute Abend gehen.«

Joe nickte. Er dachte immer noch über seine Bemerkung zu den Führungsqualitäten nach und darüber, was das für seine eigene Situation bedeutete. »Ja, das mache ich«, sagte er nach einer Weile. »Ich werde da sein.«

59

Jacques kam um kurz nach drei ins Büro zurück.

»Na, finden Sie alles, was Sie für den Artikel brauchen?«, fragte er, als er gegen den Türrahmen des Konferenzraums klopfte, in dem Joe arbeitete.

Joe sah hoch und lächelte. »Hallo, Jacques, wie war Ihr Vormittag?«

Jacques kam herein und setzte sich auf einen der Stühle. »Produktiv. Ich musste mich um ein paar private Dinge kümmern. Nun ist alles erledigt und ich kann mich auf die OPS-COM-Sitzung und die Veranstaltung heute Abend konzentrieren. Wie ich höre, begleiten Sie mich?«

»Wenn das o. k. ist«, antwortete Joe.

»Das passt wunderbar. Die OPSCOM-Sitzung beginnt in etwa 20 Minuten in diesem Raum.«

Joe blickte zum Whiteboard. »Vorhin haben Louise und Luc mir freundlicherweise die Geschichte von dem ›A‹ dort oben erzählt. Ich bin in dem ›Großen kleinen Buch der E-Mails‹ gerade zufällig auf eine E-Mail gestoßen, die einige Zeit danach geschrieben wurde.«

»Auf welche denn?«, fragte Jacques.

Joe las sie laut vor:

Von: Luc Bellefeuille
An: DLGL
Cc:
Betreff: Heute vor vier Jahren …

Genau heute vor vier Jahren hatten wir eine sehr lange und bewegen-
de OPSCOM-Sitzung …

Jacques verkündete, dass er ein überaus beachtliches Kaufangebot
für die DLGL erhalten hatte. So etwas hat eine große strategische
Bedeutung und kommt nur alle Jubeljahre einmal vor.

Dieses Angebot hätte Jacques viele Millionen und uns allen bei der
DLGL eine ebenfalls beträchtliche Summe eingebracht.

Aber es wäre auch das Ende der DLGL, so wie wir sie kennen, gewesen … sie wäre von einem großen Konzern geschluckt worden.

Jacques übertrug uns die endgültige Entscheidung, das Angebot zu
akzeptieren oder es abzulehnen …

Wir hatten ein extrem intensives Meeting. Wir betrachteten die
Situation aus allen möglichen Blickwinkeln, spielten jedes Szenario
durch, bemühten uns sehr darum, die beste Entscheidung für alle
Mitarbeiter der DLGL sowie für ihre Familien zu treffen. Dabei be-
rücksichtigten wir natürlich auch finanzielle Aspekte.

Wir dachten aber auch an andere Dinge. An all die Visionen, die
Jacques und Claude bei der Gründung der DLGL hatten. Daran, was
wir als Gruppe gemeinsam erlebt hatten. An unsere Geschichte, unsere Unternehmenskultur, an alles, was wir aufgebaut haben und was
uns wichtig ist …

Ebenso wichtig war die Frage, wie unsere Zukunft aussehen würde,
wenn wir verkauften, und wie sehr wir auf unsere Fähigkeit vertrauten, uns all das gemeinsam zu bewahren, damit sich die DLGL weiterhin so wie bisher entwickeln konnte.

Als es zur Abstimmung kam, entschieden wir uns einstimmig für Option A. Wir alle wollten, dass das Abenteuer weiterging, und glaubten
daran, dass es bei der DLGL fortgeschrieben werden konnte.

Vier Jahre danach freuen wir uns nach wie vor an jedem einzelnen Tag, an dem wir zur Arbeit gehen, über die Liebe, die Harmonie und den Spaß, den wir haben. Wir genießen eine Lebensqualität, die sonst nirgendwo zu finden ist, das Privileg, für den besten Arbeitgeber zu arbeiten, und das in einem außergewöhnlichen Arbeitsumfeld.

Wir alle haben mittlerweile viele Boni erhalten. Allmählich nähern wir uns einem Punkt, an dem sie dem Betrag entsprechen beziehungsweise ihn übertreffen, der durch die Verteilung der Übernahmesumme ausgeschüttet worden wäre. Aus einer betriebswirtschaftlichen Perspektive sind wir erfolgreich durch die Stürme hindurchgesteuert, die die Branche erschüttert haben.

Und angesichts der baldigen Markteinführung von 8G sieht unsere Zukunft auch in den kommenden Jahren extrem strahlend und spannend aus und wird uns viele großartige Zeiten bescheren.

Rückblickend klingt ›A‹ für mich immer noch sehr gut!!

Vielen Dank, Jacques, dass du uns an jenem Tag die Chance gegeben hast, eine Wahl zu treffen.

Luc Bellefeuille

»Er hat eine gute Mail geschrieben, nicht wahr?«, sagte Jacques, als Joe zu Ende gelesen hatte.

Joe nickte. »Die Tradition spielt eine sehr große Rolle in diesem Unternehmen. Sie feiern Ihre Erfolge nicht nur, wenn Ihnen etwas gelungen ist, sondern auch noch danach.«

»Dazu kann es nur kommen«, sagte Jacques, »wenn man einige erfahrene Leute in seiner Gruppe hat. Leute, die seit langer Zeit da sind. Wenn jeder alle paar Jahre wechselt, hat Tradition gar keine Bedeutung.«

»Das ist wirklich beeindruckend«, sagte Joe und deutete auf einen Abschnitt in der E-Mail, die er gerade vorgelesen hatte. »In gut vier Jahren hatten die Mitarbeiter mit ihren Boni mehr verdient, als sie bei einer Übernahme bekommen hätten.«

Jacques nickte. »Und sie erhalten weiterhin Boni, weil sie immer noch hier sind. Ich kann Ihnen ziemlich sicher garantieren, dass das nicht bei allen der Fall gewesen wäre, wenn wir das Angebot angenommen hätten.«

»Und warum nicht?«

»Meistens kommt es zu Übernahmen, weil ein Unternehmen etwas erfolgreich macht und ein anderes das auch möchte. Allerdings verzettelt sich der Käufer in der Regel so sehr mit Zahlen, Strategien, firmeninternen Dingen, dem Gerangel um Positionen und all diesem Blödsinn, dass er genau die Dinge, die er haben wollte, zerstört.

Er erkennt nicht, dass der Erfolg von den Mitarbeitern und der Unternehmenskultur abhängt. Das, was er gekauft hat, ist das Erste, was er zerstört. Und dann geht der Rest ebenfalls den Bach runter.

Hätten wir das Angebot angenommen, wäre unsere Firmenkultur garantiert aufgerieben worden, weil der Käufer viele Dinge nicht verstanden hätte. Zum Beispiel das Prinzip, so viel Urlaub zu nehmen, wie man benötigt. Und dann wären 25 Prozent der DLGL-Mitarbeiter entlassen worden, weil irgendjemandem aufgefallen wäre, dass es hin und wieder zu Redundanzen kommt oder Verantwortungsbereiche sich überschneiden, oder weil die neuen Führungskräfte nicht verstanden hätten, wie wir unseren Entwicklungshebel nutzen, um die Dinge am Laufen zu halten und ohne unnötigen Stress mühelos auf Kurs zu bleiben.

Schon bald«, setzte er noch hinzu, »wäre alles verloren gegangen.«

Jacques machte eine Pause. Dann sagte er kichernd: »Und was diejenigen betrifft, die genug Geld bekommen hätten, um sich zur Ruhe zu setzen ... Nun, die Vorstellung, sich zur Ruhe zu setzen, ist etwas irreführend, wenn man das, was man tut, gerne macht. Man wird jeden Tag nach dem Aufstehen *irgendetwas* tun. Und idealerweise ist es etwas, das einem gefällt.

Ich sage nicht, dass niemand hier irgendetwas anderes tun würde, wenn er im Lotto gewinnen würde und nie mehr über Geld nachdenken müsste. Aber das Ziel für die DLGL war, einen Ort zu schaffen, an dem die Mitarbeiter jeden Montagmorgen gerne sein *wollen*. Das gilt auch für mich selbst.

Es war schön, das Übernahmeangebot zu erhalten. Doch letztlich habe ich nicht versucht, einer schlechten Situation zu entkommen, um mir endlich meinen Lebenstraum zu erfüllen und mit Menschen Zeit zu verbringen und Spaß zu haben, die ich mag. Das habe ich bereits bei der DLGL.«

Er zuckte mit den Achseln. »Und ich glaube, Sie würden eine ähnliche Antwort von den meisten anderen Leuten hier bekommen.«

60

Könnten Sie mir einen Überblick darüber geben, was die OPSCOM ist?«, fragte Joe. »Sie haben diese Sitzung in einigen unserer früheren Gespräche erwähnt, und in der E-Mail, über die wir gerade geredet haben, taucht sie auch auf.

Sie steht auf der Liste der Dinge, zu denen ich Sie noch befragen wollte, bisher aber nicht dazu gekommen bin. Da ich später zum ersten Mal bei einer OPSCOM-Sitzung dabei sein werde, würde ich gerne etwas über ihre Entstehungsgeschichte und ihren Zweck erfahren.«

Jacques nickte. »Die OPSCOM entstand aufgrund dessen, was mit Claude passierte. Als er krank wurde, erkannten wir, dass wir erneut über die Leitung des Unternehmens nachdenken mussten. Claude würde sich bald von seinen täglichen Aktivitäten bei der DLGL zurückziehen, daher würde sich etwas verändern, ob wir es wollten oder nicht.

Früher war ich einfach in sein Büro gegangen, hatte meine Füße auf seinen Tisch gelegt und zu ihm gesagt: Wir haben *dieses* Problem oder *jene* Situation und *folgende* Möglichkeiten. Und er machte es bei mir genauso. Vieles fand auf der kleinen schmiedeeisernen Bank beim Fluss statt, die ich bereits erwähnt habe.

Wir besprachen die Dinge und trafen alle Entscheidungen auf diese Art und Weise. Wir bezogen die Person mit ein, die sich in dem jeweiligen Thema gut auskannte. Es war sehr informell. Ein Manager setzte sich mit uns beiden zusammen. Wir waren so etwas wie ein zweiköpfiger Geschäftsführer.

Als Claude erfuhr, dass er krank war, beschlossen wir, die Geschäftsleitung auch anderen Mitarbeitern zu übertragen. Also holten Claude und ich vier unserer erfahrensten Leute mit ins Boot. Nach einer Weile nahm Claude nicht mehr an den Sitzungen teil. Daher waren wir fortan nur noch zu fünft.«

»Warum ist es genau diese Anzahl von Leuten?«, fragte Joe.

Jacques zuckte mit den Achseln. »Wir möchten unsere Sitzungen auf die Teilnehmerzahl beschränken, die unbedingt nötig ist, um die Aufgaben zu meistern. Die OPSCOM-Gruppe setzt sich folgendermaßen zusammen: Es sind zwei Leute dabei, die unsere Kunden betreuen. Sie repräsentieren das, was wir jeden Tag tun. Ein Mitglied kommt aus dem Bereich der Unternehmensarchitektur. Dabei geht es darum, welche geschäftlichen Perspektiven es künftig für unser Produkt gibt. Und ein weiteres Mitglied ist mit den Mitarbeitern sowie betrieblichen Aspekten der DLGL befasst. Und schließlich gehöre ich selbst noch dazu.«

Jacques machte eine kurze Pause. »Allerdings gibt es bei uns allen beträchtliche Überschneidungen. Es kommen also nicht eine Reihe von Chefs zusammen, die über ihren Spezialbereich berichten. Jeder ist im Gebiet des anderen involviert. Daher sind diese Meetings offene Diskussionen über alles, was gerade so los ist.«

Joe nickte. »Bevor die OPSCOM-Gruppe gebildet wurde, waren die Treffen von Ihnen und Claude also ziemlich informell und fanden immer dann statt, wenn es nötig war. Gilt das auch noch für die OPSCOM-Sitzungen?«

Jacques schüttelte den Kopf. »Nein. In unseren Augen ist diese Sitzung wahrscheinlich das Wichtigste, was wir jede Woche machen. In vielen anderen Unternehmen, mit denen ich zu tun habe, versucht man die Meetings möglichst kurz zu halten, weil es meistens eine unproduktive Art und Weise ist, den Tag zu verbringen. Bei der OPSCOM ist das ganz anders.

Wir haben eine einfache, festgelegte Agenda. Jede Woche gehen wir jeden einzelnen Kunden durch. Wir besprechen, was der aktuelle Stand der Dinge ist, welche Aktivitäten wir durchführen, wie es um unsere Beziehung zu ihm bestellt ist …

Wir sprechen auch darüber, welche Produkte und Dienstleistungen er im Moment nutzt und welche er gebrauchen könnte. Und schließlich prüfen wir, wie der Kontakt zu diesem Kunden sich auf die Mitarbeiter der DLGL auswirkt.«

Joe blickte Jacques fragend an. »Was heißt das zum Beispiel konkret?«

»Nun, wir kümmern uns darum, wenn wir einen neuen Ansprechpartner bei einem Kunden haben und dieser der Meinung ist, einer unserer Leute sollte bis 22 Uhr arbeiten. So etwas wird nicht toleriert.«

»Alles klar.«

»Wir nehmen uns so viel Zeit wie nötig, um solche Dinge zu besprechen und in gute Bahnen zu lenken. Und da das Meeting jede Woche stattfindet, können wir uns sofort um nötige Veränderungen kümmern oder uns nach Bedarf irgendwo einschalten.

Auf diese Weise vermeiden wir, dass irgendetwas einen ganzen Monat lang unentdeckt bleibt. Worauf einen weiteren Monat lang nichts geschieht. Und bis sich jemand schließlich darum kümmert, ist ein großes Problem daraus entstanden. Das passiert hier nicht. Wir erkennen ein Problem, überlegen, was zu tun ist, und handeln dann sofort.«

Joe hakte nach: »Wie läuft der Entscheidungsprozess ab? Stimmen Sie ab?«

Jacques lachte. »Wir führen *sehr* angeregte Diskussionen. Jedes der fünf OPSCOM-Mitglieder hat dezidierte Meinungen über bestimmte Dinge. Daher entstehen öfter unglaublich lebhafte Gespräche.

Und das ist auch gut so. Es ist sogar sehr gut. Ich glaube,

dass wir, die OPSCOM und somit auch die DLGL, aus diesem Grund so erfolgreich sind. In diesen Sitzungen befürchtet niemand, gefeuert zu werden, und keiner hat das Gefühl, die anderen beeindrucken zu müssen. Es gibt kein Positionsgerangel, keine Konkurrenz darum, wer befördert wird und einen tollen Posten bekommt.

Daher haben wir keine Angst davor, offen unsere Meinung zu sagen. Wir scheuen uns nicht davor, sehr angeregt zu diskutieren. Wenn etwas wichtig ist, sollte man es tatsächlich aus unterschiedlichsten Blickwinkeln betrachten. Und das tun wir in diesem Rahmen.«

Jacques blickte zu Joe. »Es gefällt mir sehr, wenn die Diskussionen lebhaft werden. Wissen Sie warum?«

Joe schmunzelte. »Warum?«

»Weil es zeigt, dass das Thema den Leuten wichtig ist. Sie machen sich die Dinge moralisch zu eigen.«

»Sie machen sie sich moralisch zu eigen?«

»Genau. Es ist schön und gut, finanziell beteiligt zu sein. Es ist wichtig, und bei uns ist es der Fall. Die Mitarbeiter werden durch ihre Gehälter und Boni belohnt. Wenn es dem Unternehmen gut geht, profitieren sie davon. Aber in schwierigen Zeiten würde das nicht ausreichen. Denn es motiviert die Menschen nur bis zu einem gewissen Grad.

Es ist viel wirkungsvoller, sich etwas moralisch zu eigen zu machen. Dazu kommt es, wenn den Menschen etwas ehrlich und aus tiefstem Herzen wichtig ist – weil sie stolz auf ihre Arbeit sind. Sie sind die Hüter von etwas Bedeutendem.

Es ist wie bei einer Armee von bezahlten Söldnern im Vergleich zu einer Armee aus freiwilligen Bürgern, die ihre Heimat verteidigen. Die Bürger leben in dem Land. Ihre Familien wohnen dort. Ihre Erinnerungen, zahlreiche Geschichten, soziale Beziehungen: All das ist daran geknüpft. Sie würden dafür ihr Leben lassen.«

Jacques lachte. »Wir bringen unsere Mitarbeiter nicht in eine Lage, wo sie Invasoren abwehren müssen. Aber in unserer Kultur setzen sich die Mitarbeiter für die Dinge ein, die bei der DLGL stimmig sind, da sie sich das Unternehmen moralisch zu eigen gemacht haben. Sie haben diesen Ort mit aufgebaut. Sie *sind* dieser Ort. Die Erinnerungen, die Geschichten und Beziehungen existieren alle.«

»Ich habe den Ausdruck ›sich moralisch etwas zu eigen machen‹ noch nie gehört«, sagte Joe, »aber ich bin einer solchen Haltung bereits begegnet. Jedes großartige Unternehmen, das ich bisher kennengelernt habe, war davon geprägt. Jede große Führungsperson, die ich bisher interviewt habe, hat diese Einstellung im eigenen Unternehmen gefördert.«

»Es gibt noch einen weiteren wichtigen Aspekt bei unserer Methode der Entscheidungsfindung«, sagte Jacques. »Wenn wir schließlich eine Entscheidung treffen, unterstützen sie alle. Möglicherweise sind wir aufgrund unterschiedlicher Aspekte oder Gewichtungen der Diskussion dorthin gelangt, aber wir alle tragen diese Entscheidung gemeinsam.«

»Setzt sich die OPSCOM immer noch aus den fünf ursprünglichen Mitgliedern zusammen?«, fragte Joe.

»Ja, wir nutzen diesen Rahmen seit langer Zeit.« Jacques schmunzelte. »Das ist einer der Schlüssel für unseren Erfolg und es wird auch weiterhin Bestand haben.«

61

Joe und Jacques unterhielten sich noch ein paar Minuten. Dann kamen nacheinander die OPSCOM-Mitglieder in den Konferenzraum. Joe hatte sie alle während seiner Zeit bei der DLGL kennengelernt. Doch nun würde er zum ersten Mal an einer Sitzung mit ihnen teilnehmen.

Als sie vollzählig waren, stellte Jacques Joe der Gruppe noch einmal vor. »Übrigens, Joe«, sagte er, »einer der Schlüssel für eine gute OPSCOM-Sitzung ist, dass es keine passiven Zuhörer gibt. Sie haben zwar noch nicht so viel Zeit hier bei der DLGL verbracht, aber falls Sie etwas beizutragen haben, schalten Sie sich bitte unbedingt ein. Jeder hier ist ein Teilnehmer.«

Joe lächelte. Jacques' Bemerkung deckte sich fast hundertprozentig mit den Worten, die Thomas so häufig zu Leuten gesagt hatte, die an Veranstaltungen der Derale Enterprises teilgenommen hatten. Während Joe so darüber nachdachte, wurde ihm etwas bewusst: Dieser Gedanke hatte nicht zu der Dunkelheit geführt, die er sonst in den letzten sieben Monaten bei Erinnerungen an Thomas verspürt hatte. Joe wollte dem gerne noch etwas weiter nachgehen, aber die Sitzung hatte bereits begonnen.

Wie Jacques ihm bereits erläutert hatte, ging die Gruppe einen Kunden nach dem anderen durch. Jedem Kunden war – je nach Art der Beziehung – eine Farbe zugeordnet. Grün bedeutete, alles lief großartig. Gelb hieß, die Beziehung war von einem gewissen Unbehagen geprägt. Rot signalisierte, mit diesem Kunden erlebte man eine Krise. Blau bedeutete, alles war eingefroren. Die Kunden nutzten VIP, das Produkt der DLGL, aber aufgrund ihrer Firmenpolitik oder anderer Faktoren war im Moment keine Weiterentwicklung zu erwarten.

Und schließlich gab es noch die Farbe Braun. Ein Kunde, der ein braunes Etikett bekommen hatte, erhielt – wie jeder andere Kunde auch – hundertprozentigen Support sowie die vertraglich vereinbarten Tools und sonstigen Leistungen. Allerdings plante die DLGL nicht, die Beziehung mit ihm auszubauen. In der Regel erhielt ein Kunde dann ein braunes Label, wenn er sich gegenüber Mitarbeitern der DLGL respektlos verhalten hatte und versuchte, Stress zu erzeugen.

Jacques erklärte es Joe genauer, als sie zu einem Kunden mit einem braunen Etikett kamen. »Wir tolerieren es schlicht und ergreifend nicht. Wir sind ein überaus kompetentes Unternehmen und bringen einen enormen Einsatz. Wenn das nicht genügt, sprechen wir darüber und versuchen, Lösungen zu finden. Wenn es dann immer noch nicht reicht, werden wir mit diesem Kunden nicht an weiteren Projekten arbeiten.

Die Vorstellung, der Kunde habe immer recht, ist Blödsinn. Die Gesamtheit der Kunden hat recht. Ein Kunde, der zu einem bestimmten Zeitpunkt von einem einzelnen Menschen repräsentiert wird, der keine Ahnung hat und versucht sich zu profilieren oder jemanden bei der DLGL für seine eigene Inkompetenz verantwortlich zu machen: Ein solcher Kunde hat definitiv nicht recht.

Wir stellen uns letztlich immer wieder die Frage: ›Womit ist dem Kunden langfristig am besten gedient?‹ Dem aktuell zuständigen Mitarbeiter des Kunden gefällt etwas möglicherweise nicht. Aber in drei Jahren oder *weniger* ist er wahrscheinlich nicht mehr da. Das passiert häufig. Aber wir müssen nach wie vor *unsere* Sicht der Dinge bei dem Projekt erläutern und erklären, warum wir etwas empfohlen haben.

Und dann genügt es nicht, wenn wir sagen: »Dazu kam es,

weil der Mitarbeiter, den Sie bereits entlassen haben, auf die Barrikaden gegangen ist und uns quasi dazu gezwungen hat.

Unser Ziel sind viele ›grüne Kunden‹ und die Anzahl all der anderen Farben möglichst niedrig zu halten. Die Energie, die wir für ›rote Kunden‹ aufwenden, ist erschreckend. Diese Zeit könnten wir so viel besser nutzen. Daher versuchen wir, diese Farbe möglichst zu vermeiden. Da wir uns jede Woche treffen, erkennen wir schnell, wenn sich jemand von Grün zu Gelb verändert, und können uns darum kümmern, bevor der Kunde ein rotes Label bekommt.«

»Wie setzen sich die Farben in der Regel prozentual zusammen?«, fragte Joe.

»79 Prozent Grün, 5 Prozent Gelb, 3 bis 5 Prozent Rot, 10 Prozent Blau und 1 bis 3 Prozent Braun«, antwortete Jacques.

»Gibt es einen bestimmten Grund, warum die Farbe sich bei jemandem verändert?«, fragte Joe.

Jacques nickte. »Dazu kommt es, wenn wir beim Kunden mit einer anderen Person zu tun haben. Wenn der Kunde unseren Ansprechpartner ersetzt, können die Dinge sich von ›nicht gut‹ zu ›großartig‹ entwickeln.

Oder umgekehrt. Wie bei dem Kunden, über den wir gerade gesprochen haben. Wir hatten 18 Jahre lang eine klasse Beziehung zu unserem Ansprechpartner. Dann ging er in den Ruhestand und wurde durch einen Mitarbeiter ersetzt, der neu im Unternehmen ist, uns nicht kennt und überdies keine Ahnung von seiner Arbeit hat.

Zu einer solchen Situation kommt es, wenn jemand versucht, sich zu profilieren, ein größeres Budget zu rechtfertigen, auf einem bestimmten Gebiet etwas in seinem Lebenslauf vorzuweisen … Und es bedeutet nichts Gutes. Das Erste, was so jemand sagt, ist: ›Ach, wir haben dieses System schon seit 18 Jahren? Dann ist es bestimmt veraltet und muss ersetzt werden.‹

Dann wirft er mit ein paar Schlagworten um sich und versucht auf diese Weise, Unterstützung für die von ihm gewünschten Veränderungen zu bekommen.«

Jacques schüttelte den Kopf. »Hier beginnen die Kopfschmerzen. Letztlich investieren wir Zeit, die besser auf andere Dinge verwendet würde. Denn eigentlich sollte unser Ansprechpartner Folgendes sagen:

›Zum Glück finde ich eine Situation vor, in der unser Dienstleister uns nicht nur großartige Ergebnisse liefert, sondern schon so lange dabei ist und uns deshalb äußerst gut kennt. Ganz abgesehen davon, dass er ständig Upgrades für seine Produkte entwickelt, um uns die Technik zur Verfügung zu stellen, die wir brauchen.

Zum Glück haben wir einen Dienstleister, der in seiner gesamten Unternehmensgeschichte noch nie die Gehaltsabrechnung eines Kunden verschludert hat. Zum Glück ist die gesamte grundlegende Arbeit für unsere Datensysteme bereits abgeschlossen, da es fünf bis sieben Jahre dauern kann, um Prozesse, Abläufe und administrative Details auszuarbeiten. Das heißt, fünf bis sieben Jahre könnte niemand die Daten nutzen, die benötigt werden, um unser Unternehmen effektiv zu managen.

Zum Glück verfügt unser Dienstleister über ein Produkt, das aktuell und konkurrenzfähig ist, sodass er in der Branche nach wie vor neue Kunden gewinnt. Er bietet einen guten Support und hat eine so starke Unternehmenskultur, dass die Angestellten das Unternehmen nicht verlassen. Folglich sind die Leute, die ursprünglich die Prozesse und Abläufe für uns entwickelt und fortwährend den Support dafür geliefert haben, immer noch da.

Wenn nun etwas weiterentwickelt oder angepasst werden muss, findet man daher schnell eine Lösung, anstatt zahllose Stunden mit der Recherche zu verbringen, was ursprünglich gemacht wurde, und anstatt lediglich eine Übergangslösung nach der anderen zu entwickeln, nur um letztlich ein Sammelsurium aus einzelnen unzusammenhängenden Komponenten zu erhalten.«

Joe schmunzelte. Es gefiel ihm (wie noch so manches andere), dass Jacques die Dinge beim Namen nannte. Außerdem brannte er für seine Arbeit. »Warum sagen Ihre Kunden so etwas dann nicht?«, fragte Joe ihn.

»Verstehen Sie mich bitte nicht falsch«, antwortete Jacques, »die meisten von ihnen tun das durchaus. In diesen Fällen ist alles im grünen Bereich, und die Farbe des Kunden bleibt auch grün, wenn ein neuer Mitarbeiter unser Ansprechpartner wird. Alles ist perfekt. Aber bei einem Szenario wie dem eben geschilderten ist es anders. Der Mensch, den der Kunde anstelle unseres früheren Ansprechpartners eingestellt hat, konzentriert sich mehr auf seine persönlichen Ziele als auf die des Unternehmens, für das er arbeitet.

Also haben wir es mit jemandem zu tun, der Pluspunkte für seinen Lebenslauf sammeln möchte. Er möchte sagen können, er habe eine bestimmte Software implementiert. Oder die Umstellung auf eine bestimmte Technologie geleitet. Oder ein bestimmtes Budget verwaltet. Er wird alle möglichen Veränderungen und Projekte anstoßen und für ein gehöriges Chaos sorgen. In zwei oder drei Jahren, bevor irgendetwas richtig abgeschlossen ist und kurz bevor die Probleme eskalieren, wechselt er dann zu einem anderen Unternehmen.«

»Das klingt so ähnlich wie das, was Sie mir neulich erzählt haben«, sagte Joe. »Es ist ein Fall, bei dem unterschiedliche Zielsetzungen nicht miteinander harmonieren.«

»Genau«, antwortete Jacques. »In diesem speziellen Fall erkannte schließlich irgendjemand bei unserem Kunden, was dieser Mitarbeiter tat und wie er mit Menschen umging. Daraufhin wurde er entlassen. Allerdings hat er bereits genug Probleme geschaffen und es ist ein ziemliches Durcheinander entstanden. Wenn sein Nachfolger eine deutlich bessere Arbeitshaltung hat, sind wir bereit, den Kontakt weiter auszubauen. Ist das nicht der Fall, werden wir uns nicht darauf einlassen.

Wir müssen mit einer gewissen Arroganz auftreten, um uns darauf zu besinnen, wer wir sind, was wir anbieten können und in welche Richtung wir steuern. Auf diese Weise können wir, falls nötig, unsere Position vertreten. Das ist wichtig. Denn es ist besser, schon früh klar Stellung zu beziehen, wenn etwas nicht gut läuft und sich offenbar auch nicht verbessern wird, als sich dadurch Zeit und Energie rauben zu lassen.«

Jacques zuckte mit den Achseln. »Und es funktioniert. Im Laufe der Jahre haben wir immer wieder neue Kunden gewonnen. Wir haben noch nie einen verloren. Und wir vertiefen unsere Beziehung zu den meisten von ihnen, da wir stets nach neuen Wegen suchen, um ihnen dabei zu helfen, noch erfolgreicher zu sein. Es ist ein gutes Arrangement.«

Jacques machte eine Pause. »Aber ...«, begann er.

»Aber Sie machen sich darüber Gedanken, was wohl in der Zukunft passieren wird«, warf Joe ein. »Wenn mehr von Ihren ursprünglichen Ansprechpartnern in den Ruhestand gehen.

Entschuldigung, ich wollte Ihre Gedanken nicht unterbrechen. Mir ist lediglich aufgefallen, dass die Dinge, die hier geschehen, einem bestimmten Schema entsprechen. Sie bemühen sich nach Kräften darum, Lösungen für Dinge zu finden, die problematisch werden *könnten* – noch *bevor* sie sich zu Problemen entwickeln.«

»Sie müssen sich nicht entschuldigen, Joe. Sie sind als Teilnehmer hier und nicht nur als Zuschauer. Sie haben recht. Da wir diese Dinge aktiv angehen und Probleme im Vorhinein erkennen, vermeiden wir viele Krisen, die woanders auftreten.

In unserem konkreten Fall haben wir es mit einer einzigartigen Situation zu tun. Nicht viele Unternehmen arbeiten schon so lange mit ihren Kunden zusammen, dass die ursprüng-

lichen Ansprechpartner auf Kundenseite in den Ruhestand gehen.«

Joe nickte. Er blickte in die Runde der Sitzungsteilnehmer
am Tisch. »Ich habe eine Idee für Sie.«

62

In den nächsten 15 Minuten sprach Joe über einige Dinge, die er bei der DLGL beobachtet hatte.

Zum Beispiel über die Kundennamen an den Konferenzräumen. Den Baum mit den Botschaften von Mitarbeitern der Kunden, die während eines Projekts sechs Monate bei der DLGL gewesen waren. Über die langjährigen Kontakte und Freundschaften zwischen den Leuten vom Support der DLGL und den täglichen Nutzern ihrer Software …

Er zog ungewöhnliche Parallelen zwischen den Kundenbeziehungen der DLGL und einer Liebesbeziehung zwischen zwei Menschen. Am Anfang, so zeigte er, umwarb man sich, man baute eine Beziehung zueinander auf, bewunderte sich, war inspiriert. So lief es in gewisser Weise, wenn die Kunden mehrere Monate bei der DLGL arbeiteten. Alle wollten etwas Großartiges entwickeln, die Stimmung war positiv, zwei Mal täglich gab es Obst, hinzu kamen das Badmintonspiel, das Vipnasium, die Zusammenarbeit im Team, der Wunsch, etwas zu gestalten.

Alle waren verliebt.

Aber im Laufe der Zeit, wenn die Mitarbeiter in den Ruhestand gingen oder nicht länger für den Kunden arbeiteten, wurde der intensive Kontakt zur DLGL schwächer. Und wenn in einer Paarbeziehung die Verbindung schwächer wird, vergessen die Partner, wie besonders die andere Person ist. Oder sie vergessen, welchen Beitrag der andere leistet.

Dann – so erläuterte Joe weiter – erkannte der Ansprechpartner auf Kundenseite möglicherweise nicht, wie viel die DLGL zum Erfolg seines Unternehmens beitrug. Oder was für ein großartiger Partner sie war. Wenn jetzt ein neuer Dienstleister und somit ein potenzieller Nachfolger der DLGL an die Tür des Kunden klopfte, war dieser nun eher bereit dazu, ihm zuzuhören.

Vor allem, wenn der neue Ansprechpartner erst frisch dazugekommen war und keinen Bezug zur DLGL oder dem VIP-Produkt hatte. Dieser Mensch gehörte nicht zu dem Team, das zusammengearbeitet, gemeinsam Sport getrieben und miteinander gelacht hatte. Für ihn war die DLGL lediglich ein Dienstleister und VIP nur eine Software.

Joe erläuterte das Konzept des Museumstags und erklärte, wie wirksam es wäre, wenn jeder Kunde seine Beziehung zur DLGL in in einem *solchen* Rahmen betrachten und 15 oder 20 erfolgreiche Jahre voller Spaß und bedeutender Leistungen Revue passieren lassen könnte. Auf Fotos wären Menschen zu sehen, die etwas gestalteten, entwickelten und miteinander aufbauten. Zitate, Statistiken und weitere Bilder würden ihr gemeinsames Engagement im Laufe der Jahre veranschaulichen.

– Millionen von Gehältern wurden termingerecht und auf den Cent genau überwiesen. Prämien wurden als Belohnung für gute Leistungen ausgeschüttet. Die Systeme waren zudem die Grundlage für die Finanzierung von Darlehen, Schulgebühren, Familienurlauben …

– Sie boten Tag für Tag exakte Terminplanungen für Hunderttausende von Menschen und gewährleisteten die wichtigsten Funktionen innerhalb einer Organisation, sodass Kunden wirksam und effizient betreut werden konnten.

– VIP-Datenbanken verarbeiteten tagtäglich Millionen von Anfragen und lieferten rasch exakte Daten, sodass Führungskräfte wichtige Unternehmensentscheidungen treffen und so den Zweck ihrer Organisation erfüllen konnten.

Joe erläuterte, warum ein neuer Mitarbeiter eines Kunden, der mit der DLGL zu tun hatte, die Dinge besser verstehen würde, wenn er durch dieses Museum ging – entweder tatsächlich vor Ort oder auf irgendeine virtuelle Weise. Er würde ein Gefühl für die tiefe und wichtige Verbindung entwickeln, die zwischen der DLGL und seinem eigenen Unternehmen bestand.

Joe erklärte außerdem eins der zentralen Konzepte, das Thomas ihm nahegebracht hatte, und das Joe selbst, aufgrund seiner Position, zahllosen Führungskräften bei Derale Enterprises vermittelt hatte. Demnach sollte man nicht nach dem »Wie«, sondern nach dem »Wer« fragen. Also nicht: »Wie können wir ...?«, sondern »Wer kann ...?«. Also zum Beispiel: »Wer hat das bereits getan, gesehen oder erlebt, was wir tun, sehen oder erleben möchten?«

»Sie stehen vor einer einzigartigen Aufgabe«, sagte Joe zusammenfassend. »Letztlich geht es dabei um die Liebe. Auf welche wirksame Weise können Sie die Liebe in den Beziehungen zu Ihren Kunden aufrechterhalten? Selbst wenn Menschen in den Ruhestand gehen, Ansprechpartner sich verändern oder Konkurrenzunternehmen dort anklopfen? Und was wäre ein wirksamer Weg, um neuen Kunden zu helfen, sich ebenfalls in Sie zu verlieben?

Interessanterweise sind Sie Ihr eigener ›Wer‹«, fuhr Joe fort.

Jacques schmunzelte. »Inwiefern, Joe?«

»Sie entwickeln Ihre Produkte so, dass all Ihre Kunden sie verwenden können – nicht nur einer. Sie wissen, wie wichtig es ist, langfristig etwas aufzubauen, anstatt lediglich schnelle Lösungen anzubieten. Sie sind bereit, im Voraus etwas in Ihre Beziehungen zu investieren, denn Ihnen ist bewusst, dass es zwar eine Weile dauern kann, bis es sich auszahlt, der Gewinn die anfängliche Investition jedoch bei Weitem übertreffen wird.

Sie wissen, dass die Unternehmenskultur am besten durch Geschichten vermittelt wird. Das geschieht durch das ›Große kleine Buch der E-Mails‹. Und – was vielleicht am wichtigsten ist – Sie haben erkannt, welche Bedeutung es hat, wenn die Mitarbeiter sich ein Unternehmen ›moralisch zu eigen machen‹ – wenn sie zu etwas Bedeutendem dazugehören möchten und notfalls mit allem, was sie haben, dafür kämpfen würden, sollte es ihnen jemand wegnehmen wollen.

Aus meiner Sicht geht es einfach darum, diese Ansätze auf die Idee eines Kundenmuseums zu übertragen.«

63

Es war 17.30 Uhr. Joe und Jacques fuhren mit dem Auto zu der Veranstaltung, bei der Jacques einen Vortrag halten würde. Im Anschluss an Joes Ausführungen über das Kundenmuseum hatte das OPSCOM-Team eifrig Ideen zusammengetragen. Als Joe und Jacques aufbrachen, machten die anderen noch weiter.

»Wie geht es Ihnen?«, fragte Jacques.

Joe nickte lächelnd. »Gut. Sehr gut.«

»Sie haben vorhin etwas ziemlich Beeindruckendes abgeliefert«, bemerkte Jacques. »In den letzten Tagen und Wochen haben Sie meistens still beobachtet, was wir gut machen. Ich denke, heute haben wir einen besseren Eindruck bekommen, was Joe Pogrete gut kann.«

»So etwas begeistert mich«, sagte Joe. »Ich verbinde gerne einzelne Punkte miteinander. Ich erkenne Strukturen und helfe anderen dabei, alles in einen Zusammenhang zu bringen, um etwas Einzigartiges und Besonderes zu gestalten, etwas entstehen zu lassen.«

Er lachte. »Die tatsächliche Umsetzung all dessen gehört nicht zu meinen Stärken. Das ist mir bewusst. Aber ich unterstütze andere Menschen sehr gerne dabei, etwas gedanklich zu entwickeln, und freue mich dann über die Ergebnisse.«

»Haben Sie je ein Kundenmuseum gesehen, das Ihren Vorschlägen entspricht?«, fragte Jacques.

Joe dachte kurz nach. »In Taiwan gibt es die sogenannte Halle der Stillen Gedanken. Es ist ein faszinierender Ort. Er wurde zwar aus anderen Motiven errichtet, aber dort herrscht definitiv ein ähnlicher Geist.«

Er machte eine kurze Pause. »Wenn ich über verschiedene großartige Führungspersönlichkeiten spreche, werde ich häufig gefragt, welche von ihnen mich am meisten beeindruckt hat. Die Frage ist nicht ganz fair, weil jede Führungspersönlichkeit ihren eigenen Weg und ihre eigenen Absichten hat.

Zu den großartigen Persönlichkeiten gehört aber zweifellos die Frau, die die Idee zur Halle der Stillen Gedanken hatte. Sie ist eine zierliche Person, etwa 1,50 Meter groß und wiegt maximal 40 Kilo. Ihr Name ist Master Cheng Yen, und sie ist eine buddhistische Nonne in Taiwan. Sie lebt wie ein Mönch, aber eben in weiblicher Version.«

»Tatsächlich?«

Joe nickte.

»Das klingt ganz nach einer Geschichte, die ich gerne hören möchte«, sagte Jacques.

Joe schmunzelte. »Sie hat eine beeindruckende Lebensgeschichte. Wie die meisten großartigen Führungspersönlichkeiten war sie anfangs auf der Suche nach ihrer eigenen Identität. Wer bin ich? Was möchte ich mit meinem Leben anfangen? Was ist der Zweck meiner Existenz?

Ihr Vater war sehr erfolgreich, und es wäre ein Leichtes für sie gewesen, das Familienunternehmen fortzuführen. Aber das war nicht ihr Weg. Das wusste sie.

Sie war jahrelang auf der Suche nach ihrem einzigartigen und besonderen Platz in der Welt. Schließlich beschloss sie, eine buddhistische Nonne zu werden.«

»Ich wusste gar nicht, dass es buddhistische Nonnen gibt«, sagte Jacques.

Joe nickte. »Es gibt ein paar davon. Es ist nicht sehr üblich, das macht ihre Geschichte umso erstaunlicher. Nachdem sie beschlossen hatte, dass das ihr Weg war, stieß sie auf Widerstand. Ihr wurden Gesetze und Regeln auferlegt sowie eine lange Liste von Dingen, die sie tun musste, um sich als buddhistische Nonne zu ›beweisen‹, beziehungsweise um sich dafür zu ›qualifizieren‹. Man muss ihr zugutehalten, dass sie es durchschaute. Wenn man dem eigenen Weg folgt, das wusste sie, geht es nicht darum, wer man nach der Meinung anderer ist. Es geht darum, wer man seinem tiefsten Inneren zufolge ist.

Sie entwickelte einen Kodex für ihr Leben. Leitlinien, eine Philosophie … Im Kern drehte es sich darum, die Verantwortung für das eigene Leben zu übernehmen, etwas zu bewegen, anderen zu helfen und aktiv zu werden. Andere Menschen, denen ihre Haltung entsprach, konnten sich ihr bei ihrem Abenteuer anschließen. Und genau das geschah auch.

Sie lebte nach ihrem Kodex und aufgrund ihrer inneren Überzeugung und Selbstlosigkeit fühlten sich die Leute zu ihr hingezogen. Sicherlich lag es vor allem auch daran, dass ihrer Lebensphilosophie zufolge jeder sein Bestes tun sollte, um die Verantwortung für die eigene Situation zu übernehmen.

Als sie eines Tages im Krankenhaus war, bemerkte sie Blut auf dem Boden. Sie fragte, was passiert sei, und erfuhr, dass einige Leute eine verletzte Frau aus einem mehrere Stunden entfernten Dorf in den Bergen hierhergetragen hatten. Da ihre Familie aber nicht das nötige Geld hatte, um ihre Aufnahme ins Krankenhaus zu bezahlen, wurde die Frau fortgeschickt, obwohl sie immer noch blutete.

Als Master Cheng Yen das erfuhr, beschloss sie, dass es einen besseren Weg geben musste. Sie begann, Gelder für ein Krankenhaus zu sammeln, in dem man alle Bedürftigen behandeln würde. Während sie noch versuchte, die finanziellen Mittel dafür aufzubringen, begann sie, nach Leuten zu suchen, die dort arbeiten sollten. Es sollten nicht irgendwelche Ärzte oder Krankenschwestern sein, sondern solche, denen das Wohl der Patienten am Herzen lag, und die sie als Menschen behandelten.

Es war schwierig, Leute dieses Formats zu finden. Daher sammelte sie nicht nur Geld für das Krankenhaus, sondern auch für eine Schule für Krankenpflege und später für eine medizinische Fakultät. Dort sollten Ärzte und Krankenschwestern mit dem Grundverständnis ausgebildet werden, dass Mitgefühl und menschliche Zuneigung ebenso wichtig sind wie medizinisches Wissen.

Als all diese Projekte umgesetzt waren, widmete sie sich dem Bau von Schulen für Kinder, dann dem Umweltschutz und schließlich der Katastrophenhilfe ...«

»Beeindruckend«, sagte Jacques.

»Wohl wahr«, antwortete Joe. »Die Organisation, die sie gegründet hat, heißt Tzu Chi. Sie hat mehr für Menschen getan als irgendeine andere Organisation, von der ich je gehört habe. *Egal wo auf der Welt.*

Wenn Hurrikane, Überschwemmungen, Erdbeben oder andere Katastrophen sich ereignen, sind Mitglieder dieser Organisation vor Ort und helfen den Betroffenen. In den meisten Fällen versorgen sie die Menschen schneller mit Nahrungsmitteln und anderen Gütern als irgendjemand sonst, einschließlich der Behörden, deren Aufgabe dies eigentlich wäre.

Sie sind innovativ. Sie haben zum Beispiel eine Methode entwickelt, um aus recycelten Plastikflaschen Decken und Kleidung für ihre Katastrophenhilfe herzustellen. Alte Fernsehbildschirme werden zu hübschen Armbändern umgearbeitet, mit deren Verkauf Ausbildungsprogramme unterstützt werden ...

Keine Ressourcen bleiben ungenutzt. Für jeden, der ehrenamtlich mitarbeiten möchte, wird ein Projekt gefunden. Dinge, die andere wegwerfen würden, werden zu etwas Nützlichem umgewandelt. Es ist wirklich beeindruckend.«

Joe fuhr begeistert fort: »Master Cheng Yen hat Taiwan nie verlassen. Dennoch waren über 10 Millionen Menschen in über 47 Ländern so inspiriert von ihrer Geschichte, ihren Ver-

öffentlichungen und ihrem Engagement, dass sie ehrenamtlich für die Tzu-Chi-Stiftung arbeiten. Die Stiftung bewegt im
wahrsten Sinne des Wortes auf der ganzen Welt etwas, und all
das mit Freiwilligen.«

»Wie sind Sie auf diese Organisation und ihre Gründerin gestoßen?«, fragte Jacques.

»Ich war in Taiwan und hielt dort einen Vortrag. Unter anderem sprach ich über die Big Five for Life und das Konzept des
Museumstags. Im Publikum waren einige Mitglieder von Tzu
Chi, die mich zu einem Besuch der Halle der Stillen Gedanken einluden. Sie vermuteten, dass dieser Ort mir aufgrund der
Verbindung zu meinem Vortragsthema wahrscheinlich gefallen
würde. Und ich muss sagen, die Halle ist beeindruckend.«

»In welcher Hinsicht?«

»Zum einen wegen ihrer Schönheit. Normalerweise fallen
mir Details nicht auf. Es ist mir zum Beispiel egal, an welchem
Tisch ich in einem Restaurant sitze. Und auch welche Farbe etwas hat, bemerke ich eigentlich nicht.

Aber sogar für jemanden wie mich war dieser Ort heraus-
ragend. Jedes Detail ist perfekt. Die Holzböden, die Gestal-
tung, die Art und Weise, wie die Ausstellungsstücke in der Halle präsentiert werden. Es ist wunderschön und beruhigend und
gleichzeitig inspirierend. Außerdem ist die Halle riesig.

Gesonderte Bereiche sind den unterschiedlichen Tätigkeits-
feldern der Organisation gewidmet: Ausbildung, Umwelt, Gesundheit … Dort werden jeweils beispielhafte Projekte präsentiert. Außerdem erfährt man, was sie bewirkt haben.

Die Halle gehört zu den Orten, die einen auf eine äußerst un-
erwartete Weise inspirieren. Sie erinnert uns an unser wahres
Potenzial als Menschen sowie an unser kollektives Potenzial,
etwas verändern zu können.«

Joe strahlte. »Wenn man durch die Halle geht, ist man zunehmend beeindruckt, was die Organisation erreicht hat. Und ich

war begeistert von der Zusammenstellung all der Ausstellungsstücke.«

»Weshalb genau?«, fragte Jacques.

»Menschen treffen ihre Entscheidungen aufgrund einer interessanten Mischung aus Gefühlen und Verstand. In der Regel lassen sie sich bei ihrem Tun von den Gefühlen leiten und rechtfertigen dies mit dem Verstand. Die Ausstellung verbindet diese beiden Elemente auf eine sehr gelungene Art und Weise.

Auf der emotionalen Seite sind all die Fotos und Geschichten, die sie persönlich, anschaulich und unterhaltsam machen. Man sieht zum Beispiel Fotos einer Gruppe von Freiwilligen, die Nahrung und Decken an Überlebende eines Tsunamis verteilen. Oder Bilder von Menschen, die miteinander lachen, während sie beim Aufbau von Schulen helfen oder recycelbare Materialien sammeln.

Die Fotos sind kommentiert. Die Beschriftungen erläutern, was die Freiwilligen jeweils dazu inspiriert hat zu helfen und welchen Beitrag sie geleistet haben. Es wirkt sehr persönlich. Als Besucher identifiziert man sich stark damit.

Ergänzend zu den Fotos und Geschichten belegen Tabellen und Daten, was *all* die ehrenamtlichen Helfer zusammen erreicht haben. Ich kann mich nicht an die genauen Zahlen erinnern, aber dort standen zum Beispiel Dinge wie ›31 450 Decken innerhalb von drei Tagen an Betroffene des Tsunami verteilt‹. Oder ›Innerhalb von zwei Monaten über drei Millionen Plastikflaschen gesammelt und recycelt‹.«

Joe zuckte mit den Achseln. »Die Halle ist eine perfekte Mischung aus Raumarchitektur, Geschichten und Wirkung. Am Ende der Besichtigung überkommt einen das überwältigende Gefühl, dass man ein Teil des Ganzen sein möchte. Man möchte gerne helfen.

Ich habe gehört, dass Manager auf der Stelle ihren Job gekündigt haben, um sich ehrenamtlich in Vollzeit für die Organisation zu engagieren. Viele Menschen identifizieren sich so stark mit ihr, dass sie beitragen, was immer sie können. Manchmal sind es finanzielle Spenden. In anderen Fällen handelt es sich um Freiwilligenarbeit, die sie den Leuten aus ihren Unternehmen ermöglichen.

Der Ort inspiriert die Menschen, da sie dort sehen, dass großartige Dinge vollbracht werden. Wirklich wunderbare Dinge, Sinnvolle Dinge. Daher möchten die Menschen ein Teil da von sein.«

Joe wandte sich Jacques zu. »Menschen möchten grundsätzlich etwas Sinnvolles mit ihrem Leben anfangen. Sie möchten Teil einer guten Sache sein. Aber sie schließen sich eher einer Organisation an, die bereits existiert, als selbst etwas ins Leben zu rufen. Und dieser Ort, diese Stiftung bietet ihnen die Gelegenheit dazu.«

»Und all das wird von einer zierlichen buddhistischen Nonne geleitet«, sagte Jacques.

Joe nickte. »Diese Frau ist eine wahre Naturgewalt. Darüber hinaus versteht sie, wie nur wenige Menschen auf der Welt, wie Prozesse, Motivation und Innovation funktionieren und wie man eine Verbindung zu Menschen herstellt.«

Er lächelte. »Es gibt viele wirklich großartige Führungspersönlichkeiten, und Sie gehören dazu, Jacques. Allerdings ist nicht jede Führungspersönlichkeit für jeden Menschen die richtige – aufgrund ihrer Art, ihrer Überzeugungen oder aufgrund dessen, woran sie arbeitet.

Für mich sticht diese Frau heraus, sie ist ein unglaubliches Beispiel dafür, welche Wirkung eine Persönlichkeit mit einer positiven Ausrichtung haben kann. Die Antwort auf Ihre Frage, mit der unser ganzes Gespräch begonnen hat, lautet daher Ja. Die Halle der Stillen Gedanken ist ein *großartiges* Beispiel für eine Führungspersönlichkeit, die ein Museum geschaffen hat, das Menschen dazu inspiriert, sich auf eine ganz neue und eigene Art mit der Arbeit und den Beweggründen einer Organisation zu identifizieren.«

»Das klingt nach einem großartigen ›Wer‹«, sagte Jacques.

Joe nickte. »Nach einem wahrlich großartigen.«

64

Joe und Jacques erreichten den Veranstaltungsort um kurz vor sechs und wurden dort sofort von einer Organisatorin in Empfang genommen.

»Schön, dass Sie hier sind, Jacques. Vielen Dank fürs Kommen. Ich heiße Marguerite.«

Jacques schüttelte ihr die Hand. »Ich freue mich, Sie persönlich kennenzulernen, Marguerite. Vielen Dank für die Einladung.« Er wandte sich Joe zu. »Das ist Joe Pogrete, der Freund, den ich Ihnen bereits angekündigt habe.«

Joe und Marguerite gaben sich die Hand und begrüßten sich.

»Dann wollen wir Sie mal startklar machen«, sagte Marguerite. »Wir beginnen in circa 30 Minuten. Wir haben heute zwei Redner. Sie, Jacques, sowie einen Herrn von einer renommierten Personalagentur. Sie werden beide über dasselbe Thema sprechen: Wie wirbt man die besten Talente an? Vor allem Kandidaten aus der jüngeren Generation zwischen fünfundzwanzig und vierzig.

Wie wir bereits in unseren E-Mails erörtert haben, wäre es wunderbar, wenn Sie aufzeigen könnten, wonach diese Kandidaten aus Ihrer Sicht suchen. Nach welchen Jobs, welchen Unternehmen, welchen Arbeitgebern … Das heutige Publikum setzt sich aus Geschäftsführern einiger der größten Organisationen dieser Provinz zusammen. Manche davon sind inhabergeführte Unternehmen, bei den anderen handelt es sich um Aktiengesellschaften.

Außerdem sitzt an jedem Tisch eine Person zwischen 30 und

35 Jahren, die in dieser Provinz zu den Spitzenkräften zählt. Zu den Überfliegern in ihrem Unternehmen.«

Jacques nickte. »Ich kann zwar nicht über irgendein anderes Unternehmen sprechen, aber ich werde natürlich darüber berichten, was wir bei der DLGL beobachten.«

Marguerite klopfte Jacques auf die Schulter. »Da Ihr Unternehmen in den letzten 13 Jahren als bester Arbeitsplatz der Provinz und zweimal – wie gerade erst wieder – als bester Arbeitsplatz in Kanada gekürt wurde, sind die Zuhörer sicherlich sehr daran interessiert, was Sie zu sagen haben.«

In dem Raum befanden sich etwa ein Dutzend große runde Tische. Marguerite begleitete die beiden Männer zu ihren Sitzplätzen an einem der vorderen Tische.

»Der Techniker wird gleich da sein und Sie mit einem Mikrofon ausstatten. Und dann werden wir in Kürze beginnen«, sagte sie. »Brauchen Sie noch irgendetwas?«

Jacques schüttelte den Kopf. »Nein danke, ich denke, wir sind startklar.«

* * * * *

Pünktlich um 18.30 Uhr eröffnete Marguerite den Abend mit einigen einführenden Bemerkungen. Dann gab sie das Wort an den anderen Referenten des Abends weiter, der für eine renommierte Personal- und Headhunter-Agentur tätig war.

Joe erkannte bereits nach wenigen Minuten, dass an diesem Abend konträre Meinungen aufeinanderstoßen würden. Der Einschätzung des ersten Redners zufolge wünschten sich die Spitzenkräfte der jüngeren Generation Mobilität. Seiner Meinung nach wollten sie zwei Jahre lang irgendwo arbeiten und dann in ein anderes Unternehmen wechseln.

»So ist es in der Gegenwart, und das wird auch die Zukunft sein«, sagte er. »Unternehmen müssen sich daran anpassen und lernen, damit zu leben. Erwarten Sie nicht, dass diese Kandidaten länger als zwei Jahre bleiben. Sie sind dort, um einen Job zu haben und so viel wie möglich zu lernen. Dann ziehen sie weiter, um andere Interessen zu verfolgen.«

Er sprach noch etwa 15 Minuten lang über die Multitaskingwünsche der Kandidaten, ihr Bedürfnis nach ständig neuen Impulsen sowie darüber, wie häufig die Leute täglich ihr Smartphone nutzten …

Joe warf Jacques einen Blick zu. Dieser zuckte mit den Achseln.

65

Nachdem der erste Redner geendet hatte, stellte Marguerite Jacques vor und dieser betrat die Bühne.

Jacques wartete einen Moment, während er dort oben stand, und betrachtete das Publikum.

Joe schmunzelte insgeheim darüber. Er hatte einen Freund, der in einer sehr ländlichen Gegend aufgewachsen war. Dieser Freund gab sich zu Beginn eines Gesprächs häufig den Anschein eines einfachen Kerls vom Lande. Er trat ohne jegliches Imponiergehabe auf, ohne Arroganz oder Prahlerei.

Dann begann er, Details zu nennen, Statistiken anzuführen und zündende Informationen zu liefern. Es dauerte nicht lange, bis seine Gesprächspartner erkannten, dass sie sich in Gesellschaft eines extrem klugen Menschen befanden. Viele Menschen im Publikum – so vermutete Joe – würden in den nächsten paar Minuten die gleiche Erfahrung machen.

Jacques blickte noch kurz ins Publikum und begann dann zu sprechen: »Ich möchte mich bei unserem ersten Redner für seinen Vortrag bedanken. Ich höre gerne die Meinungen anderer Leute, es hilft mir dabei, meine eigenen Überzeugungen und Sichtweisen zu überdenken. Und natürlich basiert die eigene Realität darauf, was man in seinem Umfeld wahrnimmt.«

Jacques wandte seinen Kopf in die Richtung des anderen Redners. »Daher danke ich Ihnen für das, was Sie uns berichtet haben.« Jacques machte erneut eine Pause. »Allerdings tut es mir leid, sagen zu müssen, dass ich aufgrund meiner Erfahrungen bei der DLGL völlig anderer Ansicht bin als Sie.«

Joe schmunzelte.

»Vieles von dem, was Sie beschrieben haben, entspricht möglicherweise tatsächlich der Einstellung von Mitarbeitern«, fuhr Jacques fort. »Aber es entspricht nicht dem, was ihnen am liebsten wäre. Es ist eine Reaktion auf die Tatsache, dass die *Unternehmen* sich nicht loyal verhalten. Wie sollen die Mitarbeiter gegenüber einem Arbeitgeber loyal sein, wenn diese Loyalität offensichtlich nicht erwidert wird?

In Wirklichkeit *sind* die Mitarbeiter dazu bereit, sich loyal zu verhalten. Und in einem stimmigen Arbeitsumfeld *werden* sie länger als zwei Jahre bleiben. Im richtigen Umfeld werden sie sogar ihr gesamtes berufliches Leben bleiben.

Das Problem wird durch die Unternehmen verursacht und durch die Art und Weise, wie sie mit ihren Mitarbeitern umgehen. Sie schenken ihnen keine Aufmerksamkeit und tun nicht, was nötig wäre. Daher schaffen sie sich ihre Probleme selbst.«

Jacques machte eine Pause, damit sich das Gesagte setzen konnte. »Die Kosten, um Ihre besten Leute zu ersetzen, sind sehr hoch. Nach zwei Jahren beginnt ein Mitarbeiter gerade erst, optimal und effektiv zu arbeiten. Er weiß nun, wie der Hase läuft, beherrscht grundlegende interne Abläufe und ist mit dem Markt, der Branche vertraut ... Und dann verlieren Sie ihn und müssen wieder von vorne anfangen?

Das ist ein unglaublich teurer Prozess. Er ist auf lange Sicht betrachtet nicht nachhaltig. Anstatt so zu tun, als müssten wir mit diesen Gegebenheiten leben, würde ich vorschlagen, etwas dagegen zu unternehmen.

Wie macht man das? Zunächst sollte man sich eingestehen, dass das Unternehmen das Problem verursacht, nicht die Angestellten. Dann sollte man den Mitarbeitern gegenüber Loyalität signalisieren. Sie werden diese Loyalität erwidern.«

Jacques zuckte mit den Achseln. »Als Marguerite mich wegen der heutigen Veranstaltung kontaktiert hat, sagte ich ihr, dass ich möglicherweise nicht derjenige bin, den sie sich als Vortragsredner wünscht. Bei der DLGL werben wir keine Mitarbeiter an. Wir haben eine Fluktuationsrate von weniger als ein Prozent, und die durchschnittliche Betriebszugehörigkeit unserer Angestellten beträgt 16 Jahre. Daher müssen wir nicht jedes Jahr versuchen, eine Reihe neuer Leute zu bekommen.

Diejenigen, die wir einstellen, stammen aus einem Pool von Bewerbern, die uns ausgewählt haben – aufgrund der Art und Weise, wie wir arbeiten, und aufgrund unseres Rufs, gut mit unseren Mitarbeitern umzugehen. Bei diesen Leuten handelt es sich um Spitzenkräfte, die nach einem besseren Arbeitsumfeld suchen, in dem sie ihre Fähigkeiten einsetzen können.

Obwohl wir nicht ständig neue Leute einstellen, wachsen wir. Zu diesem Wachstum kommt es, da wir unsere Arbeit kontinuierlich verbessern. Wenn gute Mitarbeiter im Unternehmen bleiben, werden sie immer kompetenter und effizienter. Auf diese Weise betreut man mehr Kunden, und das Unternehmen wächst, ohne dass man die Anzahl der Mitarbeiter erhöhen muss.

Daher konzentrieren wir uns nicht darauf, neue Talente zu rekrutieren. Wir sorgen vielmehr dafür, dass unsere vorhandenen kompetenten Mitarbeiter an ihrem Arbeitsplatz glücklich sind.«

Jacques blickte zu Marguerite. »Aber Marguerite hat mir versichert, dass sie sich darüber im Klaren ist und ich diese Informationen hier präsentieren soll. Hier bin ich also.

Ich halte es im Leben gerne einfach. Daher präsentiere ich Ihnen heute Abend lediglich ein paar Kerngedanken.«

66

Auf einer Leinwand hinter Jacques erschien eine Folie mit vier Punkten.

– DLGL
– Unternehmenskultur
– Personalpolitik
– Selbstverpflichtung

Jacques drückte auf einen Knopf, und die Seite verschwand wieder. »Die DLGL ist ein spezialisiertes Unternehmen«, begann er. »Wir haben vor 32 Jahren angefangen und konzentrieren uns auf die Entwicklung und den langfristigen Support von Human Resource Systemen für die größten Unternehmen in ganz Kanada. Außerdem betreuen wir einige Firmen in den USA, die zu unseren kanadischen Kunden gehören. Damit Sie eine Vorstellung davon bekommen, in welcher Liga wir spielen: Aufgrund unserer Kompetenz und unserer Fokussierung konkurrieren wir unmittelbar mit Unternehmen wie SAP, People-Soft und Oracle.«

Jacques machte eine kurze Pause. »Was unsere Unternehmenskultur betrifft, so glaube ich, das Geheimnis der DLGL besteht darin, dass wir den Mitarbeitern von Anfang an ein hohes Maß an Respekt entgegenbringen. Wir haben eine klare Philosophie, die uns motiviert und dazu anhält, auf die Lebensqualität aller Menschen Wert zu legen, mit denen wir zu tun haben. Das bezieht sich auf Angestellte, Kunden und andere, mit denen wir in Wechselwirkung stehen.

Da wir kompetente und zufriedene Mitarbeiter haben, können wir Produkte und Dienstleistungen anbieten, die absolut außergewöhnlich sind. Auf diese Weise gelingt es uns, trotz unserer vergleichsweise kleinen Größe ein führender Wettbewerber zu sein.

Das Nutzenversprechen wird an die Angestellten weitergegeben, dann an die Kunden. Und schließlich entsteht logischerweise auch ein Nutzen für alle, mit denen wir – und sei es indirekt – zu tun haben.

In den meisten Unternehmen läuft es genau umgekehrt. Dort bemüht man sich zunächst darum, Werte für die Aktionäre zu schaffen, indem man so viel wie möglich aus den Angestellten und Kunden herauspresst.«

Jacques machte erneut eine Pause und ließ seinen Blick durch den Raum schweifen. »Unsere Umkehrung des Nutzenversprechens ist meiner Meinung nach unser größtes Geheimnis.

Möchten wir gute Verträge haben? Absolut. Wünschen wir uns profitable Verträge? Absolut. Doch im Gegensatz zu Organisationen, die ein Wachstum um jeden Preis fördern, rührt unser Wachstum nicht daher, dass wir fragwürdige Verträge unterschreiben, nur um bestimmte Zahlen zu erreichen.

Wir haben unsere Vereinbarungen stets mit einer hundertprozentigen Kundenzufriedenheit erfüllt. Zum Teil liegt das daran, wie wir unsere Kunden ansprechen. Wir bestehen auf Kunden, die angenehme Geschäftspartner sind. Wir arbeiten nicht mit Kunden zusammen, die unsere Mitarbeiter aller Voraussicht nach schlecht behandeln. Und wir behalten keine, bei denen sich das bei der Zusammenarbeit erweist.

Da wir uns auf unsere Angestellten konzentrieren, die sich wiederum auf unsere Kunden konzentrieren, gelingen uns die Dinge gut. Denn daraus entsteht unser Wachstum. Und genau dieses Wachstum möchten wir haben.«

Jacques drückte auf einen Knopf, und eine neue Folie erschien – Inspirierende Praktiken im HR-Bereich.

Er blickte ins Publikum. »Im Laufe der Jahre haben wir einige Dinge umgesetzt, um das Leben unserer Mitarbeiter angenehm zu gestalten. Wir verteilen zum Beispiel zwei Mal täglich kostenlos Obst, Nüsse und andere gesunde Nahrungsmittel an alle Leute im Unternehmen. Früher hatten wir Automaten. Sie versorgten unsere Leute mit riesigen Mengen an Schokolade, Kaffee und anderen nicht sehr gesunden Sachen.

Also beschlossen wir, das zu ändern. Menschen mit einer guten geistigen Verfassung treffen bessere Entscheidungen. Es ist nicht optimal, im Koffein- oder Zuckerrausch eine Entscheidung zu fällen.

Menschen mit einer guten körperlichen Gesundheit treffen ebenfalls bessere Entscheidungen. Daher haben wir zwei Turnhallen für unsere Mitarbeiter eingerichtet. In der einen wird Basketball, Volleyball, Badminton … gespielt. Die andere bezeichnen wir als Vipnasium. Es handelt sich um einen hochmodernen Trainingsbereich für alle möglichen Sportarten.

Wir haben all diese Dinge im Unternehmen umgesetzt, um unseren Mitarbeitern die Nutzung zu erleichtern. Niemand muss 45 Minuten unterwegs sein, um zu seinem Fitnessstudio zu kommen. Es befindet sich lediglich in einem anderen Stockwerk und ist ebenso modern ausgestattet wie sonst ein gutes Fitnessstudio. Die Mitarbeiter können all diese Einrichtungen und noch einige weitere zu jeder beliebigen Zeit nutzen.

Sie haben ihre eigenen Garderobenschränke, in denen sie ihre Bürokleidung für die Zeit nach ihrem Training aufbewahren können. Handtücher werden von einem Wäscheservice bereitgestellt. All diese Annehmlichkeiten gehören zu den Dingen, die wir tun, um etwas zur Balance im Leben unserer Mitarbeiter beizutragen.«

Jacques wechselte zur nächsten Folie – Selbstverpflichtung.

Er hielt inne, um nach den richtigen Worten für das, was er nun sagen wollte, zu suchen. »Ich bin *überhaupt nicht* von der Theorie überzeugt, die neue Generation wolle im ganzen Land zweijährige Praktika machen und ständig den Job wechseln. Es ist nicht immer die beste Lösung, die eigenen Kinder alle zwei Jahre in einer anderen Schule unterzubringen. Oder alle zwei Jahre das eigene Haus zu verkaufen. Oder in einer neuen Stadt wieder von vorne anzufangen, neue Freundschaften zu schließen und neue Kontakte aufzubauen – alle zwei Jahre aufs Neue.

Ich *bin* allerdings davon überzeugt, dass die neue Generation von Leuten, die häufig als ›illoyal‹ bezeichnet wird, auf diese Weise reagiert, da die Unternehmen sich nicht loyal verhalten. In Wirklichkeit möchten Menschen einen Ort finden, an dem sie ein lohnendes und inspirierendes Berufsleben führen können.

Und das bedeutet nicht, dass sie 70 Stunden pro Woche arbeiten sollten, nur um ihren Job zu behalten oder als ›Leistungsträger‹ gesehen zu werden. Wer so viel arbeitet, hat weder ein Sozialleben, noch ein Familienleben. Das ist kein Leben. Wir würden so etwas nie von unseren Mitarbeitern verlangen.

Es entspricht unserer vorhin bereits erwähnten Philosophie, uns auf vernünftige Verträge und vernünftige Kunden zu konzentrieren. Daher haben wir in der Regel vernünftige Termine. Und aufgrund dieser Termine arbeiten unsere Mitarbeiter 35 bis 37 Stunden pro Woche, anstatt 70. Wenn wir jemanden kennenlernen, der unbedingt 70 Stunden pro Woche arbeiten muss, schlagen wir ihm vor, zu einem unserer Konkurrenten zu gehen, da man dort gerne dazu bereit sein wird, ihn zu Tode zu schinden.

Aktuell sind 87 Mitarbeiter bei der DLGL beschäftigt. Dieselben Menschen waren schon vor fünf Jahren da. In einem Umfeld mit einer üblichen Fluktuationsrate von 15 bis 20 Prozent wären 300 bis 400 Leute erforderlich, um die gleichen

Ergebnisse zu erzielen wie unsere 87 Mitarbeiter. Darüber hinaus hätten wir sicherlich nicht so gute Beziehungen zu unseren Kunden.

Wir konkurrieren in einer Hightech-Branche mit Organisationen, die fünfhundert Mal so groß sind wie wir. Außerdem zielen wir auf das Marktsegment mit den höchsten organisatorischen und technologischen Anforderungen – sehr große Arbeitgeber. Jedes Mal, wenn wir mit einem potenziellen Kunden sprechen, müssen wir daher unsere Kompetenz und das, was wir anzubieten haben, unter Beweis stellen.

Sonst wird sich der Kunde für einen unserer Jumbo-Konkurrenten entscheiden. Denn es ist einfach, ein Unternehmen auszuwählen, dessen Namen man alle zehn Meter auf riesigen beleuchteten Werbetafeln sieht, während man durch den Flughafen läuft.

Aber trotz dieser Herausforderungen gelingt es uns nicht nur zu überleben, unser Unternehmen floriert vielmehr. Wenn ein potenzieller Kunde uns mit der Konkurrenz vergleicht, prüft er alles zwölf Monate lang extrem sorgfältig. Er fordert unter anderem Analysen von externen Experten sowie von sechs bis zehn internen Spezialisten an. Darüber hinaus prüft er unsere Antworten auf Tausende von Fragen sowie Demo-Szenarien, die wir zur Verfügung stellen, und Beispiele unserer Kunden … Und wenn all das abgeschlossen ist, bekommen *wir* den Auftrag.

Wir sind in unserem Bereich weltweit die Besten und erdreisten uns sogar, es abzulehnen, so schnell zu wachsen, wie manche es gerne hätten.

Möglich ist all das aufgrund der Produkte, die wir entwickeln, sowie unserer Arbeitsweise. Ich möchte Folgendes noch einmal betonen: Die Basis für all das ist die Art und Weise, wie wir mit unseren Leuten umgehen.«

Jacques blickte ins Publikum. »Als Leiter eines Unternehmens treffen Sie und ich jeden Tag Entscheidungen. Ich möchte Ihnen heute zum Abschluss eine relativ einfache Methode vorstellen, die mir bei Entscheidungen gute Dienste geleistet hat. Etwa im Hinblick darauf, gute Mitarbeiter oder gute Kunden zu finden sowie bei vielen anderen Dingen.

In meinem Büro befinden sich drei besondere Fotos, die ich täglich unmittelbar im Blick habe. Dort hängen auch noch andere Bilder, aber diese drei habe ich genau vor mir. Es sind Fotos von Claude Lalonde, dem Mann, der die DLGL mit mir vor über 30 Jahren gegründet hat. Von meinem Hund Choco, der in den letzten 15 Jahren mein ständiger Begleiter war. Und schließlich von meinem Vater.

Sie sind alle bereits gestorben. Aber ihr Geist lebt weiter. Und alles, was sie mich gelehrt haben, ist gewiss ebenfalls nicht verschwunden. Jedes Mal, wenn ich eine Entscheidung treffe, stelle ich mir eine sehr einfache Frage: Was würden sie von dem halten, was ich gerade tue?

Und wenn die Antwort nicht lautet, dass sie stolz auf mich wären, weiß ich, dass es die falsche Entscheidung ist.«

Jacques nickte dem Publikum zu. »Ich wünsche Ihnen noch einen schönen Abend.«

67

Nach der Veranstaltung fuhren Joe und Jacques zur DLGL zurück, damit Joe sein Auto dort abholen konnte.

»Wie fanden Sie es?«, fragte Joe Jacques.

»Ich glaube nicht, dass diese Gruppe uns noch einmal einladen wird«, antwortete dieser lächelnd. »Ich habe die Zuhörer beobachtet. Abgesehen von den Überfliegern und einigen Unternehmensleitern war es nicht die Botschaft, die das Publikum hören wollte.«

Er schüttelte den Kopf. »Die Leute wollten ihre eigenen Überzeugungen bestätigt sehen. Sie wollten hören, dass eine Fluktuationsrate von 15 bis 20 Prozent pro Jahr in Ordnung ist. Dass es von einem guten Führungsstil zeugt, wenn man seine Mitarbeiter dazu bringt, von neun Uhr morgens bis neun Uhr abends zu arbeiten. Sie halten sich selbst für erfolgreich. Sie leiten riesige Unternehmen mit 18 000, 20 000 Leuten … Aus ihrer Sicht haben sie es geschafft. Sie wollen eigentlich gar nicht hören, was wir so machen. So ist es eben.«

Joe nickte schweigend. Er spürte, dass Jacques sich ein bisschen darüber ärgerte. Nicht etwa, weil er eine Bestätigung dafür benötigte, was er gemeinsam mit anderen bei der DLGL aufgebaut hatte. Sondern weil die Leute, die auf ihn hätten hören sollen, es nicht taten. Und weil viele Menschen darunter leiden würden.

»Erinnern Sie sich daran, als die Gruppe der jungen Überflieger bei der abschließenden Fragen-und-Antworten-Runde über ein bestimmtes Unternehmen sprach, das Probleme hat, gutes

Personal zu finden?«, fragte Jacques. »Sie haben den Namen des Unternehmens nicht genannt, aber ich weiß, um wen es sich handelt. Die Firma ist in unserer Branche dafür bekannt, wie sie mit ihren Leuten umgeht.

Man begegnet den Mitarbeitern dort nicht mit Respekt, sondern behandelt sie wie ein verzichtbares Wirtschaftsgut. Man versetzt sie überallhin und verlangt von ihnen, ihre gesamte Familie an den neuen Arbeitsort zu verfrachten.« Er schüttelte den Kopf. »Sie behandeln ihre Angestellten wie Bauern in einem Schachspiel.«

»Was halten Sie von dem Mann aus dem Speditionsunternehmen?«, fragte Joe.

»Sie meinen denjenigen, der sagte, dass seine weiblichen Angestellten in den USA neidisch wären, wenn sie von dem Mutterschaftsgeld bei uns erführen, und dass unsere Angestellten daher dankbarer sein sollten?« Jacques schüttelte den Kopf. »Er hat nicht verstanden, worum es geht. Er betrachtet das Ganze als einen Krieg zwischen den Angestellten und dem Arbeitgeber. Die Mitarbeiter haben bereits zu viele Vergünstigungen … Deshalb sollten sie einfach dankbar sein …« Jacques schüttelte erneut den Kopf. »Er begreift es einfach nicht.«

»Nun, die Überflieger haben es gewiss verstanden«, antwortete Joe. »Und sie haben Ihnen zugestimmt. Ich habe zwar nicht mitgezählt, aber ich hatte den Eindruck, dass jeder Einzelne von ihnen nach dem Vortrag zu Ihnen gekommen ist, um Ihnen zu sagen, dass er Ihrer Meinung war.«

Jacques nickte. »Ich hoffe, sie finden Unternehmensleiter und Organisationen, die gut mit ihnen umgehen.«

Als sie an einer Kreuzung vor einer roten Ampel warteten, summte Jacques' Telefon. Er warf einen Blick darauf und lächelte. »Kommen wir zu einem erfreulicheren Thema. Das OPSCOM-Team hat mir vorhin eine SMS geschickt. Wir sollen unsere E-Mails checken.«

»Warten Sie. Ich rufe sie ab, da Sie am Steuer sitzen«, antwortete Joe. Er nahm sein Handy und rief seine E-Mails auf. Kurz darauf hatte er die Mail von der OPSCOM-Gruppe auf dem Bildschirm und scrollte rasch nach unten.

»Und?«, fragte Jacques.

Joe schmunzelte. »Sie waren seit unserem Abschied aus dem Meeting fleißig.«

Ergänzend zu der Idee, einzelne Kunden mit realen und virtuellen Museen zu würdigen, hatte das Team ein paar weitere griffige Vorschläge gesammelt, um die Ergebnisse des gemeinsamen Engagements von Kunden und der DLGL aufzuzeigen und die Kunden an diese Verbindung zu erinnern. Eine Idee bestand darin, kurze, aber prägnante Beispiele aufzuschreiben, die der Signaturzeile der Mitarbeiter bei der DLGL hinzugefügt werden konnten.

»Es geht um die Idee der Signaturzeile«, sagte Joe. »Hier sind ein paar Beispiele dazu.«

FGL Sports, Kanadas größter nationaler Sportartikelhändler und seit 20 Jahren Kunde der DLGL, hat die Nutzung von V.I.P. auf 23 vor Kurzem erworbene Zweigstellen ausgeweitet.

Partnerschaft seit über 15 Jahren. Die Laurentian Bank mit ihren 4500 Angestellten wählt für ihr E-Recruiting die DLGL und V.I.P. als Ersatz für Taleo. »Sie sind gute Partner, auf die wir uns verlassen können«, erklärt der Executive Vice President und stellvertretende Leiter der Personalabteilung.

Neue Tools jetzt für 9000 Angestellte bei Regina Qu'Appelle Health Region. (V.I.P. Talent Management, Manager Portal Workbench und MyCareer. Lieferung in Rekordzeit. Budgetunterschreitung.)

»Das ist echt toll«, sagte Joe, während er mit den Nachrichten auf seinem Bildschirm herumspielte. Sie haben nicht nur die Texte geschrieben, sondern jede Signaturzeile verlinkt. Wenn man den Link anklickt, kommt man auf die DLGL-Website und erhält weitere Informationen zu den einzelnen Projekten.«

»Es ist ein großartiger Anfang«, sagte Jacques nickend. »Die Liebe fördern, nicht wahr, Joe?«

Joe schmunzelte erneut. »Ja, die Liebe fördern.«

Als er sein Handy gerade weglegen wollte, sah er, dass eine seiner anderen E-Mails von Kerry Dobsin stammte. Die Betreffzeile lautete – »Kannst du uns helfen?«

Joe zögerte einen Moment, dann öffnete er die Nachricht.

68

Während Joe die E-Mail las, nahm Jacques eine Veränderung bei ihm wahr. »Ist alles in Ordnung?«

Joe zögerte kurz, dann nickte er und legte sein Handy zur Seite. »Ich habe noch eine weitere Nachricht bekommen. Sie stammt von einem Vorstandsmitglied von Derale Enterprises. Sie bitten mich darum, zurückzukommen und in zwei Wochen einen Vortrag bei unserem Leadership-Forum zu halten.«

»Und?«, fragte Jacques.

»Nun ja, eigentlich ist das nicht überraschend. So etwas mache ich an sich ständig. Aber in diesem Fall könnte die Anfrage einen anderen Hintergrund haben. Es gibt wahrscheinlich ein halbes Dutzend Leute, die diesen Vortrag ohne Weiteres halten könnten und bereits vor Ort sind. Trotzdem fragen sie mich.«

»Und weshalb?«

»Ich nehme an, es ist in gewisser Weise der große Test. Sie brauchen eine Antwort bezüglich der Position, über die ich mit Ihnen bereits gesprochen habe – jemand muss an die Stelle von Thomas treten und übernehmen.« Joe machte eine kurze Pause. »Ich denke, sie möchten sichergehen, dass ich …« Er zögerte.

»Dass Sie normal sind?«, fragte Jacques.

Joe nickte. »Genau, dass ich normal bin.«

»Waren Sie denn je normal?«, fragte Jacques schmunzelnd.

Joe schmunzelte ebenfalls. Genau so einen Kommentar hätte auch Thomas von sich gegeben. Und es war wahrscheinlich die

Art von Unterhaltung, die für Claude und Jacques typisch gewesen wäre.

»Noch nie«, erwiderte Joe.

Jacques lachte in sich hinein.

»Was gedenken Sie zu tun?«, fragte Jacques.

Joe dachte kurz nach. »Ich weiß es nicht.«

Die beiden Männer saßen eine Weile schweigend da.

»Wissen Sie, Joe, eins der wichtigsten Dinge, die ich je zum Thema Führungsverhalten gelernt habe, war, dass ich nicht immer alles wissen muss.«

»Können Sie mir das genauer erläutern?«

»Als ich jünger war, dachte ich, ein Leiter sei derjenige, der alles weiß. Deshalb war er schließlich die Führungsperson. Im Alter von etwa vier Jahren begann ich Eishockey zu spielen. Und wenn man als Kind Eishockey spielt, ist der Trainer die Führungsperson. Er gibt einem Anweisungen und coacht die Spieler. Also wächst man mit der Überzeugung auf, die Führungsperson wüsste alles.

Aber das stimmt nicht. Und wenn Sie an all die großen Führungspersönlichkeiten denken, mit denen Sie zu tun hatten, werden Sie sicherlich erkennen, dass es sich bei ihnen genauso verhält. Den wirklich großartigen und erfolgreichsten Führungspersönlichkeiten ist bewusst, dass sie nicht alles wissen müssen. Ihnen ist auch klar, dass sie nicht alles selbst *machen* können.

Sie müssen lediglich *ihren* Teil beitragen und dafür sorgen, dass die Menschen in ihrem Umfeld dasselbe tun.« Jacques machte eine Pause. »Auf diese Weise hat man als Führungskraft Erfolg.«

Die beiden Männer saßen eine Weile schweigend da. Dann blickte Jacques zu Joe. »Wenn Sie mich fragen, Joe, falls Sie beschließen, den Job zu übernehmen … werden Sie das großartig machen, davon bin ich überzeugt. Und wenn Sie sich selbst den

Druck nehmen und nur das tun, worin Sie gut sind, und andere Menschen in die Lage versetzen, das zu tun, worin diese gut sind … wird es Ihnen außerdem riesigen Spaß machen.«

69

Joe stand seitlich hinter der Bühne. Er konnte das Publikum sehen, ohne selbst gesehen zu werden. Der Saal war voll besetzt. Er erkannte eine Reihe von Leuten. Einige von ihnen waren Leiter verschiedener Unternehmen von Derale Enterprises. Andere waren Kunden, Lieferanten und Geschäftspartner.

Er hörte die Musik, eine Mischung aus energievollen Gute-Laune-Songs. Joe kannte sie gut. Er hatte sie vor ein paar Jahren ausgewählt und sie stets als Einführung auf Veranstaltungen laufen lassen, bei denen er sprach.

Er vernahm ein Geräusch hinter sich und drehte sich um.

»Hallo, Joe.«

Er lächelte. »Hi, Maggie.«

Sie umarmten sich fest. »Alles klar?«, fragte Maggie, als sie sich voneinander lösten.

»Alles klar«, bestätigte Joe.

Maggie blickte zum Publikum. »Heute ist ein besonderer Gast für dich hier«, sagte sie. »Dritte Reihe, in der Nähe der Mitte.«

Joe sah hinaus und scannte die Menge mit den Augen. Er brauchte eine kurze Weile, dann sah er, wen Maggie gemeint hatte. Es war Jacques. Er unterhielt sich mit seinem Nachbarn.

»Er hat mich angerufen und gefragt, ob er kommen dürfe«, sagte Maggie. »Ich nahm an, dass du nichts dagegen haben würdest.«

Joe schüttelte den Kopf. »Nein, natürlich nicht.«

Einen Augenblick lang standen sie schweigend nebeneinander. Dann blickte Maggie Joe an. »Danke für den Brief, den du mir geschickt hast. Über die hellen Lichter. Und danke für die anderen Dinge, die du darin geschrieben hast. Das alles bedeutet mir sehr viel.«

Joe nickte. »Gern geschehen, Maggie.«

Sie umarmte ihn erneut, dann streckte sie sich nach oben und küsste ihn auf die Wange. »Hab Spaß dort draußen«, sagte sie. »Wir werden dich anfeuern.«

Joe schmunzelte. »Danke.«

Als Maggie außer Sichtweite war, blickte Joe erneut zum Publikum. Dann sah er auf seine Uhr. »Es wird Zeit«, sagte er zu sich selbst.

Kurz darauf erloschen die Lichter im Zuschauerraum. Zwei Scheinwerfer gingen an und erleuchteten die Bühne. Die Musik wurde langsam ausgeblendet, bis nichts mehr zu hören war. Joe holte tief Luft, atmete aus und trat ins Licht hinaus.

In den ersten 30 Minuten seines Vortrags sprach er über Themen, mit denen er seit Langem vertraut war. Er stellte das Konzept des Museumstags vor, präsentierte einen Überblick zu den Big Five for Life und erläuterte, auf welche Weise dieses Prinzip bei Derale Enterprises angewendet wurde. Anhand einiger Beispiele zeigte er, wie die persönlichen Big Five for Life einiger Mitarbeiter auf ideale Weise mit ihrer täglichen Arbeit verknüpft waren …

Als er damit fertig war, nahm er sich einen Moment Zeit, um seinen Blick über das Publikum schweifen zu lassen. »Meine sehr geehrten Damen und Herren, wie Sie wissen, möchten wir Sie mit Veranstaltungen wie dieser an einigen Dingen teilhaben lassen, die wir durch Interviews mit Führungskräften wie Ihnen erfahren. Mit Persönlichkeiten, die etwas im Leben ihrer Mitarbeiter verändern und aus diesem Grund erfolgreiche Unternehmen leiten.

Ich möchte Ihnen in den nächsten 30 Minuten einen Überblick über ein beeindruckendes Unternehmen geben, bei dem ich die letzten paar Wochen verbringen durfte, und Ihnen den wunderbaren Menschen vorstellen, der es leitet.«

Nach und nach ging Joe die wichtigsten Dinge durch, die er bei der DLGL erfahren hatte. Er gab Beispiele, erzählte Geschichten und stellte Verbindungen zu all den spezifischen Dingen her, die die Führungskräfte im Publikum in ihren eigenen Unternehmen tun konnten.

Es war eine großartige Präsentation. Pointiert, klar, inspirierend und wertvoll. Das Publikum war begeistert.

Maggie saß in der dritten Reihe neben Jacques und beobachtete Joe von ihrem Platz aus. So wie zwei Monate zuvor versuchte sie etwas Bestimmtes zu erkennen. Nicht das Offensichtliche. Joe war stets ein guter Redner gewesen. Sie hielt Ausschau nach etwas anderem. Nach einem Hinweis, der ihr signalisieren würde, ob es ihm gut ging oder nicht.

Joe kam zu seinen abschließenden Bemerkungen. Als er geendet hatte, reagierten die Leute im Publikum mit frenetischem Applaus. Er wartete eine Weile, bis der Applaus abgeebbt war, und richtete seinen Blick dann auf das Publikum.

»Wir haben Zeit für etwa drei Fragen«, sagte er. »Möchte jemand irgendetwas fragen?«

Einige Leute hoben sofort die Hand. Joe rief einen von ihnen auf. Der Zuhörer wollte wissen, auf welche Weise ein Unternehmen seinen Zweck und seine Big Five for Life konkret ermitteln konnte. Joe erläuterte den Prozess kurz und verwies dann auf eine Quelle bei Derale Enterprises, die weitere Informationen dazu lieferte.

»Gibt es noch weitere Fragen?«, erkundigte er sich, als er mit seinen Ausführungen fertig war.

Hände wurden in die Höhe gestreckt. Joe gab das Wort an eine Frau, die weiter hinten im Publikum saß. Sie wollte gerne ein paar spezielle Details zur BDK bei der DLGL erfahren, und stellte noch eine Frage zur Software, die die DLGL für Geschäftsführer entwickelt hatte, die die BDK in ihrem Unternehmen einsetzen wollten.

Als Joe die Fragen beantwortet hatte, warf er einen Blick auf seine Uhr. »Wir haben nun noch Zeit für eine weitere Frage.« Er scannte das Publikum rasch mit den Augen. Viele Hände waren zu sehen. Er wählte einen Mann im vorderen Bereich des Publikums aus.

Es dauerte eine Weile, bis die Helfer ihn mit einem Mikrofon ausstatten konnten. Als sie es ihm schließlich überreicht hatten, wandte er sich der Bühne zu. »Ich habe eine Frage zu Thomas Derale, Joe«, begann er.

Maggie saß auf ihrem Platz neben Jacques. Als sie die Frage des Mannes hörte, ergriff sie instinktiv Jacques' Arm und drückte ihn fest. An diesem Punkt waren die Dinge beim letzten Mal aus dem Ruder gelaufen. Die Präsentation war großartig gewesen, auch die Fragen waren in Ordnung gewesen … Aber als jemand aus dem Publikum eine Frage über Thomas gestellt hatte, war es schwierig für Joe geworden.

»Ich frage mich«, fuhr der Mann mit dem Mikrofon fort, »wer ihn ersetzen wird. Und wann das geschehen wird.«

Joe hatte auf der Bühne das Gefühl, als würde alles plötzlich im Zeitlupentempo ablaufen und als würde die Zeit schließlich stehen bleiben. Er hatte die Frage des Mannes gehört. Er nahm wahr, wie sein Geist sie verarbeitete. Dann befand er sich plötzlich in einem Zustand des Nichts.

Es herrschte absolute Stille. Niemand rührte sich. Das Publikum schwand vor seinen Augen. Er spürte, wie die Dunkelheit ihn übermannte. Es war dasselbe Gefühl, das sich seiner Gedanken und Gefühle so häufig bemächtigt hatte, seit Thomas gestorben war.

70

Als Joe so auf der Bühne stand, begannen Bilder aus einem entfernten Bereich seines Gehirns aufzutauchen. Sie stammten aus den vielen Gesprächen, die er in den letzten paar Wochen mit Jacques geführt hatte. Sein Geist suchte intensiv nach etwas. Er suchte nach einem bestimmten Gespräch.

Eine gefühlte Ewigkeit lang tat sein Geist nichts anderes, als fiebernd zu suchen. Dann, als sich bei Joe gerade ein Gefühl der Panik einstellen wollte, platzte der Knoten schließlich.

Joe kam Jacques' Empfehlung in den Sinn, eine bestimmte Erinnerung auszuwählen. Seine Lieblingserinnerung an Thomas. Und seine Gedanken stets auf diese Erinnerung auszurichten, wenn die Dunkelheit ihn zu übermannen drohte.

Plötzlich stand Joe auf dem Bahnsteig. Thomas war da und stellte Joe die einfachste und zugleich tiefsinnigste Frage – »Ist heute ein guter Morgen für einen Museumstag?«.

Joe sah im Geiste alles vor sich, als hätte sich alles erst tags zuvor zugetragen. Und mit dieser Erinnerung tauchten blitzartig tausend weitere vor seinem geistigen Auge auf. Es waren all die großartigen Momente, die er und Thomas während ihrer Freundschaft miteinander erlebt hatten.

»Joe?«

Joe blinzelte.

»Joe?«

Er atmete langsam und sanft ein und ließ die Luft in seinen Körper strömen. Der Raum erwachte wieder zum Leben. Er hörte Geräusche. Er konnte das Publikum sehen.

In der Menge erblickte er den Mann mit dem Mikrofon, der ihn gerade zum zweiten Mal mit seinem Namen angesprochen hatte. »Das ist eine sehr gute Frage«, sagte Joe. »Eine perfekte Frage, um unsere gemeinsame Zeit hier zum Abschluss zu bringen.«

Joe machte eine kurze Pause und schaute ins Publikum. Er atmete erneut langsam und sanft ein, dann ging er zur Mitte der Bühne, um so nah wie möglich beim Publikum zu sein.

»Im Leben schauen wir entweder zurück oder wir bleiben stehen oder wir gehen vorwärts«, sagte er leise. »Alles hat seine Zeit. Es gibt Zeiten, zu denen es sinnvoll ist, zurückzublicken und aus den Dingen zu lernen, die sich anders entwickelt haben, als wir es uns gewünscht haben. Es gibt Zeiten, in denen es sinnvoll ist, zurückzublicken und sich liebevoll an die Dinge zu erinnern, die unser Leben auf eine gute Weise erfüllt haben.

Es gibt auch Zeiten, in denen es sinnvoll ist innezuhalten. Ruhig zu sein. Nachzudenken. Unsere Mitte wiederzufinden sowie ein Gefühl der Klarheit zurückzuerlangen.

Und die restliche Zeit geht es darum, vorwärtszugehen. Nicht weil wir es müssen. Sondern weil wir es *möchten*. Wir möchten die aufsteigende Lebenskurve erklimmen, über die wir hier häufig sprechen.«

Joe machte erneut eine Pause und senkte seinen Blick. Nach einem kurzen Moment sah er wieder auf. »Wie viele von Ihnen wissen, ist es mir seit dem Tod von Thomas Derale, dem Gründer von Derale Enterprises, schwergefallen vorwärtszugehen. Thomas war mein Mentor. Der Mann, der mir geholfen hat, das unendliche Potenzial im Leben zu erkennen. Der Mann, der mich alles gelehrt hat, was ich über großartige Führungseigenschaften weiß. Darüber hinaus war er mein bester Freund auf der Welt.

Als er vor neun Monaten starb, hatte ich das Gefühl, als würde ein Teil von mir ebenfalls sterben. Ich habe die Orientierung verloren. Ich hörte auf vorwärtszugehen.«

Das gesamte Publikum war absolut still. Alle Augen waren auf Joe geheftet. Alle warteten gespannt darauf, was er als Nächstes sagen würde.

»Heute Abend habe ich Ihnen einige Dinge mitgeteilt, die ich von Jacques Guénette und seinem Team bei der DLGL gelernt habe. Ich habe Ihnen allerdings nicht gesagt, dass Jacques vor einigen Jahren den gleichen Pfad beschritten hat wie ich. Als *sein* bester Freund und Geschäftspartner so wie Thomas viel zu jung gestorben ist.

Aufgrund der Zeit, die ich mit Jacques und den anderen großartigen Leuten bei der DLGL verbringen konnte, habe ich einige Dinge erkannt – dazu war ich seit dem Tod von Thomas nicht in der Lage gewesen. Sie haben mir geholfen, das Leben wieder auf eine Weise zu sehen, wie Thomas es mich gelehrt hat. Ich hatte es in den letzten Monaten vergessen.«

Joe nickte Jacques zu. »Es ist ein Geschenk, für das ich für immer dankbar sein werde.«

Er schwieg für einen Moment und blickte dann zum Publikum. »Ich habe mich daran erinnert, dass es im Leben nicht darum geht, an den Dingen festzuhalten, die wir haben, um so zu bleiben wie wir sind. Es geht darum vorwärtszugehen. Es geht darum, unsere Big Five for Life zu erleben, unser Dasein mit Museumstag-Momenten zu erfüllen, uns Aufgaben zu stellen, von denen wir nicht einmal sicher wissen, ob wir dafür bereit sind ... und während dieses Prozesses unsere aufsteigende Lebenskurve zu erklimmen.

Dazu gehört es loszulassen. Sich von dem Bedürfnis zu verabschieden, perfekt zu sein. Denn nichts ist perfekt. Dinge laufen schief, Menschen in unseren Teams machen Fehler, zuweilen machen *wir* als Führungskräfte Fehler ... So ist das Leben nun einmal.

Es bedeutet auch, unsere Selbstzweifel loszulassen. Dies geht Hand in Hand damit, uns von unserem Perfektionsanspruch zu verabschieden. Wenn wir Angst davor haben zu handeln, bevor wir sicher wissen, dass alles perfekt laufen wird, werden wir nie handeln.

Und schließlich geht es darum loszulassen, wenn Menschen sterben, die uns nahestehen. Denn wir werden weder ihnen noch unserem eigenen Leben gerecht, wenn wir lediglich stehenbleiben oder zurückblicken.«

Joe sah zu dem Mann mit dem Mikrofon, der die Frage gestellt hatte. »Wer auch immer Thomas' Position übernimmt, er wird ihn nicht ersetzen. Er wird es nicht können. Thomas hat das Unternehmen gegründet. Er hat diese Unternehmenskultur entwickelt. Er hat beinahe alles geschaffen, worüber wir im Zusammenhang mit großartiger Führung sprechen …

Die Person, die seine Position übernimmt, wird vielmehr all das einbringen, was sie von Thomas gelernt hat. Sie wird *sich selbst* bestmöglich einbringen und ihren Teil beitragen. Und das wird genügen.«

Joe hielt erneut inne. »In den vergangenen Wochen, als ich wieder damit begonnen habe, mein Leben auf die Reihe zu bringen und nach vorne zu gehen, hat sich ein bestimmtes Gefühl bei mir eingestellt, das alles dominiert und von einer Formulierung begleitet wird, die ich von einem guten Freund aufgeschnappt habe.

Ich habe das sichere Gefühl, dass uns unglaublich spannende Zeiten bevorstehen. Uns allen, die wir zu Derale Enterprises gehören, sowie all unseren Kunden und Partnern. Jedem Einzelnen hier.«

Joe nickte strahlend. »Spannende Zeiten«, wiederholte er.

Nachwort

Nach dem Vortrag verabschiedete sich Jacques, machte sich auf den Weg zum Flughafen und flog zurück nach Montreal. Zu Hause angekommen, parkte er in der Einfahrt und ging dann ins Haus.

Seine Frau, Diane, war in der Küche. Sie hörte ihn hereinkommen und ging zu ihm, um ihn zu begrüßen.

Sie umarmte ihn und gab ihm einen Kuss. »Na, wie war's?«, fragte sie ihn.

Er schloss sie fest in seine Arme. Etwas länger als sonst. »Es ist gut gelaufen. Er wird es schaffen.« Er löste sich lächelnd aus der Umarmung. »Es wird ihm gut gehen. Sogar viel besser als nur gut.«

Diane streichelte seine Wange mit ihrer Hand. Nach all den Jahren kannte sie ihn äußerst gut. Sie wusste, dass er stolz darauf war, wie die Dinge sich entwickelt hatten, und das erfüllte sie mit Stolz auf ihn. »Ich mache dir etwas zu essen«, sagte sie und wandte sich Richtung Küche.

Jacques brachte seine Sachen ins Büro. Dann ging er in den Garten hinaus. Es war ein wunderbarer Nachmittag, die Luft war kühl und klar. Die Sonne ging gerade unter. Er wandte sich zu der kleinen schmiedeeisernen Bank am Fluss und nahm darauf Platz. Eine Weile schwieg er und nahm bewusst die Luft, den Duft der Blätter und den Wind wahr.

»Ich habe dich heute vermisst, Claude«, sagte er schließlich. »Was passiert ist, hätte dir gefallen.«

Er saß erneut eine Weile still da. »Du solltest jemanden besuchen. Einen Mann namens Thomas Derale. Er ist vor nicht mal einem Jahr von hier fortgegangen.« Er nickte. »Er scheint vom Typ her jemand zu sein, mit dem du gerne Zeit verbringen würdest.«

Jacques blickte auf die Wellen, die sich auf dem Fluss kräuselten. »Bitte kraule Choco von mir hinter den Ohren, ja? Sag ihm, dass ich ihn vermisse.«

Nachdem er eine kurze Weile schweigend dagesessen hatte, klopfte Jacques mit der Hand kameradschaftlich auf den leeren Platz neben sich und stand auf. »Spannende Zeiten, mein Freund«, sagte er. »Spannende Zeiten.«

Danke, dass Sie

Das Leben gestalten mit den Big Five for Life

gelesen haben.

Es gibt viele Möglichkeiten, dieses Abenteuer fortzusetzen.

Erfahren Sie mehr über die DLGL auf der Internetseite:

www.dlgl.com

Erkennen Sie Ihre eigenen Big Five for Life bei einem unserer
Discovery-Seminare.

Lassen Sie sich unterstützen, um den Zweck sowie die Big
Five for Life Ihres Unternehmens herauszufinden.

Für weitere Informationen zu all diesen Punkten besuchen
Sie bitte die Internetseite:

www.johnstrelecky.de

Über den Autor

John P. Strelecky ist der Autor mehrerer Bestseller. Zu seinen Titeln gehören unter anderen ›Das Café am Rande der Welt‹ (der Jahresbestseller 2015), ›Wiedersehen im Café am Rande der Welt‹, ›Safari des Lebens‹, ›Die Big Five for Live‹ und nun auch ›Das Leben gestalten mit den Big Five for Life‹. Darüber hinaus hat er das Big-Five-for-Life-Programm entwickelt. Seine Bücher wurden in 25 Sprachen übersetzt.

Seit ihrem Erscheinen haben sich sowohl Privatleute als auch Führungskräfte auf der ganzen Welt von den Big-Five-for-Life-Büchern inspirieren lassen. Sie wurden an Angestellte zahlreicher Unternehmen verteilt – zum Beispiel bei IBM, American Express, Boeing, Estée Lauder und vielen mehr. Darüber hinaus wurden sie weltweit an verschiedenen Universitäten zur Pflichtlektüre in Seminaren zum Thema Leadership.

Aufgrund zahlreicher Anfragen von Lesern legte John eine einjährige Schreibpause ein, um ein Programm zu entwickeln, das die Menschen Schritt für Schritt dabei anleitet, ihre eigenen Big Five for Life zu erkennen. Tausende von Menschen haben diese lebensverändernde Erfahrung seither gemacht.

Da er eine ähnliche Anfrage von Führungskräften erhielt, die den Zweck und die Big Five for Life ihres Unternehmens herausfinden wollten, entwickelte John auch dafür ein Programm, das Schritt für Schritt durch diesen Prozess führt. Es wurde seitdem erfolgreich von Führungskräften aus unterschiedlich großen Unternehmen verschiedenster Branchen angewendet.

Aufgrund seines Engagements wird John neben Leuten wie

Oprah Winfrey, Tony Robbins, Stephen R. Covey und Wayne Dyer zu den hundert einflussreichsten Persönlichkeiten im Bereich Leadership und persönliche Entwicklung gerechnet.

Wenn er nicht gerade schreibt oder andere Menschen unterstützt, verbringt John viel Zeit auf Reisen mit seiner Familie. Bei ihren Rucksack-Abenteuern haben sie über 150 000 Kilometer zurückgelegt (das entspricht beinahe dem vierfachen Erdumfang).

Bonusmaterial

Dieses Buch entstand in erster Linie, um Führungskräften praktische Instrumente zur Verfügung zu stellen, die ihnen dabei helfen, ihre eigenen großartigen Unternehmen zu leiten. Bei der letzten Überarbeitung des Textes wurden ein paar wertvolle Geschichten und Informationen herausgenommen, um einen stimmigen Erzählfluss zu bewahren.

Das Material ist jedoch wichtig und nützlich, und die Vorstellung, dass es einfach verschwinden würde, war schmerzlich. Deshalb steht es Ihnen nun als zusätzlicher Download zur Verfügung.

Sie finden es unter folgendem Link:

www.jsandfriends.com/bigfivebonus

Nun kann
Ihr Abenteuer beginnen

Mit welchen Gedanken legen Sie dieses Buch zur Seite?

Haben Sie Ideen, wie Sie in Ihrem Umfeld
Dinge neu bewerten und anpacken wollen?

Wissen Sie schon, wie Sie es angehen werden?

Welche Risiken und Chancen damit verbunden sind?

Vor solchen oder ähnlichen Fragen und Überlegungen stehen viele Leser von John Streleckys Büchern. Er hat in den vergangenen Jahren festgestellt, dass Unterstützung auf diesem Weg sinnvoll sein kann und von vielen gesucht wird. Zu diesem Zweck hat er für den deutschsprachigen Raum die John Strelecky & Friends GmbH ins Leben gerufen. Hier finden Sie Experten für die Begleitung des persönlichen und des unternehmerischen Umsetzungsprozesses.

Was können Sie noch erwarten? Individuelle Unterstützung, Unternehmensprogramme, Erfahrungsaustausch, Ergebnisorientierung. Sie können auch mehr Informationen zum BDK erhalten und wenn Sie es wünschen, diese einzigartige Bewertungs-Software in Ihrem Unternehmen mit uns einführen.

John Strelecky & Friends

www.jsandfriends.com

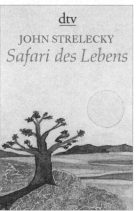